ÄGYPTOLOGISCHE ABHANDLUNGEN

HERAUSGEGEBEN VON

WOLFGANG HELCK UND EBERHARD OTTO

BAND 22

ERIKA FEUCHT

PEKTORALE NICHTKÖNIGLICHER PERSONEN

1971

OTTO HARRASSOWITZ · WIESBADEN

PEKTORALE NICHTKÖNIGLICHER PERSONEN

VON

ERIKA FEUCHT

1971

OTTO HARRASSOWITZ · WIESBADEN

Gedruckt mit Unterstützung der Deutschen Forschungsgemeinschaft
Gesamtherstellung: BoD, Norderstedt
Printed in Germany
ISBN 978-3-447-01319-2

Harrassowitz GmbH & Co. KG
Kreuzberger Ring 7c-d, D-65205 Wiesbaden
produktsicherheit.verlag@harrassowitz.de

MEINEN ELTERN

Inhalt

Vorwort

Auf Anregung von Herrn Professor H. W. Müller behandelte ich in meiner Dissertation die königlichen Pektorale[1]. Es erschien mir nützlich, im Anschluß hieran die Pektorale nichtköniglicher Personen in der vorliegenden Form zu publizieren.

Herr Prof. E. Otto und Herr Prof. W. Helck erklärten sich liebenswürdigerweise bereit, diese Arbeit in die Ägyptologischen Abhandlungen aufzunehmen. Hierfür möchte ich ihnen vielmals danken.

Zu tiefem Dank verpflichtet bin ich der Deutschen Forschungsgemeinschaft für den Druckkostenzuschuß, dem Verlag Otto Harrassowitz für die Drucklegung.

Ferner möchte ich für ihr Entgegenkommen bei meinen Museumsbesuchen danken: in Berlin Herrn Dr. St. Wenig, Frau Wolf, Herrn Dr. W. Kaiser, Herrn Dr. Karig; in Bologna Frau Dr. R. Pincelli, in Florenz Herrn Prof. Bosticco; in Kairo Herrn Dr. V. Girgis; in Leiden Herrn Prof. A. Klasens, Herrn Wildschut, Herrn H. D. Schneider; in München Herrn Prof. H. W. Müller; in Turin Herrn Prof. E. Scamuzzi und Herrn Prof. S. Curto. Für die Zusendung von Photographien aus der Eremitage in Leningrad danke ich Frau Prof. M. Matthieu und für die genauen Angaben über die Pektorale in Boston und New York Herrn Prof. A. Schulman.

---

[1] Erika Feucht-Putz, D. Kgl. Pektorale, Motive, Sinngehalt und Zweck, Diss. München, Bamberg 1967.

A. Einleitung

Das Wort Pektoral bezeichnet in der ägyptischen Literatur reich verzierte Täfelchen, die auf der Brust getragen wurden und uns erstmalig aus dem Mittleren Reich erhalten sind. Vorstufen zu diesen Pektoralen lassen sich jedoch auf Darstellungen und Statuen viel früher nachweisen[1]. In Form und Tragweise kommen ihnen am nächsten ein Täfelchen, das der Sandalenträger auf der Narmer-Palette trägt[2] und eine kleine, viereckige, erhabene Bosse auf der Brust einer Alabasterstatuette Pepis I. im Brooklyn Museum[3]. Daneben gibt es seit der 4. Dynastie trapezförmige Schmuckstücke, die an einer Kette oder einem breiten Band getragen[4] und gelegentlich mit Uräen[5] oder einer Darstellung[6] verziert wurden, im Gegensatz zu einer Art von Latz aus Perlen, der direkt an einem Halskragen befestigt war[7].

Die ersten uns erhaltenen Pektorale, in feinster Ziselier- und Einlegearbeit ausgeführt, waren auf das Königshaus beschränkt. In ihrer Thematik bezogen sie sich auf den König und hingen, wie ich in meiner Dissertation zu zeigen versucht habe[8], mit dem Hebsed zusammen. Sie sollten dem Herrscher die Wiederholung des Regierungsjubiläums und somit das ewige Leben garantieren. Im Neuen Reich rückt der Gedanke an das Leben im Jenseits immer mehr in den Vordergrund. Damit schwindet die Beziehung zum Sedfest, Hauptthema ist jetzt die Wiedergeburt. Man wünschte sie täglich wie die aufgehende Sonne zu erleben, wollte daher an deren Lauf teilnehmen und setzte sich ihr schließlich gleich[9]. Dieser Gedanke beschränkt sich nun nicht nur auf den König allein, alle Menschen wünschen sich ein Fortdauern des Lebens. So gewannen die Pektorale Gültigkeit für jeden und wurden von Privatpersonen übernommen. Seit dieser Übernahme treten weitere Motive hinzu, Motive, die auf Stelen oder Grabdarstellungen ebenfalls vorkommen und im Totenglauben verankert sind.

---

[1] Vgl. E. Feucht-Putz, D. Kgl. Pektorale, S. 17ff. u. Tf. I.

[2] Z.B. W. St. Smith, Art and Architecture, Tf. 7.

[3] D. Cooney, Eg. Art in the Brooklyn Museum Coll., Brooklyn 1952, Tf. 12–21; C. Aldred, Old Kingdom Art in Ancient Egypt, London 1949, Tf. 62, 63, u.a.m.

[4] A. Fakhry, The Monuments of Snefru at Dahshur II, Cairo 1961, Fig. 17 (Fig. 11, 12 u. 14 rekonstruiert); Davies-Griffith, The Rock Tombs of Deir el Gebrawi I, London1902, Tf. XIII; A. M. Blackman, The Rock Tombs of Meir IV, London 1924, Tf. XIX; James, The Mastaba of Khentika, London 1953, Tf. XXXVIII; Junker, Gîza V, S. 9, Abb. 1, 6; Duell, The Mastaba of Mereruka I, Chicago 1938, Tf. 29–30, 32, 33.

[5] Duell, op. cit., Tf. 69 (74, 75, 76) u. 17; Borchardt, Statuen und Statuetten I, Nr. 230.

[6] Borchardt, op. cit., Nr. 139; W. St. Smith, Old Kingdom, Tf. 24b, S. 69; J. Carpart, Une rue de tombeaux à Saqqarah, Bruxelles 1907, Tf. 48; P. E. Newberry, El Bersheh I, ASE III, London 1893, Frontispiece; Borchardt, op. cit. II, Nr. 381 u. 382.

[7] W. St. Smith, op. cit., S. 300, Fig. 152; Borchardt, S'*aꜣḥu-reꜥ* II, Bl. 52, 53, 54, 55; Junker, Gîza V, S. 47 Abb. 8, 9, 10; S. 142 Abb. 38; Mace-Winlock, The Tomb of Senebtisi at Lisht, New York 1916, Frontispiece; L. Klebs, Die Reliefs des alten Reiches, Abh. der Heidelberger Akad. d. Wiss., Phil.-hist. Klasse III, Heidelberg 1915, S. 9 Abb. 6.

[8] E. Feucht-Putz, D. Kgl. Pektorale, S. 27–77.

[9] Vielleicht knüpfte dieser Gedanke ursprünglich an das Sedfest an, das das Fest der zweiten Geburt genannt wurde (Naville, Deir-el-Bahari IV, S. 2) und bei dem vom König gesagt wird, er sei erschienen auf dem Thron des Sedfestes wie Re am Anfang des Jahres (Mariette, Abydos I, Paris 1869, S. 51, Z. 44–45).

Nach den Totenpektoralen werden Pektorale besprochen, die außerhalb Ägyptens gefunden und hergestellt worden sind, aber eindeutig von den ägyptischen abhängen.

Es folgen Darstellungen von Pektoralen auf Särgen, Reliefs und Plastiken und zum Abschluß ein Katalog, in dem die Pektorale, nach Themenkreisen gegliedert, aufgeführt werden. Hierbei konnten nur die Beispiele gebracht werden, die mir durch Publikationen und Museumsbesuche zugänglich waren. Ich hoffe jedoch, mit ihnen die häufigsten Themenkreise erfaßt und einen Eindruck von der Vielfalt dieser Amulette vermittelt zu haben.

B. Ägyptische Bezeichnungen des Pektorals

Das Ägyptische kennt mehrere Bezeichnungen für das Pektoral, die zeigen, daß es als Schmuck und Amulett betrachtet wurde mit magischer, vor allem apotropäischer Kraft. Diese Bezeichnungen wurden in meiner Dissertation ausführlich behandelt[1], sollen daher hier nur kurz aufgeführt werden.

In der Szene 24 im Dramatischen Rameseumspapyrus[2] soll dem König neben anderem Schmuck ein *šb·t* gebracht werden. Sie liegt in einer Szenenabfolge genau an der Stelle, an der Heriuf in seinem Grab dem Königspaar ein Pektoral überreicht[3]. Diese Tatsache, zusammen mit der, daß es sich um einen Schmuck handelt[4] und als Determinativ einen Naos zeigt, ließen mich vermuten, daß hier erstmals ein Pektoral erwähnt wird.

Sichere Bezeichnungen für das Pektoral liegen erst seit dem Neuen Reich vor. So wird es *wḏꜣ* (, u. a. m.) „Amulett" genannt[5] und als wertvoller Schmuck aus Gold und Einlagen aus Halbedelsteinen beschrieben, der dem König oder einem Gott dargebracht wird.

Auf die reduplizierte Form *wḏꜣ — wḏꜣ* machte mich Herr Prof. Brunner aufmerksam[6]. Wie sie ist der Name *Wḏ* nur einmal belegt[7]. Im Sethostempel von Abydos überreicht der König verschiedenen Göttern ein *ḥdr·t* -Pektoral[8], und am 2. Pylon in Karnak wird Amenhotep neben anderem Schmuck mit einem *šbḫ·t* -Pektoral belohnt[9], das später noch einmal in einer Amulettliste[10] und in einer Abrechnung auf einem Ostrakon[11] erwähnt wird. In ptolemäischen Texten wird neben der Bezeichnung *wḏꜣ* der Begriff *ꜣw·t-jb* für das Pektoral verwendet[12].

---

[1] E. Feucht-Putz, D. Kgl. Pektorale, S. 11–17.

[2] K. Sethe, D. Dramat. Ramesseumspap., UGAÄ 10, Leipzig 1928, S. 185ff.

[3] W. Helck, Bemerkungen zum Ritual des Dramatischen Ramesseumspapyrus, Orientalia 23, 1954, S. 383ff. Dazu Feucht-Putz, D. Kgl. Pekt., S. 75f.: Wenn auch noch Helcks Anordnung folgend, kam ich zu dem Schluß, die Hauptszene auf der rechten Wand müsse in den Ablauf der Szenenfolge miteinbezogen werden und stimme mit der Szene 24 des Dram. Pap. (= Z. 76–79) überein. Letztlich hat H. Altenmüller (JEOL 19, S. 421ff.) eine Neuordnung der Szenenabfolge vorgeschlagen und ist zu dem gleichen Ergebnis gekommen (S. 429 — bei ihm Szene 22).

[4] Vgl. auch das Wort *šbj·w* im NR für einen Schmuck (Wb IV, 438, 11, 12, 13; Urk. IV, 38–41).

[5] Wb I, 401, 10; Faulkner, CD, S. 75; Urk. IV, 425; 870, 16; 871, 9; 873, 8; 1046; 1859, 12; 1877, 19; 1880, 16; Chassinat, Edfou III, S. 124; IV, S. 298 u. a. m.

[6] und stellte mir seine Durchzeichnung der Szene zur Verfügung: Nelson, Keyplans showing locations of Theban Temple decoration, Chicago 1941, Scene XIX, 126.

[7] Mariette, Abydos II, 54/4, 25, 27 = Wb I, 399, 4.

[8] Calverley-Gardiner, Abydos I, Tf. 16 u. 23, II, Tf. 12; Moret, Culte devin, S. 43. Zum Pyramidenspruch (Pyr. 1652a–1659b), der zweimal die Handlung erläutert, vgl. E. Otto, Zur Überlieferung eines Pyramidenspruchs, Festschrift Rosellini II, 1943, S. 225ff.

[9] Wb IV, 92, 10, Belegst. = Karn. 764.

[10] J. Capart, Une liste d'Amulettes, ZÄS 45, 1908, S. 20, Nr. 68.

[11] H. Goedicke - E. F. Wente, Ostraka Michaelides, Wiesbaden 1962, Tf. 49 (= 14 verso Z. 6). Für dieses Zitat danke ich Herrn Prof. Brunner vielmals.

[12] Z.B. Chassinat, Edfou I, 32, 11ff.; Wb I, 420.

C. Der Aufgang der Sonne als Skarabäus oder als Sonnenscheibe

I. Der Aufgang der Sonne als Skarabäus

Seit der 18. Dynastie wird auf königlichen Pektoralen immer wieder der Sonnenaufgang in leicht variierender Form dargestellt: ein Skarabäus schiebt die Sonnenscheibe oder, statt ihrer, den Namen des Herrschers vor sich her. Mit Bezug auf Pyramiden-, Sarg- und andere Texte habe ich versucht klarzustellen, daß sich der Verstorbene hier mit der Sonne identifiziert, um wie diese täglich neu geboren zu werden[1]. Aber nicht immer ist der Skarabäus allein als Cheper zu verstehen, das Tb. 30B auf seiner Rückseite deutet zugleich auf den Herzskarabäus[2].

In dieser einfachen Form wird der Sonnenaufgang auf Privatpektoralen ebenfalls dargestellt[3]; hier indes nur als Skarabäus mit oder ohne Sonnenscheibe.

Eine Abwandlung dieses Motivs kommt auf privaten wie auf königlichen Pektoralen vor[4]: Der Cheper wird zwischen Isis und Nephthys gesetzt, die ihn, stehend oder kniend, emporheben, schützen und preisen[5]. Auf den mir bekannten Pektoralen Privater stößt der Käfer nur einmal eine Scheibe in der Mondsichel vor sich her, während ihm Isis und Nephthys Lebenshauch zufächeln[6]. Sonst erscheint er immer allein zwischen den Göttinnen, ohne Sonnenscheibe, sehr häufig in der Sonnenbarke[7]. Einmal scheint es, als hebe Isis ihn mit beiden Händen empor[8], ein andermal stützen sich beide Göttinnen auf den *šn*-Ring, ein Motiv, das auf Särgen häufig abgebildet wird[9].

II. Beziehungen zwischen Isis und Nephthys, dem Sonnengott und Osiris

Auf einigen königlichen Pektoralen sprechen die beiden Göttinnen den Käfer, der zwischen ihnen emporsteigt, als ihren Bruder an, ebenso auf dem Pektoral eines Privatmannes in Kairo[10], auf dem sie in der Sonnenbarke ihre Hände an das Oval legen, das einst den Skarabäus faßte: ... *Jśt·* (bzw. *Nb·t-ḥ·t*) *m sꜣ šn·ś dj·ś ꜥnḫ wꜣś* „... Isis (bzw. Nephthys) als Schutz ihresBruders[11], sie gebe Leben und Glück". Dadurch wird der Sonnengott Osiris gleichgesetzt, wie wir es sonst aus Texten kennen[12].

---

[1] E. Feucht-Putz, D. Kgl. Pekt., S. 92–98. Unter anderen werden hier genannt: Pyr. 888a–b, 366, 2206f., 1695a, 130d, 1465d, 2169b, 1464c, 1107c, 367–368a, CT. I 206, 2; CT. II, 264, 5, Tb. 170; Quibell, Excav. at Saqqara 1906/07 Nr. XXXVII, S. 50; Junker, Stundenwache S. 67–68 u.a.m.

[2] Siehe S. 9ff.

[3] Motiv C_2: Kat. Nr. 1–11c, 13–22.

[4] E. Feucht-Putz, D. Kgl. Pekt., S. 122ff. Erwähnt wurde Pap. Berlin 3050, II, 5,8–6,1 (= A. Scharff, Äg. Sonnenlieder, Berlin 1921, S. 81 u. 83); Dümichen, Tempelinschr. I, Leipzig 1867, Tf. 2, S. 9–10; Schäfer, ZÄS 71, S. 17 (2Aa); W. Spiegelberg, Die Auffassung des Tempels als Himmel, ZÄS 53, S. 100.

[5] Kat. Nr. 23–81, 86.

[6] Kat. Nr. 86.

[7] Kat. Nr. 34, 38–81, 86.

[8] Kat. Nr. 68.

[9] Kat. Nr. 28A. Ob die Göttinnen den Skarabäus auf Kat. Nr. 27 emporheben oder ob sie sich hier ebenfalls auf *šn*-Ringe stützen, ist nicht zu entscheiden. Zu dem *šn*-Ring als „Symbol der durch die Auferstehung erreichten Unendlichkeit" vgl. E. Otto, Festschrift Schott, S. 101.

[10] Kat. Nr. 60.

[11] Vgl. das Pektoral des Amenemope, auf dem Nephthys als Schwester angesprochen wird. (Feucht-Putz, D. Kgl. Pekt., S. 106 u. 115, Kat. Nr. 50.)

[12] E. Feucht-Putz, D. Kgl. Pekt., S. 122ff. Vgl. dazu auch M. Münster, Unters. zur Göttin Isis, MÄS 11, S. 96f.

Im Grab der Nefertari wird Osiris-Re als eine in Mumienbinden gehüllte Gestalt mit Widderkopf und Sonnenscheibe dargestellt[13]. Auf einem Pektoral in Florenz[14] hockt die Mumiengestalt auf einem *nb*-Korb, Krummstab und Geißel auf den Knien, die Atefkrone auf dem Haupt. Über der Atefkrone deutet eine Sonnenscheibe auf die Beziehung zu Re hin. Zwei Maatfiguren (Maat kann Isis und Nephthys zu seiten des Skarabäus ersetzen[15]) auf *nb*-Körben legen die Flügel schützend an die Gottheit.

III. Der Aufgang der Sonne über dem Djed

In einer anderen Form wird auf königlichen Pektoralen der Sonnenaufgang mehrmals dargestellt[16]: Die Sonne oder der Cheper stehen auf dem Djed-Pfeiler, flankiert von Isis und Nephthys. Auch hier wird in der aufgehenden Sonne die Wiedergeburt des Toten gesehen[17]. Diese Darstellung wird von nichtköniglichen Personen nur selten übernommen. Zwischen Isis und Nephthys kommt sie nur einmal vor, ist dabei jedoch weiter ausgeschmückt und steht als Hauptmotiv neben anderen auf der Rückseite eines Pektorals aus Kairo[18].

Die Bildfläche ist in mehrere Streifen geteilt; in der Mitte des zweiten Streifens von unten steht der *Ḏd*. Auf ihm ruht ein großes Oval, die Rückseite des Skarabäus, der auf der Vorderseite in die Platte eingelassen ist. Eine siebenzeilige Inschrift enthält den Namen des Verstorbenen und den fehlerhaften Anfang des Tb. 30B. Über dem Oval liegt eine Scheibe in einer Sichel, seitlich hängen zwei Uräen herab. Zu beiden Seiten des Pfeilers knien Isis und Nephthys, die mit ihren Symbolen auf den Köpfen ihre Hände schützend an ihn legen. Hinter den Göttinnen steht jeweils ein Affe mit erhobenen Händen und hinter diesem, auf der Seite der Nephthys, eine schakalsköpfige, menschliche Figur, die ebenfalls ihre Hände erhebt. Hinter den Affen, auf der Seite der Isis, steht ein Mann mit einer langen Perücke und einem Bart — vielleicht der Verstorbene selbst. Er allein läßt die Hände herabhängen, nimmt also am ganzen Geschehen nur passiven Anteil.

Das Feld der knienden Isis ist etwas höher als das der Nephthys, auch ist die Figur der Isis größer, und der Affe hinter ihr steht aufrecht, während er auf der anderen Seite etwas gebückt stehen muß. Mit dem Symbol auf dem Kopf erreicht Isis ungefähr ein Fünftel der Höhe des Skarabäus. Der Raum über der Göttin, rechts neben dem Cheper, ist nochmals in zwei Streifen unterteilt. Auf dem unteren hocken zwei falkenköpfige Figuren, ein Knie angezogen, das andere auf dem Boden. Ihre rechte Hand liegt vor der Brust; mit angewinkeltem Ellenbogen recken sie den linken Arm hinter sich nach oben. Zwei schakalsköpfige Figuren knien in derselben Stellung im oberen Streifen, doch heben sie ihre Hände in verehrendem Gestus. Diese vier Felder gehören zusammen. Die aufgehende Sonne wird von Isis und Nephthys, den Seelen von *Nḫn* und *P* und den Pavianen, den *ḥtt*[19], begrüßt und

---

[13] M. G. Foucart, Études Thébaines, BIFAO 24, 1924, Tf. 23 u. S. 133. Die Beischrift *Wś-jr ḥtp m Rˁ* und *Rˁ pw ḥtp m Wś-jr*. Vgl. ferner den Skarabäus mit der Atefkrone, den Isis als ihren Bruder Osiris anspricht im Grab des Petosiris: F. Daumas, La scène de la résurrection au tombeau de Pétosiris, BIFAO 59, 1960, S. 63ff., besonders S. 77f. = Feucht-Putz, D. Kgl. Pekt., S. 125.

[14] Kat. Nr. 101.

[15] Z.B. Kat. Nr. 84, 85 u. 92.

[16] E. Feucht-Putz, D. Kgl. Pekt., S. 107ff.

[17] Vgl. oben u. H. Schäfer, ZÄS 71, S. 23ff., bes. S. 24 u. Abb. 5 u. 6; ders., Ägyptische und heutige Kunst und Weltgebäude der Alten Ägypter, Berlin-Leipzig 1928; K. Sethe, Altägyptische Vorstellungen vom Lauf der Sonne, SPAW, Berlin 1928; Piankoff, Myth. Pap. S. 61, bes. Fig. 47 auf S. 60 u. Fig. 48 auf S. 61.

[18] Kat. Nr. 99A.

[19] M. W. Müller, Egyptian Mythology, Boston 1918, S. 32; H. Schäfer, ZÄS 71, S. 17; vgl. ebenfalls Naville, Tb. 15a IV, 16.

verehrt. Der Tote nimmt daran teil. Das Feld links vom Skarabäus, über Nephthys, ist nicht unterteilt. In einem Naos, dessen Dach von Uräen mit Sonnenscheiben auf den Häuptern geziert ist und auf zwei Säulen mit Blütenkapitellen ruht, thront Osiris, dessen Name aus der Beischrift hervorgeht. Er ist in ein eng anliegendes Gewand gehüllt und hält ein *wꜣś*-Zepter in den aus der Umhüllung hervorschauenden Händen. Über einer lang herabhängenden Perücke trägt er die Atefkrone; auch der Götterbart fehlt nicht[20].

Im unteren Bildstreifen begleiten der Tote und seine Gemahlin den Sonnengott auf seiner Fahrt in der Sonnenbarke. Die Steven der Barke neigen sich weit nach innen und laufen in Blüten aus. Verschnürungen kurz unterhalb der Blüten und an den äußeren Enden des eigentlichen Bootskörpers lassen die Herkunft des ägyptischen Schiffes von dem Papyrusnachen erkennen. Am Bug der Barke steht der Sonnenfalke Re-Harachte mit einer Sonnenscheibe auf dem Kopf. Hinter ihm kauern zwei mumienförmige Dämonen mit Tierköpfen. Der Stierkopf des ersten und der Sethkopf des zweiten sind durch lange Perücken mit dem Rumpf verbunden. Beide halten große, spitze Messer auf den Knien. Ihnen folgt der kniende Tote mit aufgestelltem rechten Bein. Seine linke Hand umfaßt eine Knospe(?), die rechte legt er vor die Brust. Hinter ihm hockt seine Frau auf ihren Fersen, eine Knospe in der Linken, die Rechte im Schoß, eine langstielige Blüte über dem Kopf. Hinter der Frau liegen die beiden Ruder der Barke auf zwei schräg nach hinten geneigten Pfählen auf. Das ganze Bild ist von einer Hohlkehle überdacht. Anstatt eines Leiterfrieses steht auf der linken Seite eine Inschrift, die sich auf den auf dieser Seite thronenden Osiris bezieht; auf der rechten stehen mehrere Götter übereinander. Sie sind mit langen Gewändern bekleidet und, alle außer dem ersten, der den *ḥkꜣ*-Stab vor die Brust legt, fassen mit der Rechten ein Götterzepter; die Linke lassen sie hinter sich herabhängen. Durch Kopfputz oder Tierköpfe sind sie voneinander unterschieden[21].

Auf drei anderen Pektoralen ist der Aufgang der Sonne allein dargestellt. Auf einem Stück im Brooklyn Museum stützt der *ḏd*-Pfeiler, mit Armen versehen, einen Skarabäus und wird von zwei Isisknoten flankiert; dazwischen sind auf beiden Seiten Glückssymbole eingefügt[22]. An die Stelle des Skarabäus tritt auf zwei Stücken in Kairo die Sonnenscheibe. Wieder liegt sie über dem *ḏd*-Pfeiler zwischen seinen erhobenen Händen, die im Begriff sind, sie zu ergreifen, sie indes noch nicht berühren[23]. Zwei *Tj·t* flankieren den Pfeiler[24]. Auf einem Pektoral in Turin[25] sind die Isisknoten sehr klein gezeichnet, um zwei Pavianen, die das aufgehende Gestirn begrüßen, Platz zu lassen[26]. In diesem Fall hat der Pfeiler keine Arme; die Sonnenscheibe liegt über ihm. Zwei Udjat-Augen füllen den Raum über den Affen. Mit den beiden Isisknoten sind vermutlich Isis und Nephthys gemeint, die auf den königlichen Pektoralen und auf dem zuerst besprochenen Pektoral eines Privatmannes an dieser Stelle erscheinen. Auf einer Spätzeitdarstellung kommt dies deutlich zum Ausdruck[27]. Der *ḏd*-Pfeiler, mit der Sonnenscheibe und mit Augen versehen, ist klar als Osiris gekennzeichnet. Die beiden Knoten, zwischen denen er steht, tragen die Symbole der beiden Göttinnen.

---

[20] Die Verehrung des Osiris im Zusammenhang mit der aufgehenden Sonne kommt auch auf anderen Pektoralen vor. Vgl. Kat. Nr. 105–108.

[21] Vgl. Kees, Totenglauben, S. 91 = Pyr. 1000–1001.

[22] Kat. Nr. 99 D. [23] Kat. Nr. 99 C und 99 E.

[24] Vgl. S. 32 f. [25] Kat. Nr. 99 B.

[26] Auf der Basis einer Statue aus Kahun hebt der *Ḏd* die Sonnenscheibe in einer Barke zwischen zwei Pavianen (Petrie, Kahun, Gurob, and Hawara, London 1899, Tf. XXII, Nr. 1 — 19. Dyn.); auf einem Türbalken in Kairo werden die Darstellungen durch die Seelen von *Nḫn* und *P* vervollständigt (ZÄS 67, Tf. VIII a). Vgl. ferner S. 17 f. u. 33.

[27] Gabra, Fouilles d'Hermopolis, Tf. X bis; vgl. ähnlich S. Birch, ZÄS 15, S. 33.

IV. Inschriften zur Beschwörung des Herzens

In meiner Dissertation[28] habe ich Inschriften zur Beschwörung des Herzens auf Pektoralen abgehandelt. Das Wichtigste, besonders die Inschriften auf Privatpektoralen, soll hier wiederholt und ergänzt werden[29].

Das Herz ist der Sitz des Lebens und enthält das Wesen des Menschen. Es ist nötig, es zu erhalten, um im Jenseits weiter zu bestehen. Psusennes I. betont auf einem Pektoral, daß sein Herz ihm gehöre und in ihm ruhe und setzt es dem Herzen des Re gleich[30]. Doch die Gefahr, das Herz könne dem Toten von Dämonen herausgerissen werden, ist groß. So werden jene im Tb. 27[31], das die Rückseite des Herzskarabäus mit dem Tb. 30B auf einem Pektoral des Pa-ser aus der 19. Dynastie umgibt, folgendermaßen beschworen[32]:,, Spruch des Osiris, des Wesirs Pa-ser, des Erhabenen und Gerechtfertigten: Oh ihr, die ihr die Herzen (*jb·w*) raubt, die ihr die Herzen (*ḥ3·tjw*) herausschneidet, die ihr das Herz (*jb*) eines Mannes entstehen laßt aus dem, was er getan hat[33] . . ., so daß es ihn (den Toten) auf Grund eurer Handlungen nicht mehr kennt. Gegrüßt seid ihr Herren der Ewigkeit, die ihr die Unendlichkeit gründet, ergreift nicht das Herz dieses Osiris, des Wesirs Pa-ser, des Erhabenen und des Gerechtfertigten[34] in seinem Jahr[35]. Dieses sein Herz ist in ihm[35]. Eure Herzen mögen keine böse Rede, die ihn betrifft[36], aufkommen lassen. Denn[37] dieses sein Herz ist das Herz

[28] E. Feucht-Putz, Die Kgl. Pektorale, S. 117ff.

[29] Zu den Vorläufern in Sargtexten von Tb. 26–30 vgl. das Kapitel ,,Das Herz" in R. Grieshammer, Das Jenseitsgericht in den Sargtexten, Äg. Abh. 20, Wiesbaden 1970, S .51ff. Für das mir bereitwillig zur Verfügung gestellte Manuskript seiner Dissertation und die vielen, guten Hinweise bei der Übersetzung obiger Texte danke ich Herrn Grieshammer vielmals. Auch Herrn Prof. Otto möchte ich danken, der mit mir die Texte durchgesprochen und dabei in manche Stellen mehr Klarheit gebracht hat.

[30] E. Feucht-Putz, op. cit., S. 118 u. 121, Kat. Nr. 39.

[31] Der Spruch ist schon in Sargtexten erhalten (CT VI, 344–345 (715) und Goodwin, ZÄS 4, 1866, S. 54). Zu den in diesem Kapitel übersetzten Totenbuchkapiteln vgl. auch die Übersetzung von P. Barguet, Le livre des morts, Paris 1967, und die bei ihm angegebene Literatur.

[32] Kat. Nr. 11B. Vermutlich gehörte dieses Pektoral dem Wesir von Theben Pa-ser (Theben, Grab Nr. 106), der zur Zeit Sethos I. und Ramses II. lebte. Zu seinen Titeln, die mit denen auf dem Pektoral übereinstimmen, vgl. W. Helck, Zur Verwaltung des Mittleren und Neuen Reichs, Leiden 1958, S. 449. Stücke von ihm wurden an vielen Orten des Landes gefunden, u.a. eine Statue in Memphis (ibd. d.), auf der die Titel in gleicher Abfolge wie auf der Vorderseite des Pektorals (Kat. Nr. 29) stehen (vgl. Borchardt, Statuen und Statuetten II, Kairo 630, bes. S. 176). Das Pektoral wurde im Serapeum von Memphis auf der Mumie eines Apis gefunden, der von Chaemwese im 16. Jahr Ramses II. begraben worden war.

[33] Bei Pa-ser: *śḫpr·jw jb n s m jr·n·f*, in CT VI, 344l: *śḫpr jb n s jr·t n·f*. Die Dämonen formen das Herz nach seinen Taten auf Erden, so daß es ihn nach dieser Umformung im Jenseits nicht wiedererkennt. Dies will der Tote verhindern, daher sagt er auch später: ,,Es gehört ihm, er ist seiner mächtig. Es sagt nicht, was er getan hat." Er will, daß das Herz rein vor den Totenrichter kommt, unbeladen mit bösen Taten. Varianten haben statt des *n* ein *r* (z.B. Naville, Tb. I, 27: *m jr·t r·f*; das hier folgende Pektoral des Hori (Kat. Nr. 96): *m jr r·f* u.a.m.). Die Schreiber haben vermutlich das *jr·n* im Sinn von ,,jemandem Böses antun" (Wb II, 193, 14) verstanden, statt seiner das *r* gesetzt und es jetzt folgendermaßen verstanden: ,,die ihr das Herz eines Mannes werden laßt, zu einem, das gegen ihn handelt" und ihn deshalb nicht mehr erkennt.

[34] Auf dem Pektoral des Hori und in einigen Varianten folgt: ,,mit euren Fingern". Vgl. CT VI, 344o: *m rkʿ·jw jb·j m ḏbʿ·w*.

[35] Vermutlich ist mit ,,in seinem Jahr" das Todesjahr gemeint. Bei Pa-ser steht: *m rnp·t·f n* (sic) *ḥ3·tj·f pn jm·f* und könnte als Genitiv übersetzt werden: ,,in seinem Jahr dieses seines Herzens, das in ihm ist", wobei die Zeit, zu der das Herz noch bestimmt in ihm ist und noch von keinen Dämonen herausgerissen worden ist, gemeint ist. Da das *n* jedoch in den Varianten fehlt und mir nur die Abschrift von Mariette zur Verfügung steht, möchte ich hier entweder eine Fehlschreibung des Ägypters oder von Mariette annehmen, das *n* unberücksicht lassen und obige Übersetzung vorschlagen. Vgl. auch die Varianten bei Lepsius, Tb. 27, 2–3 und Allen, BD 27.

[36] *śḫpr jbw·tn md·wt·f ḏw*, var. . . . *md·wt r·f ḏw* ,,böse Worte gegen ihn".

[37] Bei Pa-ser: *jb ntt*, im CT VI, 344r und in Varianten: *ḥr ntt*. Vielleicht liegt hier ein Abschreibungsfehler von Mariette vor.

dessen, der groß an Namen ist (*ꜥꜣ-rn·w*), des großen (*wr*) Gottes. Die Worte[38] sind in seinen Gliedern[39]. Er hat sein Herz vorn in seinen Leib geschickt[40]. Er hat mehr ersonnen, als die (anderen) Götter[41]. Sein Herz gehört ihm (dem Pa-ser), er ist seiner mächtig. Es sagt nicht, was er getan hat. Er ist seiner eigenen Glieder mächtig[42], der Osiris Pa-ser, der Gerechtfertigte.“ Hier endet der Text.

Auf einem Pektoral aus viel späterer Zeit, dem Pektoral des Hori in Leiden, ist das Tb. 27 bis zum Ende aufgezeichnet: „(Es) gehorcht dem Osiris Hori selbst[43]. Er ist dein Herr, du bist in seinem Leib; du widersetzt dich ihm nicht; (er) befiehlt, du gehorchst ihm in der Nekropole.“

Der Tote spricht am Anfang des Spruches die Dämonen an, ihm nicht sein Herz zu rauben bzw. es umzuformen oder übel über es zu berichten. Er betont, daß ihm sein Herz gehöre und hebt am Ende nochmals hervor, daß es ihm gehorche, nicht sagt, was er getan habe und sich ihm nicht widersetze, da er sein Herr sei.

Um die Dämonen wirkungsvoller am Herausnehmen seines Herzens zu hindern, setzt er es dem Herzen des großen Gottes gleich, „der groß an Namen ist, dessen Worte in seinen Gliedern sind, dessen Herz (das Organ, mit dem die Dinge erdacht werden) seinen Leib durchdringt und der mehr ersonnen hat als die anderen Götter“. Die Beinamen „der große (*ꜥꜣ* oder *wr*) Gott“ und „der groß an Namen ist“ werden verschiedenen Göttern gegeben. Doch deutet das Folgende auf einen Schöpfergott, vermutlich auf Ptah[44], aber auch Re[45] ist nicht ausgeschlossen.

Das Pektoral des Hori zeigt auf der Vorderseite zwei sich gegenübersitzende Figuren in langen Gewändern, eine Hand mit einer Blüte(?) zur Nase führend. Zwischen ihnen tritt der Skarabäus in sehr hohem Relief hervor. Über den Figuren, rechts und links vom Skarabäus und unter der Darstellung stehen der Name und Titel des Verstorbenen und ein Teil der

---

[38] Var. „seine Worte“. [39] bzw. „die Worte sind als seine Glieder“?

[40] Zu *ḫnt* „vorn in“ vgl. K. Sethe, Dramat. Texte, UGAÄ 10, S. 56, oder „an die Spitze“, d.h., wie schon de Buck (JEOL 9, S. 20 Anm. c) angenommen hat, „dem Sinn der alten physiologischen Vorstellungen folgend, den wir im Pap. Ebers antreffen, daß das Herz in den Schlagadern spreche“. Das Herz ist durch das Blut und durch die Säfte „vorn in“ oder „an die Spitze“, d.h. in die Peripherie der Glieder gelangt. CT VI, 345a schreibt *hꜣb jb·f* „sein Herz schickt“, d.h. die Impulse gehen vom Herzen aus. Ein anderer Gedanke kam vielleicht später hinzu, wenn wir *ḫnt* nur als „vor“ verstehen: der Herzskarabäus (in unserem Fall der Herzskarabäus auf den Pektoralen) lag auf der Brust, d.h. vor dem Leib des Toten.

[41] *mꜣt·f r nṯr·w*, CT VI, 345b: *mꜣṯ*. Dies wie ein Herz aussehende Determinativ ist als Topf zu lesen, der diesem ja sehr ähnlich sieht. Eine Variante (Naville, Tb. II, 27 Ih schreibt *ḳmꜣ·f jb·f r nṯr·w* „er hat sein Herz geschaffen über das der (anderen) Götter“.

[42] Var. *jnk śḫm m ꜥ·wt·f ḏs·f* (Naville, Tb. II, 27Ca). Auf dem Pektoral des Hori (Kat. Nr. 96) steht: *śḫm mk·wt·f ḏś·f* „er ist seines Schutzes (Amulette?) selbst mächtig“?

[43] Kat. Nr. 96. Vgl. CT VI, 345g und spätere Varianten: *śḏm·n·j jb·j*.

[44] Im Denkmal Memphitischer Theologie (K. Sethe, Dramat. Texte, UGAÄ 10) ist es Ptah, der die Götter, Menschen und Tiere durch sein Denken (Herz) und seine Worte (Zunge) erschaffen hat: „Ptah der Große, — das ist Herz und Zunge der Neunheit, Ptah . . ., der die Götter schuf“ (52a–b) und: „Es geschah, daß Herz und Zunge Macht erlangten über (alle) Glieder, indem sie lehrten, daß er (Ptah) sei (als Herz) in jedem Leib, (als Zunge) in jedem Mund aller Götter . . .“ — „. . . indem er (als Herz) denkt und indem er (als Zunge) befiehlt alle Dinge, die er will“ (54).

[45] De Buck (JEOL 9, S. 20 Anm. c) weist auf Kommentare zum Tb. 17, in dem „der Schöpfergott, der seinen Namen schuf, der von der Götterneunheit“ erklärt wird: „das ist Re, der die Namen seiner Glieder schuf (bzw. der seinen Leib schuf); so entstanden diese Götter, die in seiner Gewalt sind“: Die anderen Götter seien nur Namen, Glieder, in denen sein Herr spricht. Bei dem Satz: „die Worte sind in seinen Gliedern“ kann aber auch an die Erschaffung Res durch Ptah gedacht sein, Ptah, der durch seine Worte den Körper (Glieder) des Re geschaffen hat (H. Kees, Rel. Lesebuch, Tübingen 1928, S. 12; Sethe, UGÄA 10, S. 48f.; Bonnet, RÄRG S. 628 u. 615). Wie weiter unten angeführt wird (S. 11), wird auf einigen Pektoralen betont, daß Re im Herzen des Toten oder, wie bei Psusennes, das Herz des Re, das Herz des Toten sei.

zweiten Hälfte des Tb. 30A: [1](*Ḏd md·w*) *jn Wś·jr śm wr ḫrp·w ḥm·wt Ḥrj* [2]*j jnḏ ḥr·k jb* [3]*jnḏ ḥr·k ḥꜣ·tj* [4]*jnḏ ḥr·k bśk* [5]*jnḏ ḥr·ṯn nṯr·w jpw* (*ḏd·tn*) [6]*nfr·w·j n Rꜥ* (?)[46] *wḥm·tn nḥb-kꜣ·w tm mt m wḥm wj* „Spruch des Osiris, des Sempriesters, Größter der Leiter der Handwerker[47], Hori: ʿGegrüßt seist du (mein) Herz, gegrüßt seist du (mein) Herz (*ḥꜣ·tj*), gegrüßt seist du (mein) Herz (*bśk* Eingeweide), gegrüßt seid ihr diese (*jpw*) Götter. Rühmt meine guten Taten dem Re, wiederholt sie dem Neheb-kau[48], damit ich kein zweites Mal sterbe.'"[49]

Der Text auf der Vorderseite endet mit dem Satz *tm mt m wḥm wj*, „damit ich kein zweites Mal sterbe". Die Rückseite des Pektorals beginnt *jb n śm wr ḫrp·w ḥm·wt Ḥrj špś mn ḥr śt·f mn ḥr mk·t·f*. „Das Herz des Sempriesters und Größten der Leiter der Handwerker Hori ist fest an seinem Platz (*ś·t*), bleibt fest an seiner Stelle (*mk·t*)." Es folgt das Tb. 27.

Der Gedanke, daß das Herz an seinem Platz sei und dort bleibe, ist nicht unbekannt[50]. Hier wird es durch die Wiederholung in unterschiedlichen Worten betont und paßt gut als Einleitung zum Tb. 27. Doch trägt dieses gewöhnlich nicht diese Überschrift. In CT VII, 1h–j (787) steht indes *tm mt m wḥm* — *wn* (sic) *jw ḥꜣ·t n NN ḥr ś·t·f*[51]. Es ist fast der gleiche Text wie auf dem Pektoral, und so können wir wohl mit Recht annehmen, daß er, aus einer anderen Überlieferung stammend, als Bindeglied zwischen dem Tb. 30A auf der Vorderseite und dem Tb. 27 auf der Rückseite des Pektorals benutzt wurde.

Da der Tote sein Herz mit dem des Schöpfergottes identifiziert hat, ist es wahrscheinlich, daß die Dämonen davor zurückschrecken, es ihm zu rauben, doch der Besitz des Herzens allein genügt nicht, den Verstorbenen vor einem zweiten und damit endgültigen Tod zu bewahren. Er hat zwar seine Gewalt über sein Herz betont; doch reicht all dies nicht aus, um zu verhindern, „daß das Herz einem Manne in der Unterwelt (vor Gericht) entgegentrete"[52], seine bösen Taten verrate und ihn somit der Verdammnis ausliefere. Das muß ein zweiter Spruch verhindern, das Tb. 30B[53], das auf den Herzskarabäen vieler Pektorale steht. Da es auf dem Pektoral des Pa-ser mit am besten erhalten ist, folge ich wiederum diesem Text: „Spruch des Osiris, des Vorstehers der Stadt, des Wesirs Pa-ser, des Erhabenen und Gerechtfertigten. Er sagt: ʿ(Oh) mein Herz (*jb*) meiner Mutter, sp 2! (Oh) mein Herz (*ḥꜣ·tj*) meiner (jetzigen) Gestalt[54]! Tritt nicht als Zeuge gegen mich auf, widersetze dich mir nicht (tritt mir nicht entgegen) vor Gericht, übe deine Feindseligkeit nicht vor dem Wäge-

---

[46] Hier nur mit sitzendem Mann geschrieben. In den Varianten steht Re, entweder ausgeschrieben oder als Gott mit der Sonnenscheibe auf dem Kopf.

[47] Zu dem Titel vgl. Wb IV, 119, 9; II, 329, 12 und Helck, Beamtentitel, Äg. Fo. 18, S. 16–18, 102–106, 121.

[48] Hier 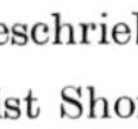 geschrieben. Zu *nḥb-kꜣw* als Epithet des Sonnengottes vgl. Shorter, JEA 21, S. 44. Unter anderem verweist Shorter auf Pyr. 356a–b, der dem obigen Text gleichkommt: „Sie rühmen den schönen Namen des Pepi dem Re, sie verkünden den schönen Namen des Pepi dem Neheb-kau." Vgl. ferner Pyr. 361a.

[49] Belege zu *tm mt m wḥm* gesammelt in Kapitel „Belohnung und Bestrafung" in R. Grieshammer, op. cit. (Zitat s. S. 7 Anm. 29). Vgl. auch Zandee, Death as an Enemy. Leiden 1960, S. 186ff.

[50] Belege bei Piankoff, Coeur. S. 27 u. 58f. [51] Vgl. auch CT V, 332 (459). [52] CT II, 130 (113).

[53] das ebenfalls am Ende des Tb. 64 steht und schon in einem Auszug auf dem Sarkophag einer Königin eines Mentuhoteps aus der 11. Dyn. überliefert ist (Goodwin, ZÄS 4, 1866, S. 54). Übersetzungen zu diesem Text: S. Birch, Formules Relating to the Heart, ZÄS 8, 1870, S. 33ff., 46ff. u. 73ff.; A. W. Shorter, Notes on Some Funerary Amulets, JEA 21, 1935, S. 171ff.; A. Gardiner, The Tomb of Amenemhet, London 1915, S. 113; ders., Eg. Gr. 3, S. 269; G. Roeder, Rel. Urk., 1915, S. 254; A. Piankoff, Coeur, S. 81–82 u.a.m.; Wessetzky, Diss. in hon. Eduardi Mahler, 1937, S. 54ff.; A. de Buck, Een Groep Dodenboekspreuken betreffende het Hart, JEOL 9, S. 23; Allen, BD, S. 115.

[54] Es wird hier unterschieden zwischen dem Herzen, das der Tote bei der Geburt erhalten hat, und dem, das durch das Geschehen im Leben geformt ist. Vgl. dazu E. Otto, Biogr. Inschr. d. Äg. Spätzeit, Leiden 1954, S. 66 m. Anm. 1. Der Ägypter schied zwischen den von der Natur gegebenen Anlagen (*bjꜣ·t* und *jnm*) und den im Laufe des Lebens gemachten Erfahrungen (*ḫpr*). Daß diese Naturanlagen im Leben manchmal bezwungen werden müssen, kommt schon in den Weisheitslehren zum Ausdruck (A. Volten, Stud. zum Weisheitsbuch des Anii, København 1937, S. 141–144 u. 154).

meister gegen mich aus. Du bist mein Ka, der in meinem Leibe ist, Chnum, der meine Glieder wohlbehalten sein läßt. Wir sind herausgegangen zu einem schönen Ort, an dem wir heiter sind[55]. Mach meinen Namen nicht stinken[56] vor den Göttern des Gerichtshofes im Jenseits, die die Menschen in Haufen einteilen[57]. (Dann) ist es gut, (dann) sind wir gut für den Hörenden (d.h. den, der das Verhör abnimmt), und es freut sich der Richter[58]. Lüge nicht vor dem großen Gott.' . . .[59]"

Um die Wirksamkeit des Spruches zu erhöhen, wird von ihm behauptet, er sei in der Zeit des Kenkenes bzw. des Mykerinos gefunden und von Thot verfaßt worden[60]. Er soll über einen steinernen Skarabäus gesprochen werden, der „in das Herz eines Mannes bei der Mundöffnung oder an dessen Hals gelegt worden ist"[61].

So liegt es nicht fern, den Spruch auf den Skarabäus direkt zu schreiben. Solche Skarabäen, Herzskarabäen, sind in großer Zahl überliefert; der älteste uns bekannte gehört dem thebanischen König Sebekemsaf[62] aus der 17. Dynastie.

Der Verklärte ist zum Weiterleben auf das Herz angewiesen, auf das Herz als Sitz der Verwandlungen, d.h. des Wunsches, von dem durch den Willen die Verwandlungen ausgeführt werden[63], auf das Herz als Ka des Verstorbenen[64] und als Chnum, dessen schöpferischen Kräfte den Leib des Toten wohlbehalten sein lassen.

Das Totenbuchkapitel nennt ausdrücklich einen Skarabäus, über den der Spruch gesprochen werden soll, doch erscheint er häufig auf einem Herzen in Hieroglyphenform, oder der Käfer weist auf der Unterseite die Herzhieroglyphe auf. Wie Sethe[65] nachgewiesen hat, sollen weder das Herz noch der Skarabäus gegen das Herz des Verstorbenen bei der Balsamierung ausgetauscht werden. Sie sollen es nur beeinflussen, keinesfalls gegen den Verstorbenen im Jenseitsgericht auszusagen. Sollte indes das Herz des Toten verlorengehen, können sie es ersetzen. Darüber hinaus können sie den Verklärten selbst vertreten. So gibt man ihnen gelegentlich einen Menschenkopf, den Kopf des Toten[66].

Für das Weiterleben war die Gestalt des Herzskarabäus, der Käfer als Symbol der Selbstentstehung und der Wiederauferstehung, von weiterer Bedeutung, ebenso das Wortspiel

---

[55] *ḥn* im Sinne von frisch sein, heiter sein (Wb II, 103, 5) scheint mir im Sinn besser zu passen als *ḥn* eilen (Wb II, 103), „zu dem wir gehen", obwohl einige Varianten die vorwärtseilenden Beine als Determinativ haben. Allen übersetzt „whence we (have) come".

[56] Zu dem Gedanken, der Name stinke, vgl. Gespräch eines Lebensmüden mit seiner Seele, 87, 89, 91, 93, 96, 98, 99–100, 101 (A. Erman, APAW, Berlin 1896, S. 51–55). Hier wird allerdings nicht das Wort *ḫnš* gebraucht, sondern *bꜥḥ*.

[57] Lit. „die die Menschen machen in Haufen" (Wb I, 220), d.h. die Menschen in Gruppen nach den Taten einteilen. Vgl. die Lehre für Merikare, Z. 55–56 (Volten, Analecta Aegyptiaca IV, København 1945, S. 27), wo es heißt, daß die Taten im Jenseits neben den Toten in Haufen (*ꜥḥꜥ·w*) gelegt werden. Dazu zuletzt D. Müller, Grabausstattung und Totengericht in der Lehre für König Merikare (ZÄS 94, 1967, S. 117ff.). Auf S. 122 weist er auf die Stelle im Ptahhotep: „. . . nachdem du Vermögen erworben hast, . . . verlaß dich nicht auf deine *ꜥḥꜥ·w*, die dir als Gabe Gottes zuteil geworden sind". In beiden Stellen steckt der Gedanke, daß die Menschen nach ihren Taten im Diesseits gerichtet werden. Barguet, S. 76, übersetzt: „. . . die die Menschen auf ihre (richtigen) Plätze setzen."

[58] Pa-ser: *nfr·s nfr n śḏm ꜣw·t-jb wḏꜥ mdw*, d.h. wenn das Herz seinen Namen vor dem Jenseitsgericht nicht stinken macht, dann werden sie zu den Menschen eingeteilt, denen es gut gehen wird und über die sich der Richter freut. Varianten schreiben: *nfr n·n nfr n śḏm*. Es ist gut für uns, es ist gut für den Hörenden. Dabei bleibt unklar, warum es gut für den Verhörenden sein sollte. *ꜣw·t-jb n wḏꜥ mdw* habe ich als *śḏm·n·f*-Form aufgefaßt. Man könnte auch genitivisch übersetzen: Freude für den Richter.

[59] Daraufhin wird das Herz nochmals zur Wahrheit ermahnt. Der Schluß bleibt mir indes völlig unklar: *Pa-ser: mk ṯnw·k m wn·tj Wś-jr Pꜣ-śr* „Siehe deine Erhabenheit (?) ist (?) der Osiris Pa-ser??". Varianten sind bei Birch, ZÄS 8, S. 80 aufgeführt, bringen indes auch keine Klarheit in den Sinn.

[60] W. Budge, The Mummy, Cambridge 1925, S. 288ff.; Brugsch, Mythologie, S. 19f.

[61] G. Roeder, loc. cit.

[62] B. M. 7876 (= W. Budge, The Mummy, Cambridge 1925, S. 293).

[63] Shorter, loc. cit.

[64] Piankoff, Coeur S. 54.

[65] K. Sethe, Zur Vorgeschichte des Herzskarabäen, Mélanges Maspero I, S. 118ff.

[66] Z.B. der Herzskarabäus des Sebekemsaf. Vgl. auch S. 13 u. 30.

ḫpr, Käfer, und *ḫpr·w*, Gestalt, Wesen, das dem Toten die Verwandlungen ermöglichte. Der Herzskarabäus diente nicht allein dem Verstorbenen sondern konnte auch als das Herz des Sonnengottes angesehen werden. *Jb·j jb n Rꜥ jb n Rꜥ jb·j* sagt Psusennes I. auf dem Skarabäus seines Pektorals[67] und läßt das Tb. 30B folgen. Nicht zuletzt war der Herzskarabäus der Sonnengott selbst, geht er doch als Cheper zwischen Isis und Nephthys[68] oder über dem *Ḏw* auf[69].

Die Verbindung zwischen beiden — dem Skarabäus als Sonnengott und dem Herzskarabäus — kommt auf einem Pektoral in Turin zum Ausdruck, auf dem steht: *sḥḏ Rꜥ n jmj·j* „es leuchtet Re in mir". Es folgt ein Auszug aus dem Tb. 30B[70]. Auf einem Pektoral Tut-Anch-Amuns heißt es: *jj·n·Rꜥ r jb·n·j* „Re ist zu meinem Herzen gekommen"[71], und von Nephthys und Isis, die den geflügelten Cheper schützen, spricht in ihm die eine den Toten als Osiris an, dem sie sein leibliches Herz gebe, die andere als Aton, um den sie ihre Arme lege[72].

V. Der Wunsch des Verstorbenen, auf Erden zu wandeln

Der Wunsch des Verstorbenen, wieder auf die Erde und unter die Menschen zu gelangen, kommt auf Pektoralen ebenfalls vor. Klar steht es auf der Hohlkehle und den Seitenwänden des Pektorals des Piaii in Wien[73]: *Wś-jr sš mnw nśw·t Pjꜣjj ḥtp bꜣ·k m ḫr·t-nṯr Wś-jr sš mḏꜣ·t nṯr Pjꜣjj pr bꜣ·k m ꜥnḫ Wś-jr sš pr ꜥnḫ Pjꜣjj* „Osiris, Schreiber der königlichen Denkmäler, Piaii, dein Ba ruhe in der Nekropole, Osiris, Schreiber des Gottesbuches, möge dein Ba als Lebender herauskommen, Osiris, Schreiber des Hauses der Schriftgelehrten".

Auch Psusennes beschwört die Freiheit für seinen Ba. Da sein Herz das des Re ist, kann er den Göttern gleich herumgehen[74]: *pr bꜣ·j ḫnꜥ psḏ·t ḫnj·f r bw mr·f ꜥḳ r p·t dwꜣ·t m Jwnw* „Mein Ba gehe heraus mit der Götterneunheit. Er läßt sich nieder an dem Platz, der ihm gefällt. Er tritt in Heliopolis in den Himmel und in die Unterwelt[75] ein".

Auf Skarabäen, vor allem auf Herzskarabäen, ist häufig der *bnw*-Vogel abgebildet.

Der Phönix, dessen Name *bnw* von dem Verb *wbn* „aufgehen" abgeleitet ist, wurde auch „der, der von selbst entstand"[76] genannt und galt als Symbol der Auferstehung. Die Bezeichnung „der, der von selbst entstand" rührt von der Beobachtung des Ägypters her, daß der Reiher sich als eines der ersten Wesen nach einer Überschwemmung auf den Inseln niederläßt, die aus dem zurückweichenden Wasser emportauchten. Er schien aus dem Nichts zu entstehen. Mit diesem Namen versehen, wurde er zu einer Erscheinungsform des Atum bzw. des Re. Beim Vordringen des Osirisglaubens wurde er über Re auch mit Osiris in Ver-

---

[67] Vgl. S. 7 Anm. 30.

[68] Vgl. S. 4ff.

[69] Z.B. Kat. Nr. 82 u. 82A u. S. 14.

[70] Kat. Nr. 198A.

[71] Feucht-Putz, D. Kgl. Pektorale, S. 104f. In seiner Dissertation zitiert R. Grieshammer (vgl. Zitat S. 7 Anm. 29) den Text CT VI, 330g: „Ich bin doch einer, der zu dem Gott fleht, der in seinem Herzen ist" und weist darauf hin, daß dies der älteste Beleg zu der Vorstellung vom Gott im Menschen ist (vgl. dazu H. Bonnet, Der Gott im Menschen, Studi im Memoria di Ippolito Rosellini . . . I, Pisa 1949, S. 237ff.). Dabei sei indes interessant, „weil er (der Spruch) das Herz nicht einfach als einen Gott bezeichnet, sondern als das Organ, in dem ein Gott Wohnung genommen hat". Diesen gleichen Gedanken geben die Inschriften auf den beiden Pektoralen wieder. (Vgl. auch das Pektoral des Psusennes — oben.)

[72] Vgl. hierzu P. A. A. Boeser, Beschr. d. Slg. Leiden, Denkm. NR, 2. Abt., Tf. 1, S. 1: der Hymnus des Schreibers Amenophis, in dem er Re in seinem Untergang verehrt und ihn vollkommen und jung „als Aton in der Umarmung deiner Mutter Isis" bezeichnet (M. Münster, MÄS 11, S. 94).

[73] Kat. Nr. 82.

[74] E. Feucht-Putz, D. Kgl. Pekt., S. 114f., und Kat. Nr. 41.

[75] Oder: er tritt in Heliopolis morgens in den Himmel ein?

[76] Daressy, Cercueils des Cachettes Royales, CG, Kairo 1909, 48, 108, 174; Pap. Boulaq 7, I, 36; Urk. V, 17; Pap. Turin P. u. R., 125, 7; vgl. Grapow, 17. Totenbuchkapitel, S. 45.

bindung gebracht[77]. Er wird indes nicht immer mit diesen Göttern identifiziert, sondern gilt, in loserer Verbindung, als ,,Gestalt des Re"[78] oder als ,,Ba des Re"[79] bzw. ,,Ba des Osiris"[80].

Eine Folge von Totenbuchkapiteln ermöglicht dem Verklärten, jede Gestalt anzunehmen, die er liebt[81]. Darunter ist auch die Gestalt des *bnw*. Das Kapitel 83 lautet: ,,Kapitel vom Machen die Verwandlungen in einen *bnw*. Spruch des N.N.: . . . Ich entstehe als Cheper ..." Der Verklärte nimmt die Gestalt des *bnw* an, um als Morgensonne wieder aufzuerstehen[82]. Im 24. Kapitel sagt der Verstorbene: ,,Ich bin Cheper, der sich selbst erzeugt auf dem Bein seiner Mutter, um den Himmel zu durchschreiten als *bnw* unter den großen Göttern."[83]

Der Tote bezeichnet sich hier als aufgehende Sonne, um dann als *bnw* weiterzubestehen. Der Ägypter spielte auf diesen Gedanken — Phönix als Sonnengott — an, wenn er auf den Herzskarabäen den *bnw*-Vogel abbildete[84]. So wird der Phönix auf einem Herzskarabäus[85]  genannt. Das Herz des Toten bzw. der Tote selbst identifiziert sich mit dem *bnw*, dem Sonnengott bzw. dem Herzen des Sonnengottes.

Als ,,Ba des Re" bezeichnet sich der Verklärte im Tb. 29B. Der Spruch steht auf dem Skarabäus eines Pektorals des Hatiai[86]. Er steht zwischen zwei auf dem Goldzeichen knienden Göttinnen, vermutlich Isis und Nephthys:

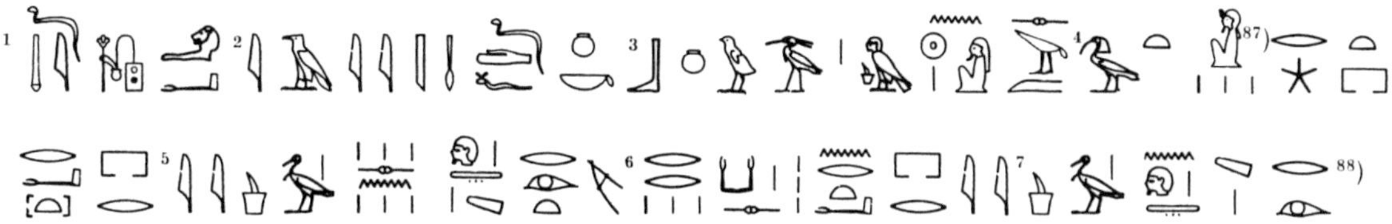

,,Spruch des Schreibers Hatiai, gerechtfertigt. Ich bin der *bnw*, der Ba des Re, der die Verklärten zur Unterwelt führt, um zu veranlassen, daß ihre Bas auf die Erde herauskommen, damit sie machen, was ihre Kas lieben, und um zu veranlassen, daß der Ba des (Osiris Hatiai) herauskomme, um zu machen (was sein Ka liebt)."

---

[77] Grapow, loc. cit.; A. Wiedemann, Die Phönix-Sage im alten Ägypten, ZÄS 16, 1878, S. 89ff.; Bonnet, RÄRG, S. 295f.; Kees, Götterglaube, S. 232 u. 266.

[78] Grapow, loc. cit.; Pap. Boulaq 3, Tf. 14, 19.

[79] Tb. 29B, 2.

[80] Tb. 17, 13–14; ,,Ich bin jener große *bnw*, der in Heliopolis ist . . . Es heißt, *bnw* ist Osiris, der in Heliopolis ist . . .".

[81] Tb. 77–88.

[82] Dieser Spruch beweist wie auch andere, daß der *bnw*, in den sich der Tote verwandeln will, nicht von dem Sonnengott als *bnw* zu trennen ist, wie es Grapow annimmt (Grapow, loc. cit. S. 45). — Im gleichen Text heißt es weiter unten: ,,Ich bin Thot!" Auf dem Skarabäus eines Turiner Pektorals (Kat. Nr. 38), steht auf dem Vorderteil des Panzers  als Bezeichnung des Toten, auf der rechten Flügeldecke  und auf der linken . Ist hier an die Verwandlung des Toten in den *bnw* und in Thot zu denken, wie es das Tb. 83 ausspricht?

[83] Zu weiteren Beispielen des *bnw* als (Morgen)sonne vgl. Wiedemann, op. cit S. 93ff.

[84] Bonnet (RÄRG, S. 595) sieht hier in dem Phönix lediglich eine Form des Ba-Vogels.

[85] B. M. 7878, Skarab. des Ani, mit Tb. 30B auf der Rückseite; vgl. W. Budge, The Mummy, Cambridge 1925, S. 295.

[86] Kat. Nr. 26A.

[87] Diese Schreibung bringt Vernier; Daressy schreibt  bzw. . Richtig wäre  bzw. 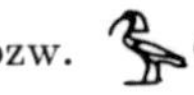

[88] Der letzte Teil ist fehlerhaft, das Ende fehlt ganz. Vgl. Naville, Tb. 29B und W. Budge, The Book of the Dead, London 1898, Kap. 29B.

Ob die Hieroglyphen  auf dem Pektoral des *Śn-nḏm*[89] nur „*bꜣ*" zu lesen sind[90], oder ob eine Anspielung auf den *bnw* besteht und damit für den Toten die Möglichkeit, sich in einen Phönix zu verwandeln, möchte ich nicht entscheiden[91]. Auf alle Fälle ist auf die Verwandlung der Seele des Verklärten beim Vogelflug zum Himmel Bezug genommen, sei es als *bꜣ* oder als *bnw*[92].

VI. Weitere Darstellungsweisen des Sonnenaufgangs mit dem Skarabäus

Wie oben erwähnt, ist der Cheper oder der Herzskarabäus eines der beliebtesten Motive der Totenpektorale. Er kommt auf Pektoralen von Privatpersonen in den verschiedensten Versionen vor: er erscheint allein, schiebt die Sonnenscheibe, zieht den *šn*-Ring oder beides zugleich. Im Gegensatz zu den königlichen Pektoralen ist er hier häufig in die Sonnenbarke gesetzt, wobei ihn Isis und Nephthys — innerhalb oder außerhalb der Barke stehend — begleiten können. Dabei kann Maat eine der beiden Göttinnen ersetzen oder, seltener, der Skarabäus steht überhaupt zwischen zwei anderen Gottheiten[93], Dämonen[94] oder Pavianen[95]. Er kann auch zwischen Osiris und seinem Verehrer erscheinen, und schließlich können statt eines Käfers zwei oder drei stehen. Auf der Rückseite von Pektoralen erscheint das Oval des Herzskarabäus gern zwischen dem *ḏd*-Pfeiler und dem Isisknoten.

Im folgenden sollen neben einigen Beispielen der typischen Formen auch die davon abweichenden Pektorale besprochen werden.

1. Herzskarabäus zwischen zwei Federn

Das Pektoral des Neferrenpet aus Saqqara gibt den Sonnenaufgang in sehr verkürzter Form wieder[96]: Der Skarabäus steigt zwischen zwei Federn empor. Die Kiele der Federn laufen parallel zu den Seitenwänden des Naos. In ganz ungewöhnlicher Weise, mir nur in diesem Beispiel bekannt, schaut ein Kopf über der Hohlkehle hervor[97]. Er ist waagerecht durchbohrt und dient als Öse. Auf der Rückseite des Pektorals steht das Herzkapitel Tb. 30B.

Vergleichen wir diese Darstellung mit zwei Wiedergaben des Sonnenaufgangs auf Sarkophagen[98]. Auf beiden schiebt der Skarabäus die Sonnenscheibe und zieht den *šn*-Ring, auf dem ersten[99] zwischen zwei *jmn·t*-Zeichen, auf dem zweiten[100] tritt der Käfer aus dem *ḏw*-Berg hervor und wird von zwei Federn gerahmt, die anstelle der Westzeichen stehen. Wie Piankoff darlegt[101], ist das Zeichen des Westens das Symbol für die Unterwelt, aus der die Sonne neugeboren hervortritt. Eindeutig ist mit dem Skarabäus zwischen den Federn das gleiche Motiv gemeint.

[89] Kat. Nr. 83; vgl. auch Kat. Nr. 38 und 53.

[90] Das Bild des Ba kann durch das des *bnw* ersetzt werden. (Bonnet, RÄRG, S. 595, 2).

[91] Bei Kat. Nr. 38 und 83 steht die Hieroglyphe  auf dem Herzskarabäus (ob auf Nr. 53 ein Text steht, konnte ich nicht feststellen). Es zeigt die Verbindung zwischen dem Ba und dem Herzen des Toten: „Solange dein Ba besteht, bleibt dein Herz bei dir" (P. Lacau, Textes Religieux, Nr. 86, RT 33, 1811, S. 33; vgl. Piankoff, Coeur S. 54f.).

[92] Kees, Götterglaube, S. 52 u. 407.

[93] Kat. Nr. 94, 95, 199, 199A, 200 und S. 30.

[94] Kat. Nr. 97.

[95] Kat. Nr. 98, 99, 99a und S. 17f.

[96] Kat. Nr. 12.

[97] Es ist vermutlich der Kopf gemeint, der manchmal an Herzskarabäen oder dem Herzen selbst vorkommt Vgl. S. 10. u. 30.

[98] Piankoff, Mythol. Pap., S. 34f., Fig. 17b und 18.

[99] Sarkophag im Brit. Museum.

[100] Sarkophag des Chonsu aus der 20. Dyn. im Metrop. Museum New York.

[101] Vgl. Anm. 98.

2. Aufgang der Sonne über dem Ḏw

Des öfteren ist auf Pektoralen der Aufgang der Sonne über dem Berg abgebildet. In der einfachsten Form gibt ihn das Pektoral des Piai in Wien[102] wieder. Der Herzskarabäus steht über der Hieroglyphe des Berges, über ihm zwei *nfr*-Zeichen zwischen zwei Udjat-Augen. Ein andermal tritt das Bild zwischen Isis und Nephthys, die zu beiden Seiten auf einem Goldzeichen knien und die Hände in schützender Gebärde emporheben[103].

Auf einem Pektoral in Turin ist nur das Oval des Käfers über dem *Ḏw* in Tusche aufgetragen[104]. In ihm steht der Name der Verstorbenen und der Anfang des Tb. 30B. Isis und Nephthys hocken seitlich davon, ihr Symbol auf dem Haupt; vor Isis ist ihr Name ausgeschrieben. Über den Göttinnen rahmen zwei Udjat-Augen einen *šn*-Ring. Auf der Vorderseite des Pektorals erscheint der aus dem Berg hervortretende aufgesetzte Skarabäus zwischen zwei mumienförmigen, hockenden Göttern, der rechte, Anubis, hat einen Schakalskopf, der linke, Osiris, einen Menschenkopf mit Bart und Atefkrone. Anubis hält nur einen *ḥḳꜣ*-Stab(?) auf den Knien, Osiris *ḥḳꜣ*-Stab und Geißel[105].

Das Pektoral des *Šn-nḏm* setzt die beiden *nfr*-Zeichen zwischen den Udjat-Augen auf den vorderen Teil des Panzers vom Skarabäus selbst. Auf den beiden Flügeldecken stehen die Hieroglyphen  [106]. Hier steigt der Skarabäus über dem Berg zwischen Isis und Nephthys in der Barke auf[107]. Ebenfalls in der Barke stieg der Skarabäus auf einem Pektoral in Kairo auf[108]. Der Käfer ist verloren, indes läßt das Oval über dem *Ḏw*, in das er einst eingelassen war, das gleiche Motiv erkennen. Rechts vor ihm hockt Isis, doch ihr gegenüber Maat, nicht Nephthys[109].

Auf einem Stück, das aus Aniba stammt, legen Isis und Nephthys in der Barke ihre Flügel an einen aus dem Berg hervortretenden Skarabäus, der die Scheibe in der Sichel vor sich herstößt[110]. In dem Raum zwischen dem Skarabäus und den ausgebreiteten Flügeln der Göttin ist jeweils ein *ḏd*-Pfeiler, das Symbol der Dauer, eingefügt. Die Barke fährt auf einen Wasserstreifen, der in der üblichen hieroglyphischen Weise dargestellt ist. Unter ihren beiden Steven schwimmen zwei Fische. Es sind der *jn·t*- und der *ꜣbḏw*-Fisch, die die Sonnenbarke geleiten und das Nahen des Apophis verkünden[111]. Das Pektoral gehörte dem *wꜥb*- und Vorlesepriester des Horus *Nfr-mś* und seiner Frau *Nb-m-wśḫ(·t)*[112].

Wie die Sonnenaufgangsbilder auf den zuerst besprochenen Pektoralen enthält auch dieses Motiv den Wunsch zur Wiedergeburt, ist doch die Darstellung des Horizontes mit der aufgehenden Sonne ein Zeichen der Auferstehung. In Pyr. 621b und Pyr. 636c wird der Verstorbene ,,Osiris N. N. ... in deinem Namen, der vom Horizont, aus dem Re hervorgeht" genannt[113].

---

[102] Kat. Nr. 82. [103] Kat. Nr. 83A.

[104] Kat. Nr. 82A. [105] Kat. Nr. 199. Vgl. auch S. 30.

[106] Vgl. S. 13. [107] Kat. Nr. 83. [108] Kat. Nr. 84.

[109] Zu Maat an der Stelle von Nephthys vgl. auch Kat. Nr. 85, zu Maat an der Stelle von Isis Kat. Nr. 92.

[110] Kat. Nr. 86.

[111] Bonnet, RÄRG, S. 193, 2; Kees, Götterglaube S. 65 u. S. 65 Anm. 3 u. 4. Dort weitere Lit., z.B. Pap. Harris Vs. V, 7–8. Zuletzt I. Wallert, Das Tilapia-Motiv, CDE 81–82, 1966, S. 292 mit Anm. 3.

[112] Vereinfachter ist der Sonnenaufgang auf einem Pektoral in London dargestellt (Kat. Nr. 206). In der Sonnenbarke steht die Hieroglyphe *ꜣḫ·t* zwischen einem *Ḏd* und einem *Tj·t*, die Hände mit Lebenszeichen ausstrecken. Die Hieroglyphe zeigt den Aufgang der Sonne und ist nicht mit ihrem Wert *ꜣht*, Horizont, zu lesen. Auf einem Pektoral in Turin steht sie zwischen Isis und Nephthys, die auf dem Boden hocken und durch das Symbol vor ihrer Brust gekennzeichnet sind (Kat. Nr. 87). Die Rückseite dieses Stückes gibt den Anfang des Tb. 30B wieder, das eigentlich zu einem Herzskarabäus gehört.

[113] Vgl. ferner Piankoff, The Shrines of Tut-Ankh-Amon, Bollingen Series XL-2, New York 1955, und Maspero, Les mémoires de Sinouhit, IFAO Bibl. d'Èt. I, 1908, S. 61.

3. Zwei Skarabäen zwischen Isis und Nephthys

Zu dem Motiv des Skarabäus in der Barke zwischen Isis und Nephthys gibt es eine Variante: zwei Käfer nehmen den Platz des einen ein. Isis und Nephthys halten ihre Hände schützend über sie. Dies ist die Darstellung auf dem Pektoral des *Mrj-Rꜥ* aus Saqqara[114]. Die Barke fährt auf einem kurzen Wasserstreifen, der nicht über die Gesamtbreite des Pektorals läuft. Auf dem zweiten Pektoral in Kairo[115], das das gleiche Motiv zeigt, steigen die beiden Skarabäen aus dem in der Barke hieroglyphisch dargestellten Berg hervor. Über beiden Käfern schwebt ein Falke mit der Sonnenscheibe auf dem Kopf. Sie bilden mit ihren gegeneinander gespreizten Flügeln einen Rhombus. Der Wasserstreifen unter der Barke ist hier über die ganze Breite des Pektorals gezogen.

Die gleichen Elemente kehren auf einem Pektoral in der Ermitage in Leningrad wieder[116], doch stehen sie nicht allein. Wieder fährt die Barke auf einem verkürzten Wasserstreifen. In den Raum unter den Steven ist je ein Udjat-Auge eingefügt. Isis und Nephthys, durch das Symbol auf dem Kopf gekennzeichnet, stehen in den äußersten Enden des Schiffes. Ein kleiner Skarabäus schiebt die Hieroglyphe des Berges vor sich her. Er spannt seine Flügel weit aus und wird rechts von einem *nfr*-Zeichen, links von einem *ḏd*-Pfeiler eingefaßt, die gleichfalls den Berg zu stützen scheinen. Zwischen zwei eingeritzten Ovalen über dem *Ḏw* steht ein Pfeiler mit einem bienenkorbartigen Aufsatz und einer Scheibe mit der Mondsichel darüber. Die beiden Falken mit der Sonnenscheibe auf den Häuptern schweben auf diesem Pektoral nicht direkt über den Skarabäen, sondern sind etwas zur Seite, über die erhobenen Hände der Göttinnen, gerückt. Eine senkrechte Inschrift vor Isis lautet: *ḥtp dj nśw·t Jś·t wr·t*, vor Nephthys: *ḥtp dj nśw·t wr·t Nb·t-h·t Jmn.t.t*[117]. Das nächste Pektoral und eine ganz ähnliche Darstellung auf einem Sarg in Kairo[118] zeigen, daß mit dem Pfeiler der Abydosfetisch gemeint ist. Auf dem Sarg erscheint der Abydosfetisch mit einer einfachen Scheibe — statt der Scheibe in der Sichel — und wird in der Beischrift als Osiris bezeichnet.

Das nächste Pektoral, ein sehr schlechtes Stück, bringt neben anderen in den Hauptzügen die gleichen Motive[119]. Statt zweier sind es hier sogar drei Ovale, von denen das größere, das mittlere, aus dem *ḏw*-Berg hervorkommt. Isis und Nephthys, von ihren Plätzen vertrieben, hocken über dem mittleren Käferoval seitlich eines Abydosfetischs, den sie mit erhobenen Händen berühren. Hinter ihren Rücken breiten die beiden Falken, mit Sonnenscheiben auf den Köpfen, ihre Flügel aus. Beide Vögel halten einen *šn*-Ring in den Klauen, im Rücken des linken ist die Geißel gezeichnet. Die Inschrift hinter ihnen ist sehr verderbt. Sie soll vermutlich rechts eine Bezeichnung des Osiris geben. Dieser steht in einem von einem Uräenfries gekrönten Naos dicht an den Leiterfries gedrängt, der das Bildfeld an der rechten Seite einfaßt. Mit der unteren Ecke des Pektorals ist ein Podest weggebrochen, auf dem der Gott stand. Ein kleiner Opferständer mit einer Blüte über einem Krug ist davor erhalten. Links, Osiris gegenüber, muß die Tote auf einem Podest ergänzt werden; nur ihre Füße und das Podest sind erhalten. Die Inschrift vor ihr, hinter dem Falken, soll vielleicht *kꜣ Rn . . . nfr·t*(?) heißen. Vor der Verstorbenen erhebt ein kleiner Ba-Vogel seine Hände verehrend vor dem Oval über dem *Ḏw* und Osiris.

Auf der Rückseite[120] steht das Oval mit dem Herztext zwischen Isis und Anubis auf der linken Seite und Nephthys und einem zweiten Gott (von dem nur die Füße und der Draht seiner Krone erhalten sind) auf der rechten Seite. Sie heben alle ihre Hände dem Käfer

[114] Kat. Nr. 88. [115] Kat. Nr. 89. [116] Kat. Nr. 90.

[117] Entweder wird Nephthys hier wie Isis mit *Jmn·t·t* verschmolzen (vgl. MÄS 11, S. 67, 75f., 103ff.), oder es ist an sie als (*nb·t*) *jmn·t·t* gedacht.

[118] M. E. Chassinat, La Seconde Trouvaille de Deir el-Bahari (Sarcophages), Kairo 1909, Nr. 6001. S. 3, Fig. 6. Liegt auf dem Pektoral vielleicht eine Verschmelzung von Osiris und dem Mond vor? (Vgl, Bonnet, RÄRG 671f.)

[119] Kat. Nr. 91. [120] Kat. Nr. 87A.

entgegen. Dieser ist allerdings nicht in der üblichen Weise als einfaches Oval dargestellt, sondern ihm sind ein Falkenkopf, nach oben langende Flügel und Hände und ein kleiner, schematisch gezeichneter Raubvogelschwanz zwischen den *šn*-Ringe packenden Fängen angefügt[121].

Anhand von zwei Pektoralen Tut-Anch-Amuns, die ebenfalls den Vogelskarabäus als Motiv zeigen, habe ich darzulegen versucht, daß hier die Verwandlung des Toten beim Himmelsflug — vom Vogel beim Abflug zum Skarabäus bei der Ankunft — in einem dargestellt ist, wie es in Pyr. 366 zum Ausdruck kommt: „Es fliegt dieser N. N. als Vogel, er läßt sich nieder als Cheper.“[121] Unten, zu beiden Seiten dieses Falkenkäfers, stehen, wie auf der Vorderseite, Opferständer mit Libationsgefäßen und Blüten. Eine geflügelte Sonnenscheibe mit zwei Armen schwebt über dem Käfer. Die senkrechte Inschrift über Isis und Anubis gibt den Namen der Göttin [122]) *Jś·t wr·t nṯr·t jr ḏ·t n* (*Wś*)-*jr*(?) . . . „Die Große, Isis[123], die Göttliche, die die Ewigkeit schafft(?) dem Osiris(?) . . .“. Isis und Anubis standen auf einem Podest wie Nephthys und der Gott hinter ihr. Die Inschrift 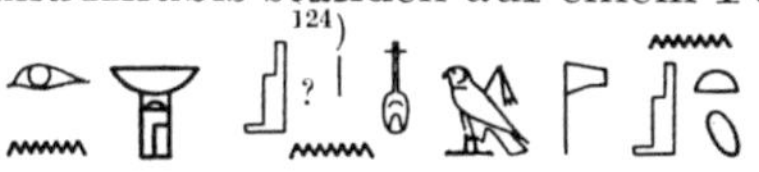 über diesen beiden kann vielleicht so gelesen werden: *jr·n Nb·t-ḥ·t Jś·t nfr n bjk nṯrj n Jś·t* „Nephthys und Isis tun Gutes dem göttlichen Falken der Isis“. Ob sich „der göttliche Falke der Isis“ auf den Falkenkäfer[125] in der Mitte oder auf den Gott hinter Nephthys bezieht, ist nicht klar.

Eine Variante zu der üblichen Wiedergabe des Skarabäus zwischen den beiden Göttinnen zeigt ein Pektoral in Florenz[126]. Schon im Material unterscheidet sich das Stück von den anderen Pektoralen. Es ist ein rötliches Gestein (Quarzit), in das Farben eingelegt sind; Reste von Vergoldung sind zu erkennen. Auf der Vorderseite steht in einer Barke ein großes, vertieftes Oval zwischen zwei Göttinnen, die ihre Hände erheben[127]. Über dieser Vertiefung für einen jetzt fehlenden Skarabäus fliegt ein zweiter, kleinerer Skarabäus. Seine Flügel sowie der Körper waren mit Farbpasten eingelegt — Reste davon sind erhalten.

Das Motiv des fliegenden Skarabäus über dem zur Formel erstarrten Oval des Käfers kommt auf der Rückseite eines Pektorals in Turin, aber in einem anderen Zusammenhang, noch einmal vor[128]. Die Vorderseite dieses Stückes[129] zeigt Isis und Nephthys mit je einem Flügel in der Barke. Sie heben eine Hand und halten die zweite leicht angewinkelt in Hüfthöhe vor. Der Flügel ist nach vorn gestreckt. Beide Göttinnen, ihr Symbol auf dem Kopf, werden als Herrin des Himmels bezeichnet[130]. Auf den Steven der Barken hockt jeweils eine Maat-Figur mit der Feder auf dem Kopf und ein Anch-Zeichen auf den angezogenen Knien. Die Mitte der Komposition ist freigelassen, doch sind ganz leichte Ritzspuren erhalten, die den ovalen Umriß eines Skarabäus erkennen lassen. Solch ein nur angedeutetes Oval kommt auf einem Pektoral in München ebenfalls vor[131]. Beide, sowie ein Leidener Pektoral[132],

---

[121] E. Feucht-Putz, D. Kgl. Pekt., S. 99ff.

[122] Nicht deutlich zu erkennen; vielleicht auch zerstörtes oder schlecht geschriebenes  .

[123] Oder: „*Jś·t wr·t ḥnw·t nṯr·w* . . . Isis, die große, Herrin der Götter . . .“? oder „*Jś·t wr·t jr·t nṯr* . . . Isis, die große, Auge der Götter . . .“.

[124] Es kann auch ein zerstörtes Hausdeterminativ zu *Nb·t-ḥ·t* sein, und nicht das Zeichen der Isis.

[125] Zu dem Falkenkäfer vgl. E. Feucht-Putz, D. Kgl. Pekt., S. 99ff.: „Vogel-Skarabäus“.

[126] Kat. Nr. 70. Ähnlich Kat. Nr. 71.

[127] In einem Feld hinter der linken Göttin ist diese durch eine Inschrift als Isis benannt. Sie trägt jedoch etwas auf dem Kopf, das wie ein *nb*-Korb aussieht. Die Göttin ihr gegenüber ist weder durch eine Beischrift noch durch ein Symbol gekennzeichnet.

[128] Kat. Nr. 105A. Vgl. S. 18.

[129] Kat. Nr. 34.

[130] Hinter Nephthys ist nur  ausgeschrieben.

[131] Kat. Nr. 197 u. 119K.

[132] Kat. Nr. 119L u. 195.

sind aus dem gleichen Material und in der gleichen Ritztechnik hergestellt[133] und weisen keinerlei Spuren eines aufgesetzten Skarabäus auf. Da andere Pektorale entweder eine Vertiefung oder ein Loch in der Tafel haben — um dem Skarabäus besseren Halt zu geben — ist es fraglich, ob hier überhaupt einer aufgesetzt werden sollte[134]. Vielleicht sollte ein Text mit Titel und Namen des Verstorbenen[135] oder eine Darstellung nach Wunsch des Bestellers[136] in das Oval eingetragen werden; die Stücke wurden aber vor der Fertigstellung verkauft. All dies sind Vermutungen, die nicht ganz befriedigen.

4. Skarabäus schiebt Oval mit Inschrift

Das Motiv des Skarabäus, der die Sonne schiebt, wandelt ein Pektoral in Kairo ab[137]. Ein großes Oval mit einem sehr verderbten Auszug aus dem Tb. 30B ersetzt die Sonnenscheibe. Der das Oval schiebende Skarabäus nimmt die ganze untere Hälfte des Bildfeldes ein. Nur zwei *ḏd*-Pfeiler füllen den Raum unter seinen hochgestellten Flügeln. Rechts vom Oval kniet ein Mann, ein königlicher Schreiber (der Name ist zerstört) mit erhobenen Händen. Vor ihm steht ein kleiner Opferständer mit einer Blume. Das Feld dem Verstorbenen gegenüber füllen eine Mondscheibe in einer Sichel über einer Blüte, ein Udjat-Auge und ein kleiner Affe, der, wie der Tote im Oval, die aufgehende Sonne verehrt.

Sehr ähnlich ist die Darstellung auf der Rückseite eines Pektorals aus der Ermitage in Leningrad[138]. Das Hauptmotiv, der Skarabäus, der das Oval schiebt, ist gleich. Der Verstorbene kniet diesmal links oben neben dem Oval, in dessen oberen Inschriftzeile die Sonne, geschützt von zwei geflügelten Schlangen, über dem *Ḏw* aufgeht. Das Feld ihm gegenüber zeigt eine hockende Figur im Mumiengewand (Osiris?), auf deren langem Haar die Atefkrone sitzt; sie trägt einen Halskragen, einen Götterbart und hält ein Anch-Zeichen auf den Knien. Auf gleicher Ebene wie der Gott kauert auf einem Podest ein Falke mit einer Sonnenscheibe auf dem Kopf und einem Wedel hinter seinem Rücken. Der Verstorbene erscheint noch einmal; er kniet in anbetender Haltung im linken Winkel unter den gespreizten Flügeln des Käfers. Über einem Krug vor ihm liegt eine Blüte; unter dem rechten Flügel des Käfers schreitet ein Phönix. Obwohl der Name des Toten über beiden Flügeln des Cheper steht — auf der rechten Seite unter dem Gott und unter dem anbetenden Verstorbenen 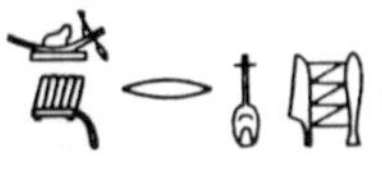 : *Jmꜣḫ r Nfr-ꜥꜣb·t* (?) — und zweimal im Oval wiederkehrt, ist seine Lesung unklar.

5. Anbetung der Sonne durch die imj·w ḥtt

Auf der Rückseite eines Pektorals begegneten uns die Affen, die die Sonne begrüßen[139]. Es sind die *imj·w ḥtt*, die im Gebirge hausenden Affen, die bei Sonnenaufgang zu plappern anfangen und deren Geplapper von den Ägyptern als Begrüßung der Sonne ausgelegt wurde[140]. Sie treten mehrmals auf Pektoralen auf.

---

133 Vgl. S. 19.

134 Die üblichen Pektorale sind freilich immer aus anderem Material. Auf einem Leningrader Pektoral (Kat. Nr. 90), aus gleichem Material sind zwar Einlagen vorhanden, doch sind die beiden Ovale ebenfalls nur umrissen, allerdings stärker als auf dem Münchener und der Vorderseite des Turiner Stücks, ähnlich wie auf der Rückseite des Turiner Stücks.

135 Auf dem Turiner Stück ist der Platz über dem Kopf des Toten, wo meist der Name steht, unausgefüllt geblieben. Auf dem Münchener Stück steht der Name des Toten.

136 Wie auf der Rückseite des Turiner Pektorals.

137 Kat. Nr. 91A.

138 Kat. Nr. 91B. Vs. v. 91A u. B. = 89 u. 90: Zwei Skarabäen zwischen Isis und Nephthys.

139 Kat. Nr. 99A.

140 Schäfer, ZÄS 71, S. 17; Sethe, Amun und die Acht Urgötter von Hermopolis, APAW 1927, Phil.-hist. Kl. 4, § 85.

Im Hauptmotiv erscheinen sie viermal: Auf einem Stück, das sich im Metropolitan Museum befindet[141], stehen sie zu beiden Seiten eines geflügelten Skarabäus in der Sonnenbarke. Über dem Skarabäus schwebt eine geflügelte Sonnenscheibe (?). Auf einem Leidener Pektoral[142] beten sie in einer Barke, deren Steven Sonnenscheiben schmücken, einen geflügelten Cheper an, der die Scheibe in der Mondsichel vor sich herstößt. Auf einem schlecht gearbeiteten Pektoral in der Sammlung Bobrowski[143] stehen sie in den oberen Ecken des Bildfeldes, dessen Mitte ein großer Skarabäus einnimmt. Das vierte Mal, auf einem Pektoral Tut-Anch-Amuns, sind sie mit den Pavianen des Thot verschmolzen[144]. Zwischen ihnen schiebt der Skarabäus die Sonnenscheibe und zieht den *šn*-Ring. Sonst finden sich die Affen auf den mir bekannten Stücken nur in Nebenmotiven, z.B. begrüßen sie die Sonnenscheibe über einer Szene, die die Verehrung des Mnevis-Stiers wiedergibt[145]. In den beiden folgenden begrüßen sie Re-Harachte in der Sonnenbarke.

Auf dem einen Stück[146] sitzt Osiris auf einem Thron in der linken Bildseite. Hinter ihm steht Isis mit dem Hathorkopfputz und einer Stirnschlange. Eine Hand hebt sie schützend hinter dem Gott empor, in der anderen, die nach vorn herabfällt, hält sie ein Anch-Zeichen. Auf der rechten Seite des Bildes steht der kahlgeschorene Verstorbene in langem, plissiertem Gewand, mit Halskragen und vorn hoch aufgebogenen Sandalen. Er hält beide Hände anbetend erhoben. Eine Göttin[147] hinter ihm, mit gleicher Handhaltung wie Isis, trägt die unterägyptische Krone(?). Über den Paaren erheben Udjat-Augen ihre Hände gegen eine Barke, in der Re-Harachte von zwei Pavianen verehrt wird. Die Barke fährt auf einer Sonnenscheibe, die ein Skarabäus vor sich herstößt. Dies Bild steht zwischen Osiris und seinem Verehrer.

Ebenfalls zwischen Osiris und dem Toten steht das Oval auf dem zweiten Turiner Pektoral[148]. Die Handlung findet in einer Barke statt, auf deren Steven Maat-Figuren hocken. Links steht der Verstorbene mit Perücke, Halskragen und langem, plissiertem Gewand. Er erhebt die Hände; an seinem linken Ellenbogen hängt ein Halskragen. Der Platz über seinem Kopf ist für seinen Namen freigelassen, der nie eingetragen wurde[149]. Auf der anderen Seite des Ovals steht der Gott. Er ist in Mumienbinden gehüllt, hat die Atefkrone auf dem Haupt, und ein Perlenkragen schmückt seinen Hals. Die Insignien, Geißel und Krummstab, die er vor der Brust hält, haben sehr lange Schäfte und ragen weit über seine Schultern hinaus. Zwischen *ḥḳꜣ*-Stab und Atefkrone wird er als *nb tꜣ-ḏsr* bezeichnet.

Zwischen dem Gott und seinem Verehrer ist ein großes Oval umrissen, darüber fassen zwei *ḏd*-Pfeiler einen kleinen fliegenden Skarabäus ein[150]. Das Oval enthält keine Inschrift wie sonst üblich. Statt dessen umgibt es eine Darstellung, die in zwei übereinander liegende Streifen gegliedert ist. Im unteren hocken sich Osiris und Re-Harachte, mit *ḥḳꜣ*-Stab und Geißel auf den angezogenen Knien, zu seiten eines *ḏd*-Pfeilers gegenüber[151]. Im oberen Streifen fährt Re-Harachte zwischen den *jmj·w ḥṯt* in der Barke. Wie auf dem Pektoral in Kairo hockt er mit angezogenen Knien, auf denen er hier einen *ḥḳꜣ*-Stab hält. Um die Sonnenscheibe auf seinem Kopf windet sich ein Uräus.

Bei der Besprechung der Vorderseite dieses Pektorals wurde schon auf die Ähnlichkeit mit einem Münchener und einem Leidener Stück hingewiesen[152]. Die Ähnlichkeit wird vor allem auf den Rückseiten der Pektorale deutlich, da hier die Thematik verwandt ist[153]. Auf dem Münchener[153] und dem Leidener Stück[154] wird der thronende Osiris verehrt. Statt

---

[141] Kat. Nr. 99.
[142] Kat. Nr. 99a.
[143] Kat. Nr. 98.
[144] E. Feucht-Putz, D. Kgl. Pekt., S. 92, Kat. Nr. 44.
[145] Kat.-Nr. 187. Vgl. auch S. 26.
[146] Kat. Nr. 106 (zur Rückseite vgl. S. 22).
[147] Vgl. S. 22 (Rückseite).
[148] Kat. Nr. 105A.
[149] Vgl. S. 40.
[150] Vgl. S. 32f.
[151] Vgl. S. 30.
[152] Vgl. S. 16.
[153] Kat. Nr. 119K.
[154] Kat. Nr. 119L.

des Ovals steht zwischen ihm und der (München) bzw. dem (Leiden) Toten ein großer Gabenaufbau: ein Opfertisch mit großem Krug, hinter dem eine langstielige Lotusblüte zwischen zwei Knospen liegt. Ein *wsḫ*-Kragen, der an den Enden in Falkenköpfe ausläuft, ist oben an den Fuß des Ständers gebunden. Osiris thront auf einer Matte; die Rückenlehne des Thrones ist sehr hoch. Der sehr langgestreckte Körper des Gottes ist in die gleichen kreuzweise gewickelten Mumienbinden, die bis in Brusthöhe reichen, gehüllt wie auf dem Turiner Pektoral. Der Halskragen ist auf dem Münchener wie dem Turiner Pektoral nur in den oberen Reihen durch Querverbindungen unterteilt. Osiris hält auf allen drei Stücken die gleichen langschäftigen Insignien vor der Brust, und die Beischrift *nb tꜣ-ḏśr* steht zwischen Krummstab und breiter Atefkrone.

Auf dem Münchener und dem Leidener Stück steht links die bzw. der Tote mit erhobenen Händen. Auf dem Münchener Pektoral hängt über dem Arm des Verstorbenen eine Gabe für den Gott. Es ist nicht klar, was sie darstellt; sie sieht aus wie ein *sꜣ*-Zeichen(?), an dem ein Skorpion(?) hängt. Die Frau trägt ein langes, plissiertes Gewand und auf dem Kopf einen Salbkegel, vor dem eine Lotusblüte liegt. Ein Viertel- und ein Halbkreis mit Strahlen(?) füllen die Ecke und den Platz über ihrem Kopf. Der Tote auf dem Leidener Stück trägt ebenfalls ein langes, plissiertes Gewand mit Überfall. Im Unterschied zum Münchener Stück erscheint eine dritte Person auf diesem Pektoral: Isis, in Mumienbinden gehüllt, steht hinter dem Gott, erhebt eine Hand in verehrendem Gestus und hält die zweite etwas oberhalb eines langen Flügels, der schräg vor ihr herabreicht. Unüblich ist die Titel- und Namensangabe des Besitzers auf einer Kante des Pektorals, bei dem Münchener auf der unteren, bei dem Leidener auf der oberen. Auf allen drei Pektoralen umgibt nur ein Leiterfries die Komposition, eine Hohlkehle fehlt. Die Durchbohrungen an den oberen Ecken sind ungefähr an der gleichen Stelle.

Ein Motiv, das auf dem Stück in Turin nur als kleine Nebenszene erscheint, schmückt auf fast identische Weise die Vorderseite des Münchener und des Leidener Pektorals. Osiris und Harachte hocken sich hier auf den Steven einer Barke bzw. auf Goldzeichen gegenüber, dort zu Seiten eines *ḏd*-Pfeilers[155]. Da die Figuren auf dem Turiner Pektoral kleiner sind, fehlen ihnen einige Innenzeichnungen; doch im ganzen gesehen sind sie sich auf allen drei Stücken sehr ähnlich.

Daß alle drei Pektorale aus dem gleichen Material sind, die gleiche Ritztechnik und nur ein angedeutetes Oval bzw. nichts zwischen den beiden göttlichen Gestalten haben, wurde schon erwähnt. Sie scheinen aus derselben Werkstatt, wenn nicht gar von derselben Hand zu stammen.

---

[155] Vgl. S. 30.

D. Andere Formen des Sonnenaufgangs

I. Nefertem zwischen zwei Göttinnen

Ein anderes Pektoral zeigt ganz deutlich die Morgensonne zwischen zwei geflügelten Göttinnen[1]. Über der Blüte geht sie als Nefertem, das Sonnenkind, auf. Auf einer eingelegten Holzplatte im Turiner Museum erscheint Nefertem ebenfalls zwischen zwei Göttinnen (Hathor und einer Göttin mit weißer Krone)[2]. Hinter ihnen kniet jeweils die Figur eines Königs, der dem Sonnengott eine Kartusche(?)[3] darbringt[4].

II. Hathorkopf

Rätselhaft wirkt ein späteres Pektoral im Louvre[5]. Ein Kuhkopf mit dem hohen Straußenfedernpaar (vor dem eine kleine Sonnenscheibe mit Uräen liegt) zwischen den Hörnern, schaut aus einem großen Halskragen hervor. Auf dem Halskragen kriecht ein vierbeiniger Skarabäus. Zwei geflügelte Göttinnen breiten ihre Schwingen um diese Mittelkomposition (Uräen stehen auf ihren erhobenen Flügeln). Der Kopfputz, die Sonnenscheibe zwischen den Hörnern, läßt in den Göttinnen zwei Hathoren oder auch Isiden erkennen. Im Vergleich mit den zuletzt betrachteten Pektoralen, auf denen immer die Sonne zwischen zwei Göttinnen stand, liegt es nahe, in dem Kuhkopf mit der Sonnenscheibe eine Erscheinungsform der Sonne zu sehen, insbesondere da der Skarabäus auf dem Halskragen erscheint. Der Kuhkopf ist das Symbol der Himmelsgöttin Hathor, die zwischen ihren Hörnern die Sonnenscheibe mit dem Sonnenkind oder dem Widder emporhebt[6]. Ebenso wäre dann ein Pektoral, das sich ehemals im Berliner Museum befand[7], und ein weiteres im Kestner-Museum[8] zu interpretieren. Beim ersten sitzt der Kuhkopf zwischen zwei Schlangen, beim zweiten zwischen zwei geflügelten Udjat-Augen.

---

[1] Kat. Nr. 100. Vgl. auch Nefertem mit Mondsichel und -scheibe über der Blüte zwischen zwei geflügelten Maat-Figuren (Stele des Schedsu-Nefertem, Hoherpriester in Memphis zur Zeit Scheschonks; Cleveland, Nr. 201. 14, JEA 49, 1963, S. 135 Fig. 7); ähnliche Darstellung im Chonstempel zu Karnak aus der 21. Dynastie (LD III, 244).

[2] Rosenberg, Äg. Einlagen, Fig. I.

[3] Vgl. hierzu H. Gauthier, Amada, Tf. VIA u. B. Über den Händen, in denen der kniende Thutmosis kuglige Opfergefäße hält, stehen Kartuschen.

[4] Obwohl die Platte wie die Pektorale von einer Hohlkehle gekrönt und die Darstellung von einem Leiterfries umgeben ist, möchte ich sie nicht zu den Pektoralen zählen, da sie sich durch ihre sehr breite Form zu stark von diesen unterscheidet.

[5] Kat. Nr. 102.

[6] Bonnet, RÄRG 208f., 280; W. Spiegelberg, Skarabäus mit religiöser Darstellung, OLZ 33, 1930, Sp. 249ff.

[7] Kat. Nr. 103. [8] Kat. Nr. 104.

E. Verehrung des Osiris

Mehrmals schon wurde ein beliebtes Motiv der Totenpektorale, die Verehrung des Osiris, beschrieben. Osiris, in das enge Mumiengewand gehüllt, mit der Atefkrone auf dem Haupt und den Zeichen seiner Würde als Herrscher der Unterwelt Geißel und Krummstab in den vor der Brust gekreuzten Händen, steht oder thront meist auf der linken Seite des Bildes. Ein Opferständer, der Herzskarabäus oder ein Oval mit dem Tb. 30B[1] trennt ihn häufig vom Verstorbenen, der ihn entweder in aufrechter Haltung verehrt oder in Ehrfurcht vor dem Gott in die Knie gesunken ist[2]. Die vier Horuskinder Amset, Hapi, Duamutef und Kebehsennuef erscheinen mehrmals vor dem Gott[3].

In meiner Dissertation[4] habe ich das Pektoral des Amenemope aufgeführt, das auf den ersten Blick den Pektoralen Privater sehr ähnelt. Amenemope bringt Osiris ein Opfer dar wie Ramses III. dem Harachte. Mit diesem Opfer dankt der König den Göttern für alles, was er von ihnen erhalten hat und beschließt damit die Sedfesthandlungen (ibd. S. 70). Im Gegensatz hierzu bringt der Verstorbene auf privaten Pektoralen niemals ein Opfer dar; er steht oder kniet immer in anbetender Haltung vor Osiris, seinem Totenrichter. Er dankt ihm also nicht, sondern verehrt ihn und versucht, ihn sich gnädig zu stimmen. Der gleiche Gedanke liegt auf den im folgenden Kapitel besprochenen Pektoralen vor: der Verstorbene vor dem Totengott Anubis.

Die Beischriften geben die Namen des Gottes und des Verstorbenen wieder. Auf einem Pektoral erscheint statt Osiris ein Gebet, das der kniende Tote an ihn richtet. In ihm bittet er den Gott um ein Totenopfer[5]. Es ist der gleiche Gedanke, der immer wieder auf Grabsteinen des Neuen Reiches und der anschließenden Zeit vorkommt. Der Tote erbittet vom Herrscher des Jenseits das, was ihm ein Leben nach dem Tod angenehm machen könnte, z.B. Opfer, einen süßen Hauch des Nordwindes, das Ein- und Ausgehen, die Möglichkeit, die Sonne bei ihrem Aufgang zu sehen u.a.m.[6]

Auf dem Pektoral des *Ḏḥwtj(-m-)ḥb* in Kairo[7] wird Osiris durch das Zeichen des Westens als Herrscher der Toten näher bezeichnet. Es steht hier anstelle der Imentet, der Göttin der Nekropole, die auf Stelen häufig den Platz hinter Osiris einnimmt[8].

Zwei Dinge aber deuten auf einen zweiten Vorgang: das Vorkommen der vier Horuskinder, die in Begleitung des Osiris vorzugsweise beim Totengericht erscheinen[9], und, wichtiger

---

[1] Kat. Nr. 107–107H und 108–108B.

[2] Kat. Nr. 109–119T. Auf dem Pektoral Kat. Nr. 119H tritt der Verstorbene zusammen mit seiner Gattin vor den Gott.

[3] Meist auf einer Blüte stehend, die vor dem Totenherrscher aus dem Boden wächst (Kat. Nr. 107F — nur drei —, 119, 119N, O, P, Q), einmal am oberen Rand des Bildfeldes (Kat. Nr. 119M).

[4] E. Feucht-Putz, D. Kgl. Pekt. S. 57.

[5] Kat. Nr. 119S.

[6] Z.B. Bonnet, RÄRG, S. 261 Abb. 64 (= Berlin, Nr. 7281); Boeser, Leiden IV, Tf. IX; ibid. IV, Tf. XVI, Nr. 37, Tf. XVII, Nr. 35, Tf. XXI, Nr. 32, Tf. XXVIII, Nr. 50 u.a.m.

[7] Kat. Nr. 119N.

[8] Z.B. Davies, The Tomb of Nefer-Hotep at Thebes II, MMA 9, New York 1933, Tf. II.

[9] Z.B. Naville, Tb. II, 125 A.g. u. 141 L.d.; Erman, Die Rel. der Ägypter, Berlin 1934, S. 225 Abb. 87 (= Pap. Berlin P. 3034); Davies, Two Ramesside Tombs, 1927, Tf. XIII: Hier kniet der Tote vor Osiris, über ihm die vier Horuskinder. Osiris trägt ein Pektoral mit drei Kartuschen. Es folgt die Wägung des Herzens. Ein andermal (ibd. Tf. V) stehen Userhat und seine Familie vor Osiris, vor dessen Füßen die Blüte mit den vier Horuskindern emporwächst. Osiris trägt ein Pektoral, das in zwei Felder geteilt ist; in jedem

noch, das Herzkapitel[10], das das Herz des Toten beim Jenseitsgericht beeinflussen, notfalls ersetzen sollte[11]. Daher steht es auf Darstellungen des Jenseitsgerichts häufig neben dem Toten[12]. Der Ägypter sah also[13] in Osiris nicht nur den Totenbeherrscher, sondern ebenfalls den Richter, vor dem sich der Verstorbene verantworten mußte. Daher zeigt ein Pektoral in Kairo[14] neben der Verehrung des Osiris (und dem Aufgang des Cheper in der Sonnenbarke) den Toten vor Dämonen, vor denen er beim Totengericht wie vor Osiris ein negatives Bekenntnis abzulegen hat[15].

Die Herzskarabäen wurden auch hier im Zusammenhang mit dem Cheper gesehen, d.h. der Gedanke der Wiedergeburt war auch hier vorhanden. Darauf deuten verschiedene Pektorale. Auf einem des Meri-Re in Kairo[16] steht das Oval mit dem Herzkapitel über einer stilisierten Blüte, der Lotusblüte, auf der der Sonnengott aus dem Urwasser Nun emportaucht[17]. Ebenfalls über der Lotusblüte schiebt auf dem Pektoral des Hui in Leiden das Oval mit einem verderbten Teil des Tb. 30B einen geflügelten Skarabäus vor sich her[18]. Das Bildfeld ist in zwei Ebenen geteilt; in der oberen verehrt der Schreiber des Gotteshauses Hui Osiris, in der unteren Mnevis[19]. Auf einem zweiten Pektoral des Meri-Re[20] fliegt der Käfer über Osiris und seinen Verehrer, und nichts deutet auf den Herzskarabäus. Ebenfalls nur als Cheper schiebt der Skarabäus die Sonnenscheibe, über der Harachte, die Morgensonne, in der Barke fährt, zwischen Osiris und dem Toten[21]. Die Rückseite dieses Pektorals stellt die Verehrung von Osiris ohne Cheper dar[22]. Seine Stelle nimmt ein Opferständer mit mehreren Blüten und eine Standarte vor dem Gott ein. Auf der Standarte steht ein Schakal, vor dessen Vorderpfoten ein Uräus und — vermutlich — der *šdšd*-Wulst[23] aufragen. Es ist *Wp-wꜣw·t*, der Wegeöffner zum Jenseits[24]. Osiris ist auf dieser Seite des Pektorals etwas kleiner gestaltet, um über seinem Kopf Platz für einen Skarabäus zu lassen, der auf ihn herabzuschwirren scheint. Die Inschrift darüber beginnt mit der *ḥtp-dj-nśw·t*-Formel und fährt mit dem Beinamen des Osiris fort: ... *Wś-jr nb nḥḥ ḥḳꜣ ꜥnḫ·w nṯr nfr Wnn-nfr ḫntj sḥ-nṯr* (?) *ḥḳꜣ* (?) *Jwn* ... Auf der anderen Seite gibt sie die Namen der Göttinnen: *ḏd mdw jn Mw·t nb·t p·t* (?)[25] *Jś·t wr(·t nb·t) p·t ḥnw·t nṯr·w* (*ḥnw·t*) *p·t*, bezieht sich also auf Isis, die hinter Osiris steht[26], und bezeichnet die Göttin mit der unterägyptischen Krone, die dem Verstorbenen folgt, als Mut, der eigentlich die Doppelkrone zusteht.

sitzen Osiris und Anubis nach außen gewandt hintereinander. E. A. W. Budge, The Book of the Dead. Facsimile of the Papyrus of Ani in the British Museum, London 1890, Tf. 4, und ders., The Book of the Dead, Facsimiles of the Papyri of Hunefer, Anhai, Kerasher and Netchemet in the British Museum, London 1899, Tf. 5.

[10] Diese Stücke zeigen meist auf der Vorderseite den Skarabäus zwischen Isis und Nephthys.

[11] Vgl. S. 7ff.

[12] Bonnet, RÄRG, S. 340; Papyrus des Ani: op. cit. Tf. 3; Papyrus des Hunefer: op. cit. Tf. 4; BIFAO 29, Tf. IIF u. IIIG (hier der Tote mit Herzhieroglyphe).

[13] zumindest auf den Pektoralen mit dem Herzskarabäus.

[14] Kat. Nr. 105. [15] Bonnet, RÄRG 339.

[16] Kat. Nr. 107A. In der Hohlkehle fliegt Behedeti hier nicht in seiner Gestalt als geflügelte Sonnenscheibe, sondern als Skarabäus, der „herrliche Api", der in späteren Texten Behedeti gleichgesetzt wird (Bonnet, RÄRG, S. 90; Kees, Götterglaube, S. 421). Vgl. ebenfalls die Vorderseite vom 2. Pektoral des Meri-Re (Kat. Nr. 161).

[17] Wie hier ist auf zwei weiteren Pektoralen (Kat. Nr. 105 u. 107F) der Skarabäus über die Lotusblüte zwischen Osiris und seinen Verehrer gesetzt.

[18] Kat. Nr. 105B. [19] Kat. Nr. 187A. Vgl. auch S. 26.

[20] Kat. Nr. 119O. [21] Vgl. S. 18f., Kat. Nr. 106.

[22] Kat. Nr. 119T. [23] Bei Reisner wie ein zweiter Uräus gezeichnet.

[24] Bonnet, RÄRG, S. 842; Kees, Götterglaube S. 28; P. Munro, Einige Votivstelen an *Wpwꜣ·wt*, ZÄS 88, 1962, Tf. IIIf.

[25] Das *p·t* ist nicht deutlich. Es sieht wie ein ▭ aus. Sollte es vielleicht für *jśrw* stehen, also Mut als *nb·t jśrw* bezeichnen?

[26] Auf einem Leidener Pektoral (Kat. Nr. 119L) steht Isis ebenfalls hinter ihrem Gatten. Zur Ähnlichkeit der Motive dieses Stückes zu Kat. Nr. 119K vgl. S. 16f. u. 18f.

Von der üblichen Darstellung weicht ein Pektoral in Leiden ab[27]. Das vertiefte Oval für den jetzt fehlenden Skarabäus erhebt sich über einen *Ḏd* zwischen zwei *Tj·t*[28]. Links thront wiederum Osiris (*Wś-jr mꜣ῾-ḫrw m ḥtp*); doch statt des Toten auf der rechten Seite erscheinen hier Isis und Nephthys in zwei Bildstreifen übereinander. Ihre linke Hand stützen sie auf einen *šn*-Ring[29], die rechte erheben sie im Klagegestus an die Stirn. Die Beischriften sind unklar. Sie ergänzen sich mit denen der Vorderseite, auf der der Cheper zwischen den beiden Göttinnen in der Barke emporsteigt[30]. Vor den Göttinnen steht: *ḏd mdw (jn) Jś·t* (bzw. *Nb·t-ḥ·t*). Die Inschriften hinter ihnen scheinen sich nicht, wie anzunehmen, auf sie zu beziehen, sondern auf Osiris und vielleicht den zu Osiris gewordenen, als Cheper auferstehenden Toten[31]. Hinter Isis: *jnk sꜣ·k Wś-jr mꜣ῾-ḫrw m ḥtp*, wobei an das Sohnesverhältnis des Osiris zu Isis gedacht ist[32]. Hinter Nephthys: *jnk Wś-jr mꜣ῾-ḫrw m ḥtp*.

---

27 Kat. Nr. 108B.

28 Vgl. dazu Kat. Nr. 99A. Statt der beiden *Tj·t* sind es hier Isis und Nephthys.

29 Vgl. Kat. Nr. 27 u. 28A.

30 Kat. Nr. 63.

31 Vgl. dazu S. 4f. und E. Feucht-Putz, D. Kgl. Pekt., S. 123ff.

32 M. Münster-Plantikow, Unters. zur Göttin Isis, MÄS 11, S. 132ff.

F. Anubis auf dem Schrein und Verehrung des Anubis

Neben Osiris kommt Anubis häufig auf Pektoralen vor, allein oder mit einem Anbeter. Oft sind ihm Beinamen beigefügt, die ihm seit dem Alten Reich eigen sind[1]. Meist begnügt man sich mit der Bezeichnung „*Jnpw*“, doch wird er auch in seiner Eigenschaft als Totengott, von dem sich der Verstorbene Totenopfer erhofft, *nb tꜣ-ḏśr* oder *nb jmn·t·t* genannt oder als Balsamierungsgott, der ein gutes Begräbnis in der Nekropole gewährt, *ḫntj sḥ-nṯr* oder *jmj-wt*. Die Pektorale, die ihn allein zeigen, stellen ihn gewöhnlich auf einem Schrein liegend dar[2]. Eine Halsbinde schmückt ihn vielfach, die *nḫꜣ*-Geißel ragt hinter seinem Rücken steil empor, und zwischen den Vorderpfoten hält er sein Emblem, das *śḫm*-Zepter[3]. Seine Namen stehen entweder über seinem Rücken oder ziehen sich über die ganze obere Breite des Bildfeldes hin[4]. Nicht selten nimmt ein Opferständer den Platz vor dem Schakalsgott ein[5].

Eine mir nur einmal bekannte Form zeigt ein Pektoral in London[6]: Anubis liegt auf einem Schrein zwischen zwei *ḏd*-Pfeilern. Das Gegenstück befindet sich in Paris: es zeigt Anubis zwischen zwei Isisknoten[7].

Wie auf Stelen[8] wird Anubis, in Angleichung an *Wp-wꜣ·t*[9], in dem in Ägypten beliebten Dualismus auch auf Pektoralen paarweise angeordnet. Nach W. Westendorf können diese Bilder als Sonnenlauf gedeutet werden[10]. Auf einem Stück in der Ermitage[11] liegen sich zwei Schakale mit Perücke und *nḫꜣ*-Geißel gegenüber auf zwei Schreinen, deren Dächer ineinander übergehen. Ihre ein *śḫm*-Zepter packenden Pfoten berühren sich. Über ihnen säumen zwei Udjat-Augen einen *šn*-Ring. Das ganze Bild fällt leicht von links nach rechts ab. Nach W. Westendorf können die beiden Augen[12] und die beiden Schakale[13] als die beiden Phasen des Sonnenzyklus gedeutet werden und das ganze Bild den Lauf der Sonne (symbolisiert durch das *śḫm*-Zepter[14] und den *šn*-Ring[15]) von Osten (links) nach Westen (rechts) widerspiegeln[16].

Diese Deutung wird erhärtet durch die Rückseite eines Pektorals[17], auf dem im oberen Bildfeld zwei Schakale mit Geißeln (der linke liegt etwas tiefer als der rechte) den *šn*-Ring über Wasserlinien[18] rahmen. Unter ihnen fährt eine Barke von links nach rechts, an deren

---

[1] Vgl. Bonnet, RÄRG, S. 41f.

[2] Vgl. H. Carter-C. Mace, Tut-ench-Amun III, Leipzig 1934, Tf. 6; Lefèbvre, MDIK III, 1889, Tf. XXVIII u. XXX; Jéquier, La Pyr. d'Aba, Kairo 1935, Tf. XVIII; Bruyère, Deir el Médineh, 1924/25, S. 56 Fig. 36 u.a.m.

[3] Das *śḫm*-Zepter taucht schon im M.R. mit dem Beinamen des Anubis auf (Lacau-Chevrier, Une Chapelle de Sesostris Ier à Karnak, Kairo 1956, S. 61–64; z.B. S. 65 „*jmj-wt ḫntj sḥ-nṯr*“), dann im N.R.: Boeser, Leiden VI, Tf. X, Nr. 15: *Jnpw ḫntj sḥ-nṯr* (*nṯr ꜥꜣ*) *nb tꜣ-ḏśr*. Vgl. auch Wb IV, 244.

[4] Kat. Nr. 120–148.

[5] Kat. Nr. 149–153.

[6] Kat. Nr. 155.

[7] Kat. Nr. 156.

[8] Boeser, Leiden VI, Tf. X, Nr. 7; Tf. IV, Nr. 13; B. Bruyère, Tombes Thébaines de Deir el Médineh à Decoration Monochrome, MIFAO 86, Kairo 1952, Tf. XXII; LD III, Bl. 144; Erman, Die Religion der Ägypter, Berlin-Leipzig 1934, S. 271 Abb. 103; Spiegelberg-Pörtner, Aeg. Grabsteine und Denksteine aus süddeutschen Sammlungen I, Straßburg 1902, Abb. 5 u. 6; W. Westendorf, Altäg. Darst. d. Sonnenlaufes auf d. abschüssigen Himmelsbahn, MÄS 10, 1966, Abb. 32, 33, 57, 61, 65, 66 u. S. 76ff.

[9] Bonnet, RÄRG, S. 843f.

[10] W.Westendorf, op. cit. Abb. 65, vgl. auch Abb. 32.

[11] Kat. Nr. 157; vgl. auch Kat. Nr. 158 u. 158A.

[12] Westendorf, op. cit., S. 8 u. 38ff.

[13] Ibd. S. 76 Abb. 65.

[14] Ibd. S. 77.

[15] Ibd. S. 43 Nr. 9.

[16] Vgl. z.B. ibd. S. 44 Abb. 28.

[17] Kat. Nr. 158B.

[18] Westendorf, op. cit. S. 46 Abb. 32, ferner S. 6–7, 39, 46 Abb. 33, S. 72 Abb. 61 u. S. 76f. Abb. 65.

Bug eine ibisköpfige Figur hinter einem *šmś*-Zeichen hockt. In der Mitte der Barke kriecht ein Skarabäus direkt unter dem *šn*-Ring mit den Wasserlinien [19]. Auf der weitgehend zerstörten Vorderseite dieses Pektorals [20] fährt die Sonne als falkenköpfige Re-Harachte-Figur ebenfalls von links nach rechts.

Zu Anubis kann ein Verehrer treten [21]. Auf den mir bekannten Pektoralen nimmt der Gott immer die linke Seite des Bildes ein. Er liegt entweder auf dem Schrein, wie auf den eben besprochenen Stücken, und der oder die Verstorbene kniet oder steht vor ihm in ehrfurchtsvoller Haltung. Einmal steht nur der Name des Toten vor dem Gott [22]. Der Gott kann auch Menschengestalt annehmen; dann verbindet eine Perücke den Tierkopf mit dem Menschenkörper. Auf einem Pektoral aus Saqqara sitzt der Gott auf einem Thron dem Verstorbenen gegenüber [23]. Ein gefältelter Schurz reicht bis oberhalb seiner Knie, ein kariertes Oberkleid bis in Brusthöhe. Den Hals schmückt ein Perlenkragen. Die Rechte, zur Faust geballt, liegt in seinem Schoß, die Linke hält ein *wꜣś*-Zepter nach vorn. Hinter einem Opferständer mit einem *nmś·t*-Krug kniet verehrend der Verstorbene. Sein reich plissiertes Gewand mit weitem Überfall läßt das Pektoral in die Ramessidenzeit datieren.

Ein Pektoral in der Ermitage in Leningrad zeigt Anubis in menschlicher Gestalt aufrecht vor seinem Verehrer stehen [24]. Er trägt einen plissierten Schurz mit Überfall und Halskragen. Seine rechte Faust fällt hinter ihm herab, mit der Linken hält er das *wꜣś*-Zepter nach vorn. Ein Opferständer mit einer fein ausgeführten Blüte ist aus der Mitte des Feldes auf die Seite des stehenden Verstorbenen gerückt. Dieser trägt ein reichgefälteltes, bauschig fallendes, langes Gewand mit Fransenborte, eine lange Perücke, kurzen Bart und Armreifen. Seine Hände hebt er dem Gott entgehen. Ein Stabstrauß aus schematisch angeordneten Blüten und Knospen ist von diesem Bild durch eine doppelte Ritzlinie hinter Anubis getrennt, steht jedoch noch innerhalb des die ganze Komposition umfassenden Leiterfrieses.

Eine eigenartige Wiedergabe des Themas zeigt ein Pektoral aus der ehemaligen Hilton Price Collection [25]. Hier hockt Anubis, in ein enges Mumiengewand gehüllt, auf das der Schakalskopf aufgesetzt ist, in der rechten Seite des Bildfeldes. Auf den Knien hält er ein Anch-Zeichen. Vor ihm kniet ein kahlköpfiger Mann, der die rechte Hand ehrfurchtsvoll emporhebt, während er in der linken ein eigenartiges Gefäß hält, eine Art Pokal mit Schalen an beiden Enden. Die Inschrift über ihm ist zerstört.

Zuletzt sei noch ein Stück aus Florenz erwähnt [26]. Hier liegt der Schakalsgott auf einer kurzen Standarte [27] dem Verstorbenen gegenüber. Ein Udjat-Auge füllt den Raum über seinem Rücken.

---

[19] Auf der bei Erman (Religion, Abb. 103) publizierten Stele geht die Sonne über dem *Ḏw* zwischen den beiden sich auf Schreinen gegenüberliegenden Schakalen auf, und bei der Stele Spiegelberg-Pörtner, op. cit. Abb. 6, steht zwischen ihnen die Bezeichnung „*nb ḥḏ*". Ob damit allerdings „Herr des Lichts" in der Bedeutung eines „Lichtbringers" gemeint ist, wie A. Hermann (Äg. Fo. 11, 1940, S. 59) und mit ihm Westendorf (op. cit. S. 77) annehmen, ist nicht sicher. Es könnte auch mit dem Beiwort des Anubis *nb tꜣ-ḥḏ*, „Herr des weißen Landes", zusammenzubringen sein, ein Gebiet, das in den Brüchen des weißen Turakalksteins zu suchen ist, vermutlich El Dibabija (L. Habachi, MDIK 14, S. 52ff., bes. S. 60, und H. Kees, ZÄS 71, S. 150ff.), wo dieser Anubis neben Hathor und Sobek verehrt wurde.

[20] Kat. Nr. 193. [21] Kat. Nr. 159–178C. [22] Kat. Nr. 173.

[23] Kat. Nr. 163. [24] Kat. Nr. 174.

[25] Kat. Nr. 178A. [26] Kat. Nr. 178B.

[27] Vgl. Dyroff-Pörtner, Äg. Grabsteine und Denksteine aus Süddeutschen Sammlungen II, Straßburg 1904, Tf. V, Nr. 8 = M.R. (Beischrift: „*jmj-wt*" und „*nb tꜣ-ḏśr*").

G. Verehrung des Mnevis

Es gibt viele kleine, naosförmige Amulette, auf denen ein Stier zu sehen ist. Sie sind meist nicht größer als z.B. ein Münchener Stück mit einer Höhe von 3,65 cm und einer Breite von 2,9 cm[1]. Eine Fayenceöse ist gewöhnlich am oberen Rand mit anmodelliert, und die Darstellung ist mit etwas dunklerer Farbe als das ganze Stück ausgefüllt. Der Stier trägt fast immer eine Sonnenscheibe zwischen den Hörnern[2].

Auf zwei Pektoralen im Metropolitan Museum zu New York[3] und auf einem im Museum zu Leiden[4] wird eine Stiergottheit verehrt. Das des *Ḏḥwtj(-m-)ḥb* sei beschrieben.

Auf einem Naos steht der Stier. Über der Sonnenscheibe zwischen seinen Hörnern ragen zwei Federn auf, ein rechteckiger Fleck ziert wie ein Sattel seinen Rücken, darüber schwebt ein großes, schlüssellochförmiges Gegengewicht[5], das mit einem Band am Hals des Tieres befestigt ist. Hinter einem Opferständer steht der königliche Schreiber *Ḏḥwtj(-m-)ḥb* in Anbetung vor dem Gott. Dieser hat den Beinamen *wḥm (n) Rʿ* „Vermittler des Re". Somit kann es sich nur um Mnevis, den heiligen Stier von Heliopolis, handeln[6], der häufig auf Stelen[7] vorkommt. Die Straußenfedern über der Sonnenscheibe sind dem Mnevis in der Verschmelzung mit Osiris, Osiris-Mnevis, eigen[8]. Ganz ähnlich ist der Kopfputz des Stieres auf dem Pektoral des Hui in Leiden; auch er wird *wḥm Rʿ* genannt[9].

---

[1] München, Ägyptische Staatssammlung, Inv. Nr. 2222.

[2] Vgl. auch das Pektoral, auf dem ein Grasbüschel vor den Hufen eines Rindes sprießt (Kat. Nr. 188). Sollte das vielleicht eine Papyrusstaude sein, die auf Hathor in Chemmis Bezug nimmt? (Bonnet, RÄRG, S. 9807.)

[3] Kat. Nr. 186 u. 187. [4] Kat. Nr. 187A (bzw. 105B).

[5] Es gehört eigentlich zu einem Menit, das nicht gemalt ist.

[6] E. Otto, Beiträge zur Geschichte der Stierkulte in Ägypten, Leipzig 1938, S. 38, und Bonnet, RÄRG, S. 469; Kees, Götterglaube, 1956, S. 388.

[7] Z.B. M. Cramer, Ägyptische Denkmäler im Kestnermuseum zu Hannover, ZÄS 72, S. 98, Tf. VIII, 2 (Inv.Nr. 1925, 189); Mogensen, La Glyptothèque Ny Carlsberg, Tf. CIX, A 735.

[8] Bonnet, RÄRG, S. 469.

[9] Zur näheren Beschreibung dieses Pektorals vgl. S. 22 und Kat. Nr. 105B.

H. Verschiedene Gottheiten

I. Isis und Nephthys

Im Grab des Ipii in Riqqeh wurden zwei Pektorale gefunden, die die Verehrung von Nephthys bzw. Isis zum Thema haben. Auf dem einen hockt Nephthys auf einem Podest; sie trägt ihr Attribut auf dem Kopf[1]. Ihr gegenüber kniet der Tote mit erhobenen Händen. Er ist ebenso auf dem Fragment eines anderen Pektorals, auf dem Isis hockt, zu ergänzen[2]. Beide Pektorale stammen aus der Spätzeit und sind sehr einfach in der Ausführung.

Die Verehrung von Isis auf Pektoralen ist nicht neu. Sie kommt schon auf einem goldenen Pektoral vor, das Petrie in die 18. Dynastie datiert[3]. Die Tote, Nefret-Her, steht im rechten Bildfeld, ihr gegenüber thront Isis. Sie trägt das Hathorgehörn mit der Sonnenscheibe auf dem Kopf, wird aber durch die Beischrift als *Jś·t wr(·t) mw·t (nṯr)* bezeichnet[4]. Ihre rechte Hand stützt sie auf ein vor ihr stehendes *wꜣś*-Zepter.

In einer anderen Form, als Schutzgöttin, kommt Isis noch einmal vor[5]. Mit ihrem Symbol auf dem nach rechts gewandten Kopf steht sie in der Mitte des Pektorals und läßt ihre geflügelten Arme, von ihrem Körper gespreizt, schräg nach unten sinken. Der Name des Verstorbenen, *Wś-jr Sꜣ-Bꜣśtjj*, beginnt vor ihrem Gesicht und setzt sich hinter ihrem Kopf fort.

Die Vorderseite des Stuckes läßt den Wunsch des Verstorbenen erkennen: frei fliegt sein Ba, mit seinen Schwingen die ganze Breite des Bildfeldes überspannend. Der bärtige Kopf blickt nach rechts auf den Titel des Toten: *Wś-jr śḏm-ꜥš*[6].

II. Isis in Chemmis

Hier seien auch die beiden Täfelchen erwähnt, die Isis in Chemmis, den Horusknaben säugend, zeigen[7]. Sie haben die Größe von Pektoralen und sind mit einer oben an das Stück gegossenen Öse versehen; das eine ist viereckig, das andere, den Stelen angeglichen, oben abgerundet.

Auf einer Insel, bei der auf dem besser ausgeführten Stück der sumpfige Charakter der Landschaft durch Wasserlinien hervorgehoben wird, hockt die Göttin, den Blick nach rechts gewandt, vor einem Papyrus, der sich fächerförmig hinter ihr ausbreitet. Sie hält das Kind auf dem Schoß, reicht ihm mit der linken Hand die Brust, während die rechte schützend und stützend um ihm liegt. Zwei Schlangen kriechen nach rechts und links unter Isis hervor. Sie sind wie die sieben Skorpione als Schutz der Göttin und ihres Kindes zu verstehen. Über der Szene schwebt die geflügelte Sonnenscheibe; auf dem schlechteren Stück erhebt sich an ihrer Stelle über der mittleren Blüte des Papyrus ein Uräus, der bei dem anderen nach rechts zur Seite gerückt ist. Vier Dämonen mit Schakals-, Stier-, Affen-(?) und Widderköpfen umgeben das göttliche Paar und schützen es mit ihren Messern. Auch hier könnte der Wunsch des Verstorbenen sein: wie Horus vor allen Gefahren in Schutz genommen zu werden.

---

[1] Kat. Nr. 180.
[2] Kat. Nr. 181 A.
[3] Kat. Nr. 181.
[4] Eine Verschmelzung von Isis und Hathor ist in dieser Zeit möglich.
[5] Kat. Nr. 182.
[6] Ob er sich hinter seinem Kopf fortsetzt, ist nicht klar zu erkennen.
[7] Kat. Nr. 183 u. 184.

III. Hathor und Ihi

Auf einem kleinen goldenen Pektoral aus ptolemäischer Zeit, das in Dendara gefunden wurde und das nur mit einer einfachen Öse in der Mitte versehen ist, rasselt eine Figur mit Doppelkrone das Sistrum vor Hathor, die auf der linken Seite thront[8].

Es ist nicht der König, sondern Ihi, wie ein Anhänger aus der gleichen Zeit und auch aus Dendara beweist[9]. Dort steht nur der rasselnde Gott, er wird aber in der Beischrift Ihi genannt.

Ihi, der jugendliche Gott, der zur Freude seiner Mutter Hathor das Sistrum zu schlagen pflegte, ist in Dendara heimisch, der Kultstätte der Hathor, die ihn dort dem Horus von Edfu gebar. In Dendara wurde ihm das zweite, von Nektanebos I. begonnene Geburtshaus geweiht. Weihungen kleiner Ihi-Figürchen sind schon aus der Zeit des Nefer-ir-ka-re bezeugt[10].

IV. Verehrung einer Widder- und einer Fischgottheit und der Gedanke der Wiedergeburt

In Eton befindet sich ein Pektoral mit folgender Darstellung[11]: Die Verstorbene, mit einer Lotusblüte über dem Kopf, steht links von einem widderköpfigen Gott, der, mit reicher Atefkrone, auf einem Thron sitzt und das Was-Zepter, das Zeichen seiner göttlichen Macht, vor sich hält. Hinter ihm steht eine Gaugöttin mit einem Fisch als Gauzeichen auf dem Kopf. Ist es die Gaugöttin von Latopolis, Esne, in deren Gau Chnum als Schöpfergott verehrt wurde[12], oder ist es Hatmehit[13], die Gaugöttin von Mendes, die früh vom Widder von Mendes[14] verdrängt, ihm gelegentlich als Gemahlin beigeordnet wurde? Das Gausymbol auf ihrem Kopf ist das vom 16. unterägyptischen Gau Mendes. In einem Feld über diesem Bild schwimmt ein Fisch mit einer Lotusblüte im Maul. Auf diese Weise wird der Tilapia dargestellt, der, wie I. Wallert gezeigt hat[15], wegen seiner besonderen Art der Fortpflanzung — Maulbrüten — als Symbol des sich aus sich selbst ständig erneuernden Lebens und der Wiedergeburt nach dem Tode galt. Die Rückenflosse des Fisches ist allerdings im Gegensatz zu der großen, breiten Flosse des Tilapia sehr klein. Dennoch möchte ich annehmen, daß der Tilapia gemeint ist, da nur er mit der Blüte im Maul dargestellt zu werden pflegt.

V. Fische und Katze

Der Fisch, der über der Verehrungsszene auf dem eben besprochenen Pektoral schwimmt, kommt zweimal — allerdings ohne Blüte im Maul — auf einem Pektoral vor, das aus Bubastis stammt und in die 22. Dynastie datiert wird[16].

Eine Standarte teilt die Vorderseite der Brusttafel in drei Felder. Den Platz auf der Standarte nimmt der Fisch ein, der ein zweites Mal, aber kleiner, im hinteren Feld des

---

[8] Kat. Nr. 185.

[9] JE Nr. 45207; Vernier, Bijoux et Orfèvreries II, Nr. 53193, Tf. LXXXVI (Kairo).

[10] Urk. I, 247; vgl. Bonnet, RÄRG, S. 321f.

[11] Kat. Nr. 189.

[12] Vgl. Bonnet, RÄRG, S. 416; Kees, Götterglaube, 1956, S. 436f.

[13] Vgl. Bonnet, RÄRG, S. 282, und Gardiner, Ancient Egyptian Onomastica II, Oxford 1942, S. 37*.

[14] Der Widder von Mendes ist in Menschengestalt mit dem Tierkopf selten (6. Dyn., Keimer, ASAE 38, S. 695; Spätzeit, Brugsch, Thes. 629; vgl. Bonnet, RÄRG, S. 869).

[15] M. Dambach-I. Wallert, Das Tilapia-Motiv, CDE 81–82, 1966, S. 273ff., besonders S. 287 u. 292f. S. 287 Anm. 3 als Beispiel für den Tilapia angeführt — dagegen I. Gamer-Wallert, Äg. Abh. 21, 1970, S. 100f. als Schilbe gedeutet.

[16] Kat. Nr. 190.

unteren Bildstreifens wiederkehrt. Unter ihm ist gerade noch die Spitze vom Querbalken einer Standarte zu erkennen[17]. Im kleinsten Feld, vor diesem Fisch, hockt eine Katze. Sie allein weist auf Bubastis, den Herkunftsort des Pektorals und Kultort der Bastet, deren Tier, die Katze, dort seine Begräbnisstätte hatte[18].

Auf einer ptolemäischen Stele im Hildesheimer Museum werden beide Tiere gemeinsam vom König verehrt[19], und auf einer Standarte, die im Grab des Chabechnet in Deir-el-Medineh gefunden wurde, kommen Katze (?) und Fisch zusammen vor[20]. Bruyère hat versucht, den Zusammenhang zu erklären[21]. Er sieht in beiden Tieren ein Symbol der Auferstehung. Da ihre beiden Gaue, Mendes (Fisch) der 16. und Bubastis (Katze) der 18. unterägyptische Gau, nebeneinander lägen, seien ihre heiligen Tiere vereinigt. Es scheint aber alles sehr konstruiert, und allein schon die Tatsache, daß Mendes und Bubastis zwar beide im Ostdelta, aber ziemlich weit voneinander entfernt liegen[22], spricht dagegen[23].

VI. Weitere Götter

Es kommen noch verschiedene andere Götter, von denen sich der Tote Hilfe erhofft, auf Pektoralen vor. Auf dem des Oberpriesters Wasak ist es Thot[24], der, mit Ibiskopf, Mondsichel und -scheibe, am linken Rand des Bildes steht[25]. Er trägt nur einen kurzen plissierten Schurz und einen Halskragen; vom Schurz fällt ein Tierschwanz nach hinten herab. Die linke Hand mit einem *wꜣś*-Zepter streckt er vor. Über einem Aufbau von zwei Opferständern, zwischen denen senkrecht eine Blüte steckt, beginnt eine Inschrift; sie läuft in drei kurzen Zeilen mit Namen und Epitheta des Gottes auf Thot zu und fährt nach der anderen Seite zu fort mit dem Versprechen des Gottes, dem Sohn des Oberpriesters des Amun, Rudj-sa-ek-rudj-sa, Sohn des ?[26], Leben, Heil und Gesundheit zu gewähren.

S. Morenz hat ein Pektoral aus Baseler Privatbesitz in ausführlichster Weise veröffentlicht[27]. Auf ihm bringt der königliche Schreiber Amunmose der Mumie eines göttlichen Ibis ein Opfer dar; die Beischrift erläutert die Handlung. Für diese gute Tat versprach sich Amunmose offensichtlich die Hilfe des Gottes im Jenseits.

---

[17] Der Rest ist mit der linken Ecke des Pektorals weggebrochen. Für den Schaft der Standarte bleibt indes kein Platz mehr, denn gleich unter dem Querholz verläuft der Leiterfries, der das Bildfeld an den beiden Seiten und unten umgibt.

[18] Vgl. Bonnet, RÄRG, S. 126.

[19] Hildesheim, Stele Nr. 1895; F. J. Dölger, Der heilige Fisch, S. 108 und Tf. IX, Nr. 1.

[20] H. B. Bruyère, L'enseigne de Khebekhnet, BIFAO XXVIII, 1928, S. 42, Fig. 1.

[21] Ibd. Vgl. auch I. Gamer-Wallert, Äg. Abh. 21, 1970, S. 109f.

[22] Vgl. Gardiner, Ancient Egyptian Onomastica II, Oxford 1942, Tafel auf S. 132/133. Bubastis ist hier als 20. Gau eingetragen.

[23] In den Tieren die Katze im Haus der Neith in Sais und den Abdufisch zu sehen, die beide den Apophis vernichten (Bonnet, RÄRG, S. 372), ist auch unwahrscheinlich. Schon allein der Fundort des Pektorals spricht dagegen, der in der Katze Bastet sehen läßt, außerdem die Standarten, auf denen die Fische liegen, sie damit als Gauzeichen charakterisierend. Die Standarte, die gespaltene Schwanzflosse und — wie am vorigen Stück gezeigt, allerdings nicht ausschlaggebend — die kleine Rückenflosse lassen auch eine Deutung der Fische als Tilapia nur schwerlich zu.

[24] Zu Thot als Helfer des Toten vgl. Bonnet, RÄRG, S. 811.

[25] Kat. Nr. 191. Das Pektoral ist aus Elektrum, einem Material, das mir bei Pektoralen nur in diesem Beispiel bekannt ist.

[26] Petrie liest den Namen des Besitzers *Wꜣ-sꜣ-k-wꜣ-sꜣ*. Das Zeichen 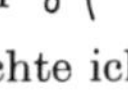 ist allerdings auf der Photographie nicht vorhanden. Es sieht eher wie ein  aus. Daher möchte ich die Lesung *Rwḏ-sꜣ-k-rwḏ-sꜣ* „fest ist dein Amulett, fest ist das Amulett" ? vorschlagen (vgl. Ranke I, 221, 15). Der Name des Vaters, den Petrie *Jw-wꜣ-mr·ṯ* bzw. *Jw-wꜣ-r-mrj·ṯ* in Anlehnung an den Namen eines Hohenpriesters in Karnak, Sohn Osorkons III. (ZÄS 34, S. 113), liest, ist auf der Abbildung nicht zu erkennen.

[27] Kat. Nr. 192.

Wie im Oval des Turiner Pektorals[28] hocken sich auf einem Stück in Kairo[29] Osiris und Re-Harachte gegenüber. Da sie allein auf dem Pektoral erscheinen, sind sie in größerem Format ausgeführt, und die Angaben von Einzelheiten, wie die Gesichtszüge oder der Halskragen, sind genauer. Statt Geißel und Krummstab halten sie Anch-Zeichen auf den Knien und hocken auf *mꜣꜥ·t*-Hieroglyphen. Der *ḏd*-Pfeiler fehlt. Ihre göttlichen Namen *Rꜥ-Ḥr-ꜣḫ·tj* bzw. *Wś-jr ḫntj jmn·t·t* stehen vor ihnen.

Wieder mit Geißel und Krummstab auf den angezogenen Knien sitzen sich die beiden Götter auf Goldzeichen bzw. in oder auf den Steven einer Barke gegenüber. Auf einem Leidener Stück ist zwischen ihnen ein freier Raum ohne jegliche Darstellung[30], auf einem Münchener Pektoral[31] ist ein Oval nur leicht angedeutet[32], wohingegen auf einem Pektoral aus Saqqara[33] ein Herzskarabäus mit menschlichem Kopf eingelassen ist. Hier sind die Götter in die Barke gerückt; sie hocken auf *nb*-Körben ohne Zeichen auf den Knien. Auf der Rückseite des Pektorals ist die Bodenplatte des Skarabäus mit dem Herzkapitel sichtbar[34]. Auf einem Turiner Stück[35] hocken ebenfalls, in der Barke, aber mit Anch-Zeichen auf den Knien, zwei Osirisfiguren zu seiten des Käferovals mit einem Auszug des Tb. 30B. Auf der Vorderseite[36] des Pektorals tritt wieder der Skarabäus mit Menschenkopf auf[37], und bei einem Pektoral in Turin[38] steigt der einfache Skarabäus aus dem *Ḏw* hervor. Osiris ist auch hier vertreten, ihm gegenüber — ähnlich wie auf dem Münchener Stück — hockt aber diesmal auf dem Steven der Barke Anubis. Osiris hält Geißel und Krummstab auf den Knien, Anubis nur einen Stab, der zwar oben gebogen ist, dem aber die Einziehung des *ḥḳꜣ*-Stabes fehlt. Vor den Gesichtern beider Götter sind je drei Sterne in einer Reihe gezeichnet. Auf einem Pektoral im Kestner-Museum[39] stehen sich die Götter zu seiten des aufgesetzten Käfers gegenüber. Daß es sich um Anubis handelt, zeigt ein Pektoral in London[40], wo die Namen beider Götter auf ihren Köpfen eingetieft sind. Sie hocken auf Untersätzen, und unter dem Oval des Cheper ist ein Anch-Zeichen zwischen zwei Zeptern gezeichnet.

Ein anderes Mal[41] blicken sich Osiris, der Herr der Ewigkeit, und der schakalsköpfige und mumienförmige Duamutef an. Außer ihnen erscheint eine dritte Gottheit, Isis, die mit dem Anchzeichen auf den Knien hinter Osiris hockt[42].

In all diesen Fällen kann an eine Darstellung des Sonnenlaufes gedacht sein, wobei Harachte und Anubis[43] die Morgenphase[44], Osiris die Abendphase verkörpern.

Auf diesen Pektoralen saßen sich die Götter immer in gleicher Haltung gegenüber, was auf gleichwertige Stellung schließen läßt. Daher ist es bemerkenswert, daß auf einem Pektoral in Kairo Anubis mit herabhängenden Armen vor dem thronenden Osiris steht[45]. Diese devote Haltung erinnert an ein Pektoral in Kairo, auf dem Nephthys vor Osiris kniet[46]. Sie hält dem Gott einen nicht mehr erkennbaren Gegenstand entgegen. Osiris thront hier nicht, sondern hockt eingemummt und mit dem Anch-Zeichen auf den Knien; anstelle der Atefkrone trägt er das hohe Federpaar, das über Anedjti zu Osiris gekommen ist[47].

---

[28] Kat. Nr. 105A. Vgl. S. 16 u. 18.
[29] Kat. Nr. 194.
[30] Kat. Nr. 195.
[31] Kat. Nr. 197. Vgl. auch Kat. Nr. 198.
[32] Vgl. dazu S. 16f. u. 18.
[33] Kat. Nr. 196.
[34] Kat. Nr. 2C.
[35] Kat. Nr. 198A.
[36] Kat. Nr. 38.
[37] Vgl. auch Kat. Nr. 66, 108 und S. 10 u. 13.
[38] Kat. Nr. 199.
[39] Kat. Nr. 200.
[40] Kat. Nr. 199A.
[41] Kat. Nr. 202.
[42] Auf Kat. Nr. 203A hocken die vier Horuskinder, die Kanopengötter Amset, Hapi, Duamutef und Kebehsennuef hintereinander.
[43] Ihm vielleicht angeglichen Duamutef?
[44] Anubis als Vermittler des Lichtes vgl. Hermann, Die Stelen der Theban. Felsgräber der 18. Dyn., Äg. Fo. 11, 1940, S. 59. Vgl. auch S. 44f.
[45] Kat. Nr. 201.
[46] Kat. Nr. 204.
[47] Helck-Otto, Kleines Wörterbuch der Ägyptologie, Wiesbaden ²1970, S. 194; Bonnet, RÄRG, S. 38.

Hier möchte ich kurz die vielen Täfelchen mit verschiedenen Göttern anführen, In ihrer Form ähneln sie zwar den Pektoralen, sind indessen viel kleiner. Sie gehören zu den Amuletten der Spätzeit und zeigen z.B. den Horusknaben zwischen Isis und Nephthys[48], die thebanische Göttertriade Amun, Mut und Chons[49], oder, was am häufigsten vorkommt, verschiedene Götter hintereinander aufgereiht, sitzend oder stehend. Unter den Göttern treten Ptah, Thot, Hathor, Sachmet, Isis und Nephthys und viele mehr auf. Zum Teil sind es auch nur Totendämone[50], die, wie die Götter, den Toten Schutz gewähren sollen. In der Ausführung sind diese Amulette häufig so schlecht, daß man die Götter nicht identifizieren kann.

---

[48] Z.B. Reisner, Amulets, Nr. 12804.

[49] Z.B. Vernier, Bijoux et Orfèvreries, Nr. 53187.

[50] Z.B. Reisner, op. cit. Nr. 1283–1284, 1286–1288, 12810–12814, Tf. IX; Petrie, Tanis II, London 1888, Tf. VIII, 2 und S. 24; ders., The Labyrinth Gerzeh and Mazghuneh, London 1912, Tf. XXXI und S. 36; Louvre, Cat. 1932/II, S. 562.

I. Herzskarabäus, *ḏd*-Pfeiler und Isisknoten

Der Herzskarabäus kommt außer mit Isis, Nephthys und anderen Göttern auch im Zusammenhang mit dem *ḏd*-Pfeiler und dem Isisknoten vor. Ein besonders schönes Stück aus der 20. Dynastie gehört der Mut-nofret und befindet sich jetzt im Metropolitan Museum[1]. Auf der Vorderseite zeigt es den Skarabäen zwischen zwei verehrenden Figuren und auf der Rückseite das Oval des Käfers zwischen zwei *ḏd*-Pfeilern in einer Barke. Die Inschrift auf der Unterseite des Käfers gibt den Namen der Besitzerin und das Tb. 30B wieder. Heilbringende Zeichen „Alles Gute" und „Heil" füllen den Raum über dem Vorder- und Achtersteven des Bootes und eine Beischrift, die über dem Bild unter dem Zeichen des Himmels verläuft, enthält ein Gebet an Osiris, den Herrn der Ewigkeit, den großen Gott und Herrscher des Westens um Brot und Bier (?) für den Ka der Mut-nofret.

Bei den einfacheren Stücken steht das Oval vielfach nur zwischen den beiden *ḏd*-Pfeilern, über denen das Udjat-Auge schweben kann[2].

Das Motiv in abgewandelter Form zeigt den Skarabäus, das Oval oder nur den Herztext[3] zwischen einem *ḏd*-Pfeiler und einem Isisknoten[4] oder zwischen zwei Isisknoten[5].

Der *ḏd*-Pfeiler und der Isisknoten treten auf den Pektoralen auch ohne den Skarabäus auf. Die Anordnung der Symbole ist verschieden. Es steht

a) ein *Ḏd* neben einem *Tj·t*[6],

b) ein *Ḏd* zwischen zwei *Tj·t*[7],

c) zwei *Ḏd* zwischen zwei *Tj·t*[8],

d) ein *Tj·t* zwischen zwei *Ḏd*[9],

e) zwei *Tj·t* allein[10],

f) *Tj·t-Ḏd-Tj·t-Ḏd*[11],

g) *Ḏd*, *Tj·t* und andere Symbole[12].

In dem *Ḏd* und dem *Tj·t* sah der Ägypter vor allem glückbringende Symbole, wie sie schon seit dem Alten Reich nebeneinander vorkommen[13]. Viel ist über den Ursprung des *ḏd*-Pfeilers gerätselt worden[14]. Mir scheint der zuerst von H. W. Müller ausgesprochene Gedanke[15] am einleuchtendsten: es handle sich hier um die gebündelten Enden der Schilfstengel an Matten. Dies ist bei der Mattenverkleidung in den unterirdischen Räumen der Stufenpyramide des Djoser in Saqqara[16] deutlich zu erkennen. In der Zeit obiger Pektorale sah

---

[1] Kat. Nr. 204A.
[2] Kat. Nr. 204B, C, D. Zu den Udjat-Augen vgl. S. 24 Anm. 12.
[3] Kat. Nr. 205I.
[4] Kat. Nr. 205–205E.
[5] Kat. Nr. 205F–H.
[6] Kat. Nr. 219A–C.
[7] Kat. Nr. 207–216L.
[8] Kat. Nr. 217/218.
[9] Kat. Nr. 205L–N.
[10] Kat. Nr. 219D.
[11] Kat. Nr. 219.
[12] Kat. Nr. 219E.

[13] Z.B. auf der Basis einer Kalksteinstatuette des Djoser in Saqqara neben seinen Titeln (ASAE XXVI, Tf. IB) oder Borchardt, *Saꜣḥu-reꜥ* II, Tf. 44; im N.R. z.B. Naville, Deir-el-Bahari II, Tf. XXVII u. XXVIII u.a.m.

[14] Z.B. Wiedemann, Die Amulette der Ägypter, A.O. 12,1, 1910, S. 18,1; P.E. Newberry, Ägypten als Feld für Antropologische Forschung, A. O. 27, 1927, S. 25; Griffith, A Collection of Hieroglyphs, S. 59; H. Schäfer, Djed-Pfeiler, Lebenszeichen, Osiris, Isis in Studies Presented to Griffith, 1952, S. 424 u.a.m.

[15] H. W. Müller, Die Totendenksteine des Mittleren Reiches, MDIK IV, 1933, S. 188.

[16] ASAE 27, Tf. 2.

der Ägypter in dem Pfeiler — neben dem glücksbringenden Symbol „Dauer" — das Rückgrat des Osiris oder den Gott selbst. So gab man dem Pfeiler häufig Augen, Hände mit Krummstab und Geißel und nannte ihn in Beischriften Osiris[17]. Auch das Tb. 155 deutet ihn so. Ein goldener Pfeiler, mit dem Tb. 155 versehen, sollte an den Hals des Toten gelegt werden, um den Verklärten zu ermöglichen, ungestört in die Unterwelt und das Gefolge des Osiris zu gelangen.

Wie der *ḏd*-Pfeiler zu Osiris, gehörte das *Tj·t* zu Isis[18]. Aus rotem Jasper oder sonst einem roten Material[19], mit dem Tb. 156 versehen an den Hals des Verstorbenen gelegt, soll es ihm ebenfalls den ungehinderten Eintritt in die Unterwelt gewähren. Schon früh als Amulett getragen[20], diente das *Tj·t*, wie W. Westendorf gezeigt hat[21], dazu, eine Fehlgeburt zu verhindern, die die Wiedergeburt und Auferstehung gefährden könnte. Somit gehört es auf den Pektoralen eng zu dem Zeichen der Wiedergeburt, dem Skarabäus.

Auf die Darstellung aus der Spätzeit, auf der der *Ḏd* zwischen den beiden *Tj·t* als Osiris zwischen Isis und Nephthys gedeutet wurde, ist schon hingewiesen worden[22].

Auch in ihrer Beziehung zum Skarabäus scheint eine Erinnerung an Osiris und Isis bewahrt worden zu sein. Darauf weisen die Darstellungen auf drei Pektoralen hin. Auf dem ersten[23] erscheint die Rückenplatte des Herzskarabäus mit dem Tb. 30B zwischen einem *Ḏd* und einem *Tj·t*. Diese stehen auf einer Plinte und tragen Kronen; der *ḏd*-Pfeiler ist mit Händen versehen, die er angewinkelt vor seinen Pfeilerleib legt. Auf dem zweiten Pektoral[24] strecken beide Symbole Hände mit Anch-Zeichen vor. Zwischen ihnen in der Sonnenbarke geht die Sonnenscheibe über dem Horizont auf. Ebenso steigt bei einem anderen Stück das Oval mit dem Tb. 30B aus dem Horizont hervor[25]. Es wird hier von zwei *ḏd*-Pfeilern eingefaßt[26]. Auf der dem Oval zugewandten Seite strecken diese ihre Arme herab, und es hat den Anschein als seien sie im Begriff, das Oval von unten anzuheben.

---

[17] Z.B. Boeser, Leiden IV, 1911, Tf. XXVII; H. Kees, Götterglaube, Tf. IV (Abydos, Aufrichten des *Ḏd*).

[18] Über seine Form im Vergleich zum Anch-Zeichen vgl. H. Schäfer, Das sogenannte „Blut der Isis" und das Zeichen „Leben", ZÄS 62, S. 108ff. Dazu W. Westendorf, Beiträge zu den medizinischen Texten. II. Das Isisblut Symbol, ZÄS 92, 1966, S. 144ff., bes. S. 151ff.

[19] Auch Gold kam als Material vor.

[20] Z.B. James, Arch. Survey, 1953, The Mastaba of Khentika, Tf. XVI (= 6. Dyn.).

[21] W. Westendorf, op. cit., bes. S. 147.

[22] Vgl. S. 6. [23] Kat. Nr. 205C.

[24] Kat. Nr. 206. [25] Kat. Nr. 204E.

[26] Ich möchte jedoch auf die beiden *Ḏd*-Pfeiler des Re hinweisen, die in den Sargtexten genannt werden (C. T. V, 417 und ASAE V, S. 236–237). Ihr Sinn ist unklar. Den Zusammenhang des *Ḏd* mit der aufgehenden Sonne habe ich oben behandelt, und schon in den Pyramiden- und Sargtexten (Pyr. 1255; C. T. I, 303) ist der *Ḏd* ein Zubehör der Tagesbarke des Re. Es ist daher nicht ausgeschlossen, obwohl hypothetisch, daß hier der Aufgang der Sonne zwischen den beiden *ḏd*-Pfeilern des Re dargestellt wurde. Der Ägypter sah dann jedoch nur noch das Glückssymbol *Ḏd* und gesellte dem einen Pfeiler den Isisknoten zu, der ja immer wieder im Zusammenhang mit dem *Ḏd* vorkommt. Dann war es kein weiter Schritt mehr, den Skarabäus zwischen zwei Isisknoten zu setzen. Diese konnte er dann wieder als Isis und Nephthys auffassen, zwischen denen er den Aufgang der Sonne so häufig darstellte (vgl. S. 4f.).

J. Totenkult

I. Räuchern vor der Mumie

Auf andere Weise kommt auf einem Pektoral die Sorge des Ägypters um das Fortbestehen des Dahingeschiedenen zum Ausdruck, und zwar in einer Darstellung aus dem Totenritual. Das Stück stammt vom Rücken des Hatiai aus seinem Grab in Gurnah und gehört in die Zeit zwischen Amenophis III. und Echnaton[1].

Links steht eine Mumie mit Salbkegel auf dem Kopf; sie blickt nach rechts. Die Mumienhülle ist in Felder eingeteilt, die mit einfachen Ornamenten wie Kreuz oder Kreis ausgefüllt sind. Ein Halskragen schaut unter der langen Perücke hervor. Über einen reich beladenen Opfertisch hinweg führt ein Priester der Mumie einen Opferarm — den *šḥtpj*[2] — vor das Gesicht. Mit der linken Hand gießt er ein Trankopfer in ein Bassin, das auf seiner Seite neben dem Opfertisch steht.

Die Räucherung gehört in das Mundöffnungsritual. Sie stellt in erster Linie die Reinigung der Mumie dar[3], unter anderem zur Verhinderung des Verwesungsvorgangs[4]. Damit verknüpft sich der Gedanke, daß die Räucherung dem Toten Kräfte gibt, die das Fortleben seines Ka ermöglichen. Auch Dämonen sollte der Wohlgeruch des Weihrauchs vertreiben, und die Vorstellung, daß mit dem Rauch die Seele des Verstorbenen zu den Göttern emporgetragen werde, spielt schon in den Pyramidentexten eine Rolle und wird im Neuen Reich zum All gemeingut des Totenglaubens.

II. Speisetischszenen

Nicht allein die Sorge um das Weiterleben, sondern auch um das leibliche Wohl im Jenseits kommt auf zwei Pektoralen der 18. Dynastie zum Ausdruck. Das frühere wurde ebenfalls im Grab des Hatiai gefunden und lag auch auf dem Rücken einer Mumie, der Mumie der *Ḥnt-ntʿw*[5]. Die Verstorbene sitzt, wie es auf Stelen üblich ist, auf einem kleinen, kubischen Hocker mit Verstrebungen. Sie ist in ein langes Gewand gehüllt, trägt einen Salbkegel auf dem Kopf und führt mit der rechten Hand eine Blüte zur Nase, um sich an ihrem Duft zu erfreuen[6]. Vor ihr ist ein kleiner Gabentisch aufgebaut, über den ihr eine männliche, kahlgeschorene Figur eine Lotusblüte zwischen zwei Knospen reicht. Es ist entweder ein Priester oder ein Angehöriger der Verstorbenen.

Das zweite Stück stammt aus Deir-el-Medineh[7]. Es wurde 1928(?) auf der Mumie des Sennefer gefunden. Der Verstorbene fehlt auf diesem Pektoral. Ein großer Gabenaufbau auf einer Matte reicht von rechts über die Mitte des Bildfeldes hinaus. Runde und ovale Brote, Weinkrüge(?), um die sich der Stengel einer Lotusblume schlingt, der in einer Knospe endet, Geflügel, Fleischstücke, Gemüse, Obst sind neben und übereinander getürmt. Ein kahlgeschorener Priester mit länglichem Hinterkopf, in ein Pantherfell gekleidet, bringt mit der rechten Hand ein Räucheropfer dar, während die linke eine Trankspende über den Gabenaufbau gießt.

Nach der länglichen Schädelform des Priesters und seiner in der Amarnazeit üblichen vorgeneigten Haltung zu urteilen, ist das Stück an das Ende der 18. Dynastie zu datieren.

---

[1] Kat. Nr. 221 A. [2] Vgl. E. Otto, Das Mundöffnungsritual, Wiesbaden 1960, S. 130, Szene 58. [3] Tb. 105, 3.
[4] H. Bonnet, Die Bedeutung der Räucherung im Ägyptischen Kult, ZÄS 67, S. 20ff. (Bonnet zitiert Pyr. 376–378 und Libro d. fun. II, S. 143ff.); ders., RÄRG, S. 624ff. (dort Pyr. 365). [5] Kat. Nr. 220.
[6] Der Gedanke an die Lotusblume an der Nase des Re als Nefertem und somit der Geburt bzw. Wiedergeburt mag auch hier hereinspielen. [7] Kat. Nr. 221.

K. Pektorale, die außerhalb Ägyptens hergestellt und gefunden worden sind

I. El-Kurru

Mehrere Pektorale stammen aus Nubien[1]. Sie bringen meist die geläufigen ägyptischen Themen, so daß sie teilweise schon in die Untersuchung miteinbezogen wurden[2]. Eins weicht jedoch von der üblichen ägyptischen Form so stark ab, daß es hier gesondert behandelt werden soll. Es wurde in der Nekropole von el-Kurru gefunden und ist jetzt im Museum zu Boston[3]. Das Grab, in dem es zum Vorschein kam, gehörte nach Dunhams Vermutung einer Gemahlin des Pianchi, die von Schabaka bestattet worden sei. Name und Titel sind nicht erhalten.

Die Darstellung auf der Fayenceplatte ist in Relief herausgearbeitet. Sie wird von einem Rahmen umgeben, dessen Leiterfries sich an den Seiten von den ägyptischen unterscheidet. Ein kleines Feld wird an beiden Seiten von drei Kügelchen eingefaßt. Diese Kügelchen sind aus der Fayence geschnitten, während die Felder vertieft sind, wohl um Pasten aufzunehmen, von denen jetzt nichts mehr erhalten ist.

Ein Gott mit weitausladender, reichgeschmückter Atefkrone thront in der Mitte des Bildfeldes. Seine Gesichtszüge sind unägyptisch, ebenso sein langes Gewand, über dem er einen Schurz trägt[4]. In der erhobenen Rechten hält er Krummstab(?) und Geißel(?), während er mit der Linken nach einer Blüte greift, die ihm ein falkenköpfiger Gott mit Doppelkrone reicht. Dessen kurzer, gefältelter Schurz mit Überschlag wird in der Taille durch einen breiten Gürtel gehalten. Hinter dem thronenden Gott steht eine Göttin mit Sonnenscheibe zwischen dem Kuhgehörn, vor dem sich ein Uräus erhebt, auf dem Kopf. Ihr Gewand ist unter der Taille in schrägen Bahnen um den Körper geschlungen; dabei treten das Gesäß und der Oberschenkel stark hervor, wie es in der meroitischen Kunst geläufig ist. Ihre rechte Hand, in der sie ein Lebenszeichen hält, läßt sie herabhängen, mit der linken hebt sie eine Blüte hinter dem Rücken des Gottes empor. Zu ihren Füßen richtet sich ein Uräus mit einer eiförmigen Sonnenscheibe auf dem Kopf auf. Zwei Udjat-Augen füllen den Raum seitlich der Atefkrone des Gottes. Vermutlich ist hier die göttliche Familie, Osiris in der Begleitung seiner Gattin Isis und ihres gemeinsamen Sohnes Horus, dargestellt.

Die Rückseite des Pektorals füllt ein Gewirr von Figuren und Hieroglyphen. In der Mitte steht ein Bes; rechts von ihm erhebt sich wieder der Uräus mit einer richtigen Sonnenscheibe auf dem Kopf. Er blickt nach rechts; hinter ihm, über seinem Schwanz, stehen die Hieroglyphen 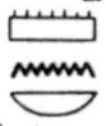 ?. Ein langer, aufrechter, oben leicht gebogener Strich — vielleicht eine Jahresrispe — ist vor ihm an die seitliche Begrenzung des Bildes gerückt. Links von der Bes-Figur sind die Hieroglyphen  — vielleicht der Wunsch: Millionen schöne Leben —, die unterägyptische Krone und einige Zeichen, die ich nicht kenne, bunt durcheinander gewirbelt; darunter krabbeln zwei kleine Krokodile, ein größeres läuft unter den Füßen des Bes nach rechts: zwei Blüten an langen Stielen und die Hieroglyphen  „dein Schutz“ füllen den verbleibenden Raum unter dem Uräus. Eine geflügelte Sonnenscheibe mit Schwanz und Klauen überdacht das Bild, eine zweite mit Widderhörnern ziert die Hohlkehle.

---

[1] Kat. Nr. 73, 86, 123. Vgl. auch E. Feucht-Putz, D. Kgl. Pektorale, Kat. Nr. 18 u. 19.
[2] Vgl. S. 14. [3] Kat. Nr. 235.
[4] Vgl. dazu König Amaniastabarqa auf seinem Pektoral (E. Feucht-Putz, loc. cit.).

II. Byblos

Außer in den Ländern südlich von Ägypten, die das ägyptische religiöse und kulturelle Gut übernommen und zu ihrem eigenen gemacht haben, wurden Pektorale auch in Ländern gefunden, die ihre eigene Kultur und Religion hatten und mit Ägypten hauptsächlich nur über den Handel in Beziehung kamen.

Wahrscheinlich aus der Nekropole von Byblos stammt ein Pektoral Amenemhets III.[5]. Es ist eindeutig, daß es in Ägypten hergestellt worden war und vermutlich als Geschenk nach Byblos gelangte. Zwei weitere Stücke wurden in der Nekropole von Byblos gefunden. Es ist deutlich zu sehen, daß dem Hersteller ägyptische Pektorale bekannt waren und er versuchte, sie zu imitieren; doch blieb ihm der Gehalt verborgen, so daß er in seiner Nachahmung wohl einige ägyptische Motive übernahm, Einzelheiten und die völlig sinnlose und unverstandene Zusammenstellung der Motive indessen eindeutig die fremde Hand erkennen lassen.

Ein Pektoral wurde im Grab II von der Nekropole von Byblos gefunden[6]. Aus dem gleichen Grab stammen Funde mit dem Namen Amenemhets IV., die als Geschenke des ägyptischen Herrschers an den Fürsten von Byblos, den Inhaber des Grabes, nach Byblos gekommen waren. Dieses Grab II war durch einen Gang mit Grab I verbunden, in dem der Vater des Besitzers des Pektorals bestattet lag, und in ihm fand man mehrere Gegenstände mit dem Namen Amenemhets III., Geschenke dieses Herrschers. Die Beziehungen erstreckten sich also über mehrere Generationen. Es wäre gut möglich, daß das Pektoral Amenemhets III. mit der Hathor von Byblos einst dem Fürsten des zweiten Grabes gehört hat (und von Grabräubern über den Kunsthandel in das Museum von Beirut gelangt ist). Durch dieses und vielleicht noch einige andere Pektorale wurde dann sein Sohn zu der Herstellung des eigenen angeregt. Das Schmuckstück ist in der von Dahschûr bekannten Art gearbeitet: Auf einer Goldplatte, die Rückseite des Pektorals, ist die Darstellung getrieben und auf der Vorderseite mit Halbedelsteinen eingelegt. Dabei sind jedoch die Innenzeichnungen viel gröber und die Einlagen viel größer als auf den ägyptischen Stücken; zudem ist das Pektoral aus Byblos nicht durchbrochen gearbeitet, sondern der Hintergrund ist ausgefüllt, wie es bei den ägyptischen Pektoralen erst seit der Zeit Tut-Anch-Amuns vorkommt.

Wie bei den Pektoralen des Mittleren Reichs ist der Rahmen noch als Naos empfunden. Seine Hohlkehle wird von Pflanzensäulen getragen, deren Säulenkapitelle aus einer Lotusblüte zwischen zwei Lotusknospen bestehen; der Schaft ist schon zum Leiterfries erstarrt, der bei dem Pektoral Amenemhets III. zuerst vorkommt und dann später die ganzen Säulen ersetzt. In der Hohlkehle schwebt Hor Behedeti, die geflügelte Sonnenscheibe, von der zwei Uräen herabhängen. Diese uns aus späteren Pektoralen so geläufige Verzierung kommt bei den früheren ägyptischen Pektoralen noch nicht vor; sie wird erst mit der Wandlung zum Totenamulett üblich. Vorher schmückten immer die stilisierten Palmwedel die Hohlkehle.

In der Mitte des Bildfeldes schwebt ein Falke über einem Goldzeichen. Auf der Vorderseite wendet er den Kopf nach links (auf der Rückseite — spiegelbildlich — nach rechts; hier ist auch sein Gefieder durch feine Innenzeichnung angegeben). Mit den seitlich abgespreizten Fängen umklammert er zwei *šn*-Ringe. Die Spitzen seiner Schwingen berühren die Kronen zweier Figuren, die rechts und links von ihnen thronen. Beide Male kennzeichnet die weiße oberägyptische Krone die Gestalten als Herrscherpersönlichkeiten. *Wśḫ*-Kragen liegen um ihre Hälse, und ihre kurzen Schurze lassen die Knie frei. Die eine Hand, zur Faust geballt,

---

[5] E. Feucht-Putz, op. cit. S. 34, Kat. Nr. 6.

[6] Kat. Nr. 236.

liegt im Schoß, in der anderen schwingen sie eine birnenförmige Keule mit kurzem Stiel[7], als wollten sie jeden Augenblick auf ein *nbw*-Zeichen zwischen ihnen trommeln. Sie sitzen auf Thronen mit Löwenfüßen, wie sie uns auf ägyptischen Darstellungen bekannt sind, doch reichen die Rückenlehnen in vollkommen unägyptischer Weise fast bis zu den Schultern der Herrscher. Die Könige haben beide Beine vorgesetzt, dabei berühren sich ihre Zehen unter dem Goldzeichen. Auf ägyptischen Darstellungen wird das zweite Bein bis auf wenige Ausnahmen immer durch eine Verdopplung der Umrißlinie vom Knie bis zu den Zehen angegeben. Hier beginnt der Umriß schon an den Oberschenkeln, was auf der Rückseite besonders deutlich zum Ausdruck kommt.

Die Ösen sind auf der Rückseite einfach auf die Kronen gelötet; auch das wäre bei einem ägyptischen Stück nicht möglich gewesen. Eine aus vier Fäden geflochtene Kette läuft durch die Ösen. Sie endet in zwei Kaulquappen, die den Verschluß, zwei Ringe, im Maul halten.

Das zweite Stück zählt nach seiner Form nicht zu den Pektoralen. Es ahmt in Zellentechnik die ägyptischen Muschelanhänger nach. Eines seiner Themen ist uns von ägyptischen Pektoralen seit dem Neuen Reich bekannt.

Es ist der Skarabäus, der die Sonnenscheibe schiebt und die Kartusche zieht[8]. Die eiförmige Sonnenscheibe, die er hier vor sich herstößt, wird zum Teil von seinem Kopf verdeckt, was in einer echt ägyptischen Wiedergabe unmöglich wäre. Zwei Uräen folgen den Flügelumrissen des Käfers. Es wirkt, als wüchsen sie unterhalb der Flügelansätze aus seinem Körper hervor, und indem sie sich zu den Seiten hin aufrichten, als klebten sie an seinen Schwingen. Beide tragen Kronen, die linke die unterägyptische, die rechte die oberägyptische. Vor ihren Leibern — doch nicht über sie gezogen — steht jeweils ein *šn*-Ring mit dem falschen Ende nach außen ab[9]. Die Kartusche unter dem Cheper ruht auf dem Kopf eines Falken, der mit seinen weitausladenden Schwingen die Darstellung beherrscht. Auch er hält *šn*-Ringe in den Fängen. Seitlich unter den Flügeln des Königstiers hocken zwei Heuschrecken. Sie gehen vielleicht auf eine Mißdeutung der *bj·t*-Bienen zurück[10]. Diese Bildelemente werden von einem Rosettenkranz umgeben. Die Kartusche enthält, in ungelenken Hieroglyphen geschrieben, den Namen des Besitzers. Obwohl die Hieroglyphen nach rechts blicken und von rechts nach links gelesen werden müssen, ist der Querbalken der Kartusche auf der rechten Seite[11].

Die Hieroglyphen  sind aus anderen Beispielen in folgender Anordnung bekannt: 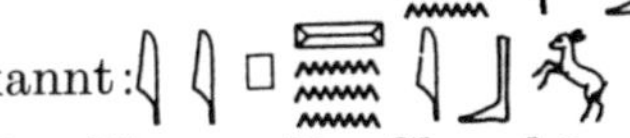 und sind als *Jp-šmw-jb* (Japaschemuabi II.) zu lesen.

Das Thema: Der Skarabäus schiebt die Sonnenscheibe und zieht eine Kartusche, kommt auf ägyptischen Pektoralen dieser Zeit noch nicht vor. Dies wird damit zu erklären sein, daß uns nur wenige Pektorale des Mittleren Reiches erhalten sind und durch Zufall keines mit diesem Thema[12].

---

[7] Montet vermutet darin ein Sistrum. [8] Kat. Nr. 237.

[9] Sie wurden von Montet für Sonnenscheiben gehalten, sind aber deutlich als *šn*-Ringe zu erkennen, die in ägyptischen Darstellungen häufig über den Leib der Uräen, nur tiefer herab, gezogen sind.

[10] Zu einer ähnlichen Darstellung der Biene vgl. den Dolch der Ahhotep (Vernier, Bijoux et Orfèvreries II, Tf. 45, Nr. 52. 658) und ein Ornament (Foŕtová-Šámalová, Das Ägyptische Ornament, Prag 1963, Abb. 168).

[11] Wie auf dem Pektoral des Chaemwese und einem des Tut-Anch-Amun (E. Feucht-Putz, D. Kgl. Pektorale, S. 85, Kat. Nr. 24, und S. 86, Kat. Nr. 25).

[12] Zu dem Motiv vgl. op. cit. S. 89ff. u. 115; vgl. auch die Sonnenscheibe zwischen den beiden Uräen auf den Pektoralen in El-Berscheh (Zitat s. S. 1 Anm. 6), die in dieser Zeit nur einmal als Nebenmotiv auf einem erhaltenen Pektoral erscheint (op. cit. Kat. Nr. 10).

III. Ägina

Ein Pektoral, bei dem unzweifelhaft ägyptischer Einfluß zu spüren ist, wurde in Ägina gefunden[13].

Auf einem Band, dessen hochgezogene Enden über runden Scheiben in Lotusblüten auslaufen, steht eine männliche Figur. Zwischen ihren Beinen wächst eine dritte Blüte hervor. Die Gestalt schreitet nach rechts; dabei erscheint, wie auf ägyptischen Darstellungen, sein Unterkörper in Profilansicht und sein Oberkörper dem Beschauer zugewandt. Unägyptisch ist, daß auch sein Gesicht von vorn zu sehen ist. Große Ohrringe hängen bis auf die Schultern herab, eine Art Federkrone erhebt sich über dem Haupt. Ein Schurz, der mit seinem Überfall an die ägyptische Tracht erinnert, reicht bis zu den Knien. Mit beiden Händen umfaßt die Figur die Hälse von zwei Gänsen und hält sie seitlich von ihrem Körper weg. Die Gänse laufen auf zwei Schlangen, die den Schenkeln der Figur zu entspringen scheinen. Diese Schlangen winden sich bis zu den Schnäbeln der Gänse hoch und fassen so das Bild an den Seiten ein. Von ihnen und von der Bodenlinie, auf der die Figur steht, hängen fünf runde Goldplättchen herab.

Die Gottheit, die Gänse in dieser Art hält, ist in Griechenland nicht ungewöhnlich. Meist ist sie weiblichen Geschlechts, die Herrin der Tiere, potnia theron, aber sie erscheint auch als Mann[14].

Hopkins sieht in der Figur einen Sonnengott und erklärt die Beziehung der Gans zu der Sonne über die Hallstein- und frühe etruskische Kultur. Näherzuliegen scheint mir eine Erklärung über die ägyptische Kunst. Die hohe Federkrone ist der Kopfputz des Gottes Amun, dem die Gans heilig ist[15].

---

[13] Kat. Nr. 238.

[14] Vgl. Matz, Geschichte der griech. Kunst I, Frankfurt 1950, Tf. 284b, 293, und das Beispiel, das Hopkins bringt. — Auf einem Bronzerelief von der Akropolis in Athen faßt eine geflügelte männliche Figur zwei Gänse an den Hälsen, ganz wie auf dem Schmuck von Ägina. Das Relief wird in das 2. Viertel des 7. Jh.s datiert (Matz, ibd. Tf. 282 und S. 482).

[15] Bonnet, RÄRG, S. 33, 2.

L. Form, Befestigung, Material und Qualität der privaten Pektorale

I. Form

Die ersten erhaltenen Pektorale aus der Zeit Sesostris II. weisen verschiedene Formen auf, unter anderem als äußeren Rahmen den Naos, durch den der Ort der Handlung festgelegt wird. Der Naos setzt sich in der folgenden Zeit immer mehr durch und kommt bei privaten Pektoralen fast ausschließlich vor. Seine Form ist allein schon durch die Thematik — Götter untereinander oder vom Toten verehrt — bedingt. Der Schrein ist das Haus der Götter auf Erden, und der Mensch pflegt sich ihnen dort zu nähern. Ferner ist die einheitliche Form des Naos für die Materialien Fayence, Holz oder Stein am zweckmäßigsten, da jeder herausragende Teil gefährdet ist.

Der Schrein ist meist einfach, mit umlaufenden Leiterfriesen und der Hohlkehle als Krönung. Wie häufig bei Tempeleingängen ziert Hor Behedeti als geflügelte oder einfache Sonnenscheibe mit den beiden Uräen gern die Hohlkehle. Der obere Leiterfries fällt manchmal ganz weg, der untere kann durch andere Elemente verdrängt werden. Ist der Skarabäus in der Barke zwischen Isis und Nephthys abgebildet, wird die Bodenlinie häufig in die Komposition miteinbezogen und der Leiterfries durch einen Wasserstreifen ersetzt. Hierunter kann ein Fries mit Lotusblüten anschließen, der aber auch unter den Leiterfriesen vorkommt. Selten ist die Standlinie eine Matte. Der Naos ist immer zu erkennen, selbst wenn er nur durch die Form des Stückes angegeben und nicht durch Innenzeichnungen verdeutlicht wird.

II. Befestigung

Die aus Metall hergestellten königlichen Pektorale hatten meist Ösen oder oberhalb der Hohlkehle angebrachte Stege, an die die Ketten zum Tragen befestigt werden konnten[1]. An Fayence-, Stein- und Holzpektoralen sind Ösen ungünstig[2], denn sie würden, aus der Masse der Platte hervorragend, Stößen stärker ausgesetzt und bruchgefährdeter sein. Daher durchbohrte der Ägypter diese Pektorale an der oberen Kante schräg von hinten nach oben, durchschnittlich an beiden Seiten drei- bis viermal, oder unregelmäßig über die Breite des Stückes verteilt. Hieran wurden die Pektorale von Ketten bzw. einfachen Fäden gehalten. Die Fäden wurden entweder wie die Ketten um den Hals der Mumie gelegt oder mit den Mumienbinden vernäht. Daneben kommen auch Durchbohrungen an der oberen und der unteren Kante vor, woran die Pektorale wie das Ramses' II. und das des Amaniastabarqa unten wie oben auf der Mumie befestigt waren[3].

---

[1] E. Feucht-Putz, D. Kgl. Pektorale, S. 133ff.

[2] Wenige Ausnahmen sind mir bekannt. Bei Kat. Nr. 12 ragt oberhalb der Hohlkehle ein Kopf hervor, der, von rechts nach links durchbohrt, als Öse diente. Bei Kat. Nr. 30, 196 u. 235 sind oberhalb der Hohlkehle zwei Stege befestigt (bei Nr. 235 auch seitlich), wie es bei den Pektoralen Tut-Anch-Amuns üblich ist. Kat. Nr. 183, 184 u. 185 haben die Öse über der Mitte mitangegossen.

[3] Z.B. Kat. Nr. 87. Ganz selten wurde die Platte des Pektorals von der Vorder- zur Rückseite durchbohrt (z.B. Kat. Nr. 27).

III. Material und Qualität

Die Pektorale wurden aus verschiedenen Materialien und somit in verschiedenen Techniken hergestellt, je nach Zahlungsvermögen des Bestellers. Bei den königlichen Pektoralen überwiegt die Zellentechnik, d.h. Gold mit kostbaren Einlagen. Daneben kommen Pektorale aus Goldblech vor, auf das die Darstellung getrieben ist und das, der Festigkeit halber, über einen Kern aus Ton oder Holz gezogen wurde.

Als im Neuen Reich mit dem Wandel des Motivschatzes das Pektoral zum allgemeinen Totenamulett wurde und damit auch dem Privatmann zugänglich, nahm die Qualität ab. Es wurde häufig serienweise hergestellt und der Name des Verstorbenen erst nachträglich eingetragen. Manchmal wurde der Name vergessen, sei es, weil die Bestellung zu eilig war, sei es, daß der Balsamierer die Pektorale vorrätig hatte und sie wie andere Amulette auf die Mumie legte, ohne zu berücksichtigen, daß der Name fehlte. Welche Gründe es auch immer gewesen sein mögen, Tatsache ist, daß mehrere Pektorale gefunden worden sind, auf denen zwar Platz für den Namen ausgespart aber niemals ein Name eingetragen wurde[4].

Am häufigsten sind Pektorale aus blauer oder grüner Fayence. Fayence, die dem Ägypter seit prädynastischer Zeit bekannt war, besteht aus einem meist tönernen Kern, der mit einer Glasur überzogen ist. Der Kern konnte in der Hand geformt werden, wurde aber auch in Formen gegossen[5]. Die Darstellung wurde teilweise gleich aus dem Material in erhabenem oder vertieftem Relief modelliert; das Relief konnte durch Bemalung belebt werden. Der Hintergrund oder die Figuren selbst wurden manchmal mit Pasten oder seltener mit Glas und Halbedelsteinen eingelegt. Die einfachste Form war, die Darstellung nur einzuritzen oder gar nur mit schwarzer Tusche aufzuzeichnen.

Ähnlich verhält es sich mit den Pektoralen aus Stein (z.B. Schist, Quarzit). Auch hier wurde das Bild entweder nur eingeritzt oder in Relief hervorgehoben und durch Pasteneinlagen oder Farbauftragung vervollständigt.

Nicht selten sind Holzpektorale, auf denen die Darstellung direkt oder über einer Stuckschicht aufgetragen wurde. Vergoldung und Einlagen aus Halbedelsteinen, Glas oder Farbpaste kommt bei einigen guten Stücken vor.

Es gibt viele Pektorale, auf denen ein plastisch aufgesetzter Skarabäus im Mittelpunkt der Komposition steht. Er wurde entweder in eine ovale Vertiefung oder in ein großes Oval, das aus der Platte herausgeschnitten worden war, eingelassen. Die restliche Darstellung wurde daneben in einer der oben besprochenen Techniken ausgeführt.

---

[4] Vgl. Kat. Nr. 106 mit S. 18 und Kat. Nr. 216P.

[5] Eine kleine Form ist aus Deir-el-Medineh erhalten. Sie zeigt den Verstorbenen vor dem Opfertisch sitzend und an einer Lotusblüte riechend (Bruyère, Deir el Médineh, 1926, S. 42, Fig. 27). Form eines Pektorals zusammen in einem Stück mit einer Form für ein Udjat-Auge und einer Götterfigur (Berlin, Nr. 8920, d. Pektoral = Bonnet, RÄRG, S. 676, Abb. 164).

M. Auf Sarkophagen aufgemalte Pektorale

Seitdem Totenpektorale existieren, werden sie auch direkt auf Sarkophage aufgemalt. Ganz am Anfang der 18. Dynastie wurde auf den Sarg des Ahmose eins in blauer Farbe aufgetragen. Es zeigt den königlichen Namen im Schutz des Amon-Re[1]. Zwei Figuren des Königs stehen Rücken an Rücken in der Mitte des Bildes. Sie halten ein *wꜣś*-Zepter in der Hand und wenden sich den Kartuschen des Herrschers zu: rechts *sꜣ-Rꜥ* (*Jꜣḥ-mś*)|, links *nb-tꜣ·wj* (*Nb-pḥtj-Rꜥ*)|. Uräen mit Doppelkrone flankieren das Pektoral; unten hängt ein Lotusblütenfries.

Häufig ist der Skarabäus, die Sonnenscheibe schiebend[2], in der Barke[3] oder zwischen *Ḏd* und *Tj·t*[4]; er tritt auch zwischen Götter, wie auf dem Sarkophag des Masahirta und Pinodjem II. zwischen Osiris und Isis (links) und Sokar und Nephthys (rechts)[5], oder wird von zwei Falken flankiert[6]; dazu kommen verschiedene Symbole, z.B. Udjat-Augen, *nfr*- oder *wꜣś*-Zeichen[7]. Auf einem Sarkophag liegt Anubis auf dem Schrein in einem Pektoral[8]; auch erscheint Osiris allein[9] oder mit Verehrer[10]. Nicht selten sind mehrere Götter, die hintereinander hocken[11]; manchmal sitzen sie in der Barke[12] (meist Osiris, Isis und Horus oder Nephthys).

---

[1] Anhang A, 1. Zum verwandten Thema vgl. E. Feucht-Putz, D. Kgl. Pektorale, S. 82ff.
[2] Ibd. A, 3, 5, 6, 10.
[3] Ibd. A, 7, 17 (14 = Sonnenscheibe in der Barke).
[4] Ibd. A, 2.
[5] Ibd. A, 8, 9.
[6] Ibd. A, 9, 11, 15, 13(?).
[7] Ibd. A, 5, 12.
[8] Ibd. A, 25a.
[9] Ibd. A, 25.
[10] Ibd. A, 18, 22.
[11] Ibd. A, 4, 19–21, 29–35.
[12] Ibd. A, 26.

N. Vorkommen von Pektoralen auf Reliefs und Statuen

I. Der König trägt ein Pektoral oder weiht es einer Gottheit

Auf Darstellungen oder Plastiken erscheint das Pektoral häufig. Könige[1] tragen es, seltener Prinzen oder Prinzessinnen[2]. Des öfteren bringen es Könige einer Gottheit dar, wie es oft im Sethostempel in Abydos dargestellt worden ist[3]. Die Handlung des Königs begleitet dabei mehrmals ein alter Pyramidenspruch[4]. Dieser Spruch, der auch beim Überreichen des *Wśḫ*-Kragens[5] vorkommt, war ursprünglich dazu bestimmt, den König sowie Denkmäler mit göttlichem Leben zu erfüllen. Um das zu erreichen, wird der Schöpfergott Atum von Heliopolis angerufen, der Schu und Tefnut erschaffen hat. Diesen Schöpfungsakt, diese Belebung soll er unter Verwendung der Ka-Geste am König (bzw. an den Denkmälern) wiederholen. Zugleich übt er damit Schutz über den König aus. Hierzu wird auch die große Götterneunheit von Heliopolis aufgerufen. Diese Leben spendende und schützende Ka-Geste wird mit der Umarmung durch den Schmuck vollzogen, d.h. dadurch, daß der Schmuck um den Hals gelegt wird. Durch seine Opfer teilt der König das so erhaltene Leben und die Kraft anderen Göttern mit.

In ptolemäischer Zeit sprechen die Texte im Zusammenhang mit dem Darbringen des Pektorals meist von Schutz[6] (der dem weihenden König von den Göttern gewährt wird) und vom Kleiden und Schmücken[7] der göttlichen Brust. Ein Anklang an den Pyramidenspruch findet sich vielleicht, wenn es heißt: „Die Neunheit schützt deine Glieder, du Re in seiner Gestalt, du Schu in seiner Gestalt, du Tefnut in der geheimen, heiligen Gestalt"[8], oder wenn es heißt, der König gebe dem Gott die Amulette für seinen Ka[9]. Als Amulett des Atum wird das Pektoral einmal angesprochen[10], daneben ist es aber auch das des Horus[11], des Herren von Karnak[12] oder des Re[13]; es wird als Arbeit des Ptah[14] bezeichnet, und Hathor wird die Herrin des Schmuckes[15] oder der Amulette[16] genannt.

Die Pektorale werden den verschiedenen Göttern dargebracht[16a]; in Dendara neben Harsomthis erklärlicherweise am häufigsten Hathor. Hathor bekommt es ebenfalls in Edfu, wo es außer ihr natürlich dem Hauptgott Horus, aber auch Month und Thot geweiht wird. In Kom Ombo reicht der König das Pektoral außer Sobek dem Min, Chons und Horus. Auf anderen Denkmälern wird es Amun-Re, Thot oder Osiris gebracht.

---

[1] Vgl. dazu Anhang G und E. Feucht-Putz, D. Kgl. Pektorale, S. 78ff.

[2] Anhang H. [3] Anhang L, I.

[4] Pyr. 1652a–1659b. Er ist von E. Otto ausführlich behandelt (E. Otto, Zur Überlieferung eines Pyramidenspruchs, Festschrift Rosellini II, 1943, S. 225ff.).

[5] Z.B. Calverley-Gardiner, Abydos I, Tf. 33 (an Harsiese); II, Tf. 12 (an Amun-Re); II, Tf. 19 (an Atum); II, Tf. 27 (an Ptah); III, Tf. 32 (an Horus).

[6] Chassinat, Edfou I, S. 32, Tf. Ao. 2d. V.; S. 128, Tf. XXIb; III, S. 124, Tf. LXII; S. 279, Tf. LXXVII; ders., Dendara I, S. 65, Tf. LXII; IV, S. 258, Tf. CCXII.

[7] Edfou I, S. 32, Tf. Ao. 2d. V.; III, S. 124 u. 272; Dendara II, S. 123, Tf. CXXI.

[8] Edfou I, S. 128.

[9] Edfou I, S. 32; III, S. 124; Dendara II, S. 123, Tf. CCXIX und CCXXIII–CCXXV; III, S. 149.

[10] Edfou I, S. 128. [11] Edfou I, S. 32.

[12] Edfou III, S. 272. Zu *Iwnw-šmʿj* als Karnak vgl. H. Kees, Orientalia 18.

[13] Dendara IV, S. 258; de Morgan, Kom Ombo II, S. 374, Abb. 497.

[14] Ibd. [15] Ibd. und Edfou III, S. 124.

[16] Dendara III, S. 149. [16a] Anhang L.

II. Götter tragen Pektorale[17]

Noch zahlreicher sind die Götter, die das Pektoral schon angelegt haben. Seit dem Neuen Reich sind auf Reliefs von den großen Göttern abgebildet: Amun-Re, Min, Re-Harachte, Atum, Osiris, Horus das Kind, Ptah, Hathor, und seit ptolemäischer Zeit dazu Onuris-Schu und Antaios. Im Grab des Amonmose aus der Zeit Thutmosis' III. trägt der vergöttlichte Amenophis I. ein Pektoral bei der Prozession an seinem Fest, und zur Zeit der Ptolemäer können auch der vergöttlichte Imhotep, Neferhotep und der vergöttlichte Amenophis, Sohn des Hapu, mit einem Pektoral dargestellt werden[18].

Auch Götterstatuen gibt es mit Pektoralen. Hier sind mir Min, Atum, Onuris, Reschef und ein Kanopengott bekannt[17].

Besonders im Neuen Reich werden gern Götterbarken mit Pektoralen geschmückt[19]. Das früheste Beispiel ist mir aus dem Grab des Amonmose bekannt. Sogar dem *ḏd*-Pfeiler als Darstellung des Osiris wurde ein Pektoral umgehängt[20].

III. Pavian mit Pektoral

Sehr häufig wird ein Pavian mit einem Pektoral dargestellt. Bei den ältesten bekannten Beispielen handelt es sich jeweils um die *jmj·w ḥṯt*, die Affen, die die Sonne bei ihrem Aufgang anbeten, erscheinen sie doch in diesem Zusammenhang immer wieder selbst auf Pektoralen[21]. Ein Pektoral trägt ein solcher Affe, der zusammen mit einem zweiten anbetend vor einer Inschrift steht, in der der Sonnenaufgang gepriesen wird[22]. Ebenso sind die Paviane mit Pektoralen, auf denen der Name Ramses' II. erscheint, zu verstehen; sie verehren an der Basis des Obelisken auf der Place de la Concorde den Obelisken als Zeichen der Sonne[23]. Im Grab Ramses' IX. beten sie Chnum in der Sonnenscheibe an[24].

In anderen Fällen ist es unklar, welcher Affe gemeint ist[25]; in der Spätzeit ist es häufig der Pavian des Thot. Dies geht aus der Wiedergabe des Kynoskephalen mit der Mondscheibe in der Sichel auf dem Haupt hervor[26] oder dadurch, daß das gleiche Symbol in einer Barke im Pektoral erscheint[27]. Einmal wird das Tier auf einer Stele als Thot angesprochen[28], zweimal weist die Ibisdarstellung in dem Pektoral auf Thot[29], ein weiteres Mal trägt der Gott sogar in seiner Gestalt als Ibis ein Pektoral[30].

Wie wir gesehen haben, ist ein beliebtes Motiv der Pektorale der Sonnenaufgang. So lag es nahe, den *jmj·w ḥṯt* ein solches Pektoral umzuhängen. In späterer Zeit ist dann die Erinnerung daran verlorengegangen, und das Pektoral wurde auf andere Affenfiguren übernommen, wobei die Darstellung im Pektoral Bezug auf den Träger nahm. Dem Pavian des Thot wurde das Pektoral dann soweit verbunden, daß es von ihm wiederum auf eine zweite Erscheinung des Gottes, den Ibis, übertragen wurde.

IV. Privatpersonen tragen Pektorale

Auch Statuen von Privatpersonen tragen Pektorale[31], auf denen, sofern sie eine Darstellung aufweisen, mindestens eine Gottheit auftritt[32]. Auf einem, das der königliche Schreiber und Vorsteher des Hauses Ramses' II., Iupa, trägt, hocken drei Götter hinterein-

---

[17] Anhang B.
[18] Ibd. C.
[19] Ibd. E.
[20] Ibd. F.
[21] Vgl. S. 17f.
[22] Anhang D, 6.
[23] Ibd. D, 4.
[24] Ibd. D, 8.
[25] Ibd. D, 1, 5, 6, 10, 13, 15.
[26] Ibd. D, 2, 9, 11, 14, 16, 17.
[27] Ibd. D, 12, 13.
[28] Ibd. D, 7.
[29] Ibd. D, 19, 20.
[30] Ibd. A XVII.
[31] Zu den im folgenden genannten Beispielen vgl. Anhang I.
[32] Ohne Darstellung: Anhang I, 7 und bes. 14.

ander. So kennen wir sie sonst nur von den kleinen Totenamuletten[33] oder von auf Särgen aufgemalten Pektoralen[34]. Auf drei anderen ist der Gott Ptah auf der linken Seite abgebildet; auf dem des Piai in Kairo steht er mit dem Was-Zepter in den Händen in seinem Schrein vor der Palastfassade mit dem Horusfalken. Hinter der Palastfassade erscheint Ramses II., symbolisch durch seine Kartusche mit der Atefkrone vertreten.

Ptah-hotep, der ungefähr 700 Jahre später zur Zeit der Perserherrschaft lebte, trägt das zweite dieser Pektorale. Mit erhobenen Händen tritt ein König mit blauer Krone vor den Gott, den seine Gemahlin, die löwenköpfige Sachmet, mit der Sonnenscheibe auf dem Haupt und dem Was-Zepter und Anch-Zeichen in den Händen begleitet.

Im Pektoral auf der Brust des Pa-scher-ta-ih aus der 26. Dynastie steht der Gott nur auf einem Götterpodest. Eine Figur, die ihm ein Was-Zepter entgegenstreckt und ein Anch-Zeichen hält, schreitet auf ihn zu.

Eine andere Gottheit — die Göttin Neith — erscheint auf zwei Pektoralen, die die Spätzeitstatue des Bes im British Museum und die des Iahmes-sa-neith im Louvre schmücken. Auf dem Pektoral der ersten Statue, der des Bes, schreiten ein klein dargestellter König, gefolgt von Neith, auf den Königsring Psametichs I. zu[35].

Auf dem zweiten Pektoral, dem des Iahmes-sa-neith, opfert ein König mit blauer Krone vor der thronenden Göttin. Iahmes-sa-neith, unter Amasis geboren, lebte bis in die Zeit der Perserherrschaft, in der die Statue entstanden ist. V. Bothmer erklärt das Auftreten eines ägyptischen Königs (um einen solchen handelt es sich bei dem König mit der blauen Krone) auf dem Pektoral einer Statue aus der Perserzeit damit, daß vielleicht eine leise Mißachtung (subtile defiance) gegenüber der Fremdherrschaft zum Ausdruck gebracht werden sollte[36]. Dieses stimmt insofern, als der Träger, ohne Rücksicht auf den Regierungswechsel, ein Motiv, das unter der Regierung einheimischer Könige auf Pektoralen üblich war, weiterhin abbilden ließ[37].

Die Statuen gehörten weder Personen gleichen Ranges noch läßt sich aus ihren Inschriften Gemeinsames feststellen, das erklären würde, warum sie das Pektoral trugen. Auffallend ist allein, daß Ptah-hotep den Gott Ptah, Iahmes-sa-neith die Göttin Neith und Anch-ef-en-Sachmet die Göttin Sachmet, also die Gottheit, mit der ihr Name gebildet ist, im Pektoral zeigen. Ferner sind die Statuen des Piai, Pa-scher-ta-ih und Ptah-hotep, mit der Darstellung des Gottes Ptah in ihren Pektoralen, memphitischer Herkunft. Daraus Schlüsse zu ziehen ist indes bei der Spärlichkeit des Materials nicht geraten.

---

[33] Vgl. S. 31. [34] Vgl. S. 41.

[35] Im Gegensatz zu den anderen Pektoralen auf Statuen und Reliefs, die immer die Naosform haben, steht die Darstellung hier nur auf einer Standlinie.

[36] V. Bothmer, Egyptian Sculpture of the Late Period, New York 1960, S. 68.

[37] Wie an Hand des Pektorals des Piai und des Bes ausgeführt wurde, ist das Motiv des Königs vor einer Gottheit auf Pektoralen von Privatpersonen bereits aus früherer Zeit bekannt.

O. Zusammenfassung

Das Pektoral, ursprünglich mit Themen aus dem Königsdogma versehen, wurde im Neuen Reich zu einem Amulett, das allgemein die Sorge um das Leben nach dem Tod widerspiegelt. Es lag auf der Brust oder selten — in kleinerer Ausführung als Gegengewicht zu einem großen Pektoral — auf dem Rücken[1] des Verstorbenen, konnte aber auch wie andere Amulette in die Mumienbinden über den ganzen Körper verstreut eingefügt werden[2].

Seine Motive lassen sich mit Hilfe von gleichen Darstellungen in Gräbern, auf Stelen oder Särgen unter Hinzuziehung von Totentexten deuten. Im Vordergrund steht der Wunsch des Verschiedenen, den Sonnenaufgang zu erleben und wie die Sonne täglich wiedergeboren zu werden als Cheper oder als Phönix. Daneben erscheinen unter anderen Gottheiten überwiegend die Totengötter Anubis und Osiris, denen der Tote seine Verehrung entgegenbringt. Bei Osiris ist auf einigen Pektoralen deutlich zu erkennen, daß er in seiner Eigenschaft als Totenrichter auftritt, vor dem der Verstorbene bestehen muß, um im Jenseits weiterleben zu können. Totenbuchtexte sorgen dafür, daß das Herz dem Toten erhalten bleibt und nicht gegen ihn aussagt. Ferner wünscht der Verstorbene die Freiheit für seinen Ba, auf die Erde zurückzukehren und jeden ihm beliebigen Ort aufzusuchen.

Der Einfluß ägyptischer Goldschmiedekunst läßt sich auf zwei Pektoralen aus Byblos und einem aus Ägina feststellen. Deutlich ist auf ihnen zu erkennen, daß zwar ägyptische Motive nachgeahmt, indes völlig mißverstanden worden sind. Ein Pektoral aus el-Kurru fügt sich dem meroitischen Kulturkreis ein.

Die üblichen Totenpektorale werden nicht nur auf die Mumie des Toten aufgelegt, sondern auch direkt auf Särge aufgemalt. Ferner wird das Pektoral von Göttern, Königen und Privatpersonen getragen, der König erhält es von einem Untergebenen oder weiht es einer Gottheit. Ob ihm hierbei eine bestimmte Funktion zukommt, kann nur ein Vergleich ähnlicher Szenen mit anderen Schmuckarten und Amuletten zeigen, der in dieser Arbeit nicht unternommen wurde.

---

[1] Z.B. Kat. Nr. 120 Gegengewicht zu 205, Kat. Nr. 220 Gegengewicht zu 24.

[2] Petrie, Amulets, Tf. LII Nr. 15 u. 17, LIII Nr. 19; M. Möller, Die Metallkunst der Alten Ägypter, Berlin 1924, Tf. 48a; Zayed, Eg. Antiquities, Kairo 1962, S. 33, Fig. 41 Nr. 2649.

Anhang

Die im Anhang aufgeführten Darstellungen von Pektoralen geben nur die mir durch Publikationen zugänglichen Beispiele wieder, bilden also eine sehr begrenzte Auswahl der vorhandenen Darstellungen.

A. Auf Sarkophagen aufgemalte Pektorale

	Literatur	*Ort bzw. Fundort*	*Zeit*
1.	Daressy, Cercueils, C. G., Nr. 61002, Tf. 3 u. 4	Deir-el-Bahari, Sarg des Ahmose	17. Dyn., Ahmose
2.	Quibell, The Tomb of Yuaa and Thuiu, C. G. Kairo 1908, Tf. 12 = Th. M. Davis, The Tomb of Iouiya and Touiyou, London 1907, S. 20, Tf. 14	Königsgräbertal, Grab. Nr. 46,	18. Dyn.
3.	ASAE 43, S. 148, Tf. 7	Medinet-Habu, Sarg des *Pꜣ-Rꜥ-mśśw*	19. Dyn.
4.	ZÄS 83, Tf. 9	Verehrung Amenophis I. m. P. = Sarg, Leiden M 3	20. Dyn.
5.	Winlock, Excav. at Deir-el-Bahari 1911–1931, New York 1942, Tf. 81 u. 82	Deir-el-Bahari, innerer und äußerer Sarg der *Ḥnwt-tꜣ·wj* (Kairo 61026)	21. Dyn.
6.	A. H. Zayed, Eg. Antiquities, Kairo, 1962, S. 33, Fig. 41, Nr. 2649	Sarg der Amunspriesterin *Ḥnt-mr·t*	
7.	Daressy, Cercueils, Nr. 61025, Tf. 28 u. 29	Sarg Thutmosis' I., v. Pinedjem erneuert	21. Dyn.
8.	ibd., Nr. 61027, Taf. 36	Deir-el-Bahari, Sarg des Masahirta	21. Dyn.
9.	ibd., Nr. 61029, Tf. 49	Deir-el-Bahari, Sarg des Pinodjem II.	21. Dyn.
10.	ibd., Nr. 61024, Tf. 26	Deir-el-Bahari, Sarg der Nedjemet	21. Dyn.
11.	ibd., Nr. 61028, Tf. 39	Deir-el-Bahari, Sarg der Mutemhat, Maat-ka-re	21. Dyn.
12.	ibd., Nr. 61011, Tf. 12	Deir-el-Bahari, Sarg des Paduamun mit Mumie der Satkames	21. Dyn.
13.	Schmid, Sarkophager S. 129, Nr. 671	Sarg des Nesamun	19. Dyn.?
14.	ibd., S. 128, Nr. 659		Neues Reich
15.	ibd., S. 99, Nr. 524	Deir-el-Bahari	21. Dyn.
16.	ibd., S. 133, Nr. 686 (= Chassinat, Deir-el-Bahari, Tf. V, Nr. 6016)	Deir-el-Bahari	21. Dyn.
17.	ibd., S. 143, Nr. 717	Sarg des Amunhotep	21. Dyn.
18.	ibd., S. 178, Nr. 991 (=Berlin, Nr. 51)	Sarg des Pais-tenef	26. Dyn.
19.	ibd., S. 216, Nr. 1230		26. Dyn.
20.	ibd., S. 216, Nr. 1229		26. Dyn.

	Literatur	*Ort bzw. Fundort*	*Zeit*
21.	ibd., S. 239, Nr. 1383	Herakleopolis	griech.-röm.
22.	ibd., S. 242, Nr. 1416		griech.-röm.
23.	ibd., S. 241, Nr. 1392		griech.-röm.
24.	Bruyère, Deir el Medineh 1948/51, Tf. 24	Deir-el-Medineh	griech.-röm.
25.	London, A Handbook of the Egyptian Mummies and Coffins, 1938, Nr. 6665, Tf. 1	Theben, Sarg der Katebet	Neues Reich
25a.	G. Möller, Die Metallkunst der Alten Ägypter, Berlin 1924, Tf.48a	Theben, Sarg der Katebet	Neues Reich
26.	ibd., Tf. 11	Sarg der Henut-mehit	Neues Reich
27.	ibd., Tf. 20	Chargeh Oase, Sarg der Hor-se-nacht (?)	ptolemäisch
28.	ibd., Tf. 24	Achmim, Sarg eines Kindes	römisch
29.	H. Steckeweh, Die Fürstengräber von Qaw, Leipzig 1936, Tf. 27	Qaw, Sarg des Petosiris	
30.	Petrie, El Amrah and Abydos, Tf. 36 (2×)	Abydos, Sarg des Hewenu und des Di-es-nacht	Spätzeit
31.	v. Bissing, Denkmäler Äg. Skulptur II, Tf. 75		Spätzeit
32.	Kopenhagen, Cat. des sarcophages et Cercueils ég., 1951, Tf. 79		
33.	JEA 17, Tf. 56	Armant	ptolemäisch
34.	Firth, Arch. Survey of Nubia 1908/09, II, Kairo 1912, Tf. 26 u. 27c	Awam, Friedhof 89, Grab 73 u. 736	ptolemäisch
35.	G. Roeder, Aus dem Pelizaeus Museum, 1925, S. 40, Abb. 11		

B. Götter tragen Pektorale

I. Amun oder Amun-Re

1.	LD III, 150c	Gurnah	19. Dyn., Sethos I.
2.	LD III, 141a	Redesieh, 2. Kammer	19. Dyn., Sethos I.
3.	Calverley-Gardiner, Abydos II, 4 (5×); II, 5 (= 6 u. 7 = 2×)	Abydos, Tempel Sethos' I., Kapelle des Amun-Re, N.-Wand	11. Dyn., Sethos I.
	II, 8 (4×)	ibd. W.-Wand	11. Dyn., Sethos I.
	II, 10 (2×), II, 12 (5×)	ibd., S.-Wand	11. Dyn., Sethos I.
4.	Helck, Äg. Abh. 18, Tf. 30 Bild 43, Tf. 35 Bild 49, Tf. 37 Bild 51, Tf. 40 Bild 56, Tf. 42 Bild 59 u. 60	Karnak, Umfassungsmauer Ramses' II., S.-Wand	19. Dyn., Ramses II.
5.	M. F. Guilmant, Le Tombeau de Ramses IX, MIFAO 15, Kairo 1907, Tf. 24 = 27	Theben, Königsgräbertal, Grab Ramses IX.	20. Dyn., Ramses IX
6.	LD III, 248	Karnak, Chonstpl.	21. Dyn.
7.	LD V, 4b u. c	Karnak, Kammer am See, Ostseite	25. Dyn., Schabaka
8.	LD V, 4c	Karnak, Kammer am See, Westseite	25. Dyn., Schabaka
9.	Macadam, Kawa I, Tf. 8	Kawa, Stele des Taharka	25. Dyn., Taharka
10.	Macadam, Kawa I, Tf. 10	Kawa, Tempel T, 1. Hof	25. Dyn., Taharka

	Literatur	*Ort bzw. Fundort*	*Zeit*
11.	Macadam, Kawa II, Tf. 56	Kawa, Schrein des Taharka	25. Dyn., Taharka
12.	LD III, 274b	Karnak, Tempel J	26. Dyn.
13.	LD III, 273e	Karnak, Tempel J	26. Dyn., Psammetich II.
14.	Davies, Hibis III, New York 1953, Pl. 7 (2×), 8, 9 (2×), 10 (2×), 11, 12 (2×), 13 (2×), 18, 31	Hibis, Tempel Hypostyle Halle B	27. Dyn., Darius II.
	32 (2×), 34, 36, 37	Hypostyle Halle M	27. Dyn., Darius II.
	40, 42	Hypostyle Halle N	27. Dyn., Darius II.
	45 (2×), 47, 48, 49, 51	Außenwände des Tempels	27. Dyn., Darius II.
	56 (2×), 57, 58, 59, 60	Innerer Torweg	27. Dyn., Darius II.
15.	Naville, Détails ... Tf. 17, A2		30. Dyn., Nektanebos I.
16.	Chassinat, Edfou II, Tf. 245 u. 248	Edfu	Ptolemaios Philopator I.
17.	LD IV, 15a	Karnak, Tor in der Umwallung v. Tempel A	Ptolemaios Philopator I.
18.	LD IV, 28a	Deir-el-Medineh	Ptolemaios Philometor I.
19.	LD IV, 30b	Karnak, Tempel U	Ptolemaios Euergetes II.
20.	Mallet, Kasr el Agouz, 1909, S. 43, Fig. 14	Kasr el Agus	Ptolemaios Euergetes II.
21.	ASAE 53, Tf. 32	Kom Ombo, Mammisi	Ptolemaios Philometor II.
22.	LD V, 66b	Naga, Tempel, 1. Eingang	meroitisch
23.	Roeder, Debod bis Bab Kalabsche II, Kairo 1911, Tf. 19	Debod, Kapelle des Azechramon (Tabirqa)	meroitisch
24.	Pörtner, Grab- und Denksteine aus Athen und Konstantinopel, 1908, Tf. XIII, Nr. 38a	Stele	ptolemäisch
25.	Roeder, Der Tempel v. Dakke II, Kairo 1930, Tf. 130	Dakke, Sanktuar	römisch
26.	Blackman, The Temple of Dendûr, Kairo 1911, Tf. 84	Dendur	römisch, Augustus

II. Antaios

1.	Rosenberg, Äg. Einlagen, S. 7, Fig. 15	Steinrelief	römisch, 2.–3. Jh. n. Chr.

III. Anubis

1.	LD V, 50d	Begerauieh, Pyramidengruppe A, Pyr. 38, Westwand	meroitisch, Taritedakhatey? 194–209 n. Chr.

IV. Apedemak

1.	F. Hintze, Die Inschr. des Löwentempels von Musawwarat es Sufra, ADAW, Berlin 1962, Tf. V	Musawwarat es Sufra	meroitisch, ca. 235–221

Literatur	*Ort bzw. Fundort*	*Zeit*
V. Apis		
1. Breccia, Alexandrea Cat. 1922, S. 323, Fig. 245	Katakomben von Kom el-Chugafa, Nische v. Totenkammer	11. Jh. n. Chr.
VI. Atum-Relief		
1. Davies, Hibis III, Tf. 56	Hibis, Tempel, Innerer Torweg	27. Dyn., Darius II.
Atum-Plastik		
2. Macadam, Kawa II, Tf. 75b	Kawa	25. Dyn., Taharka
VII. Bes		
1. Bruyère, Deir el Medineh, 1933/34, S. 112, Fig. 48	Deir el-Medineh	18. Dyn.
VIII. Chnum		
1. LD V, 66b	Naga, Tempel, erster Eingang	meroitisch
2. LD V, 61	Naga, Tempel, äußere Südwand, westl. Teil	meroitisch
IX. Harachte bzw. Re-Harachte		
1. M. Baud, Dessins ébauchés de la Nécropole Thébaine MIFAO 63, Kairo 1935, Tf. 24	Theben-West, Gr. Nr. 115, Gang D	19. Dyn.
2. M. F. Guilmant, Le Tombeau de Ramses IX., MIFAO 15, Kairo 1907, Tf. VII u. X	Theben, Königsgräbertal, Grab Ramses IX.	20. Dyn., Ramses IX.
3. LD III, 233a	Theben, Königsgräbertal, Gr. Nr. 1, Ramses' X.	20. Dyn., Ramses X.
X. Hathor(kuh?)		
1. Cat. du Musée Guimet, Paris 1909, Tf. 64, Nr. 72	—	20. Dyn.
XI. Horus		
1. LD III, 287a	Wadi Hammamat, Felsengrotte	30. Dyn., Nektanebos I.
2. LD IV, 7f.	Philae, Tempel	Ptolemaios Philadelphos I.
3. LD IV, 25,1	Philae, Pylon H	Ptolemaios Philometor I.
4. LD V, 61	Naga	meroitisch
XII. Min-Relief		
1. Helck, Äg. Abh. 18, Tf. 23, Bild 29	Karnak, Umfassungsmauer, Ramses II., S.-Wand	19. Dyn., Ramses II.
2. LD III, 185d	Abu-Simbel, Gr. Tempel, Türlaibung	19. Dyn., Ramses II.
3. Davies, Hibis III, Tf. 13	Hibis, Tempel, Hypostyle Halle B	27. Dyn., Darius II.
ibd., Tf. 30	Hypostyle Halle M	27. Dyn., Darius II.
ibd., Tf. 41	Hypostyle Halle N	27. Dyn., Darius II.

	Literatur	*Ort bzw. Fundort*	*Zeit*
4.	de Morgan, Catal. II Kom Ombo, S. 281	Kom Ombo	
5.	ibd., III, S. 22, Abb. 546	Kom Ombo	
6.	LD IV, 12a	Karnak, Chonstempel, Pylon	Ptolemaios Euergetes I.
7.	LD IV, 15a	Karnak, Tor in der Umwallung von Tempel A	Ptolemaios Philopator I.
8.	E. Chassinat, Edfou 12, Kairo 1934, Tf. 331–335	Edfu	Ptolemaios Philopator I.
9.	Gauthier, Le Temple de Kalabchah, 1914, Tf. 55–92	Kalabscheh	römisch, Augustus
10.	LD IV, 79b	Dendara, Gr. Tempel, Ostwand außen	römisch, Nero
	Min-Plastik		
11.	Daressy, Statues de Divinités, JE 27754, Nr. 38070, Tf. VI	Kuft	
12.	M. Mogensen, La Glyptothèque Ny Carlsberg, Tf. 32, A. 172; AE. I. N. 665		
13.	ASAE 48, S. 621, Tf. II		

XIII. Onuris-Relief

1.	Steindorff, Walters Art Gallery, Baltimore 1946 Tf. 47, Nr. 256, Inv. Nr. 22. 120; Tf. 44, Nr. 255A; Tf. 45, Nr. 255B	Sebennytos	ptolemäisch
	Onuris-Plastik		
2.	M. Mogensen, La Glyptothèque Ny Carlsberg, Tf. 23, A. 97, S. 80f., AE. I. N. 1658		
3.	Daressy, Statues de Divinités, S. 9, Nr. 38022, S. 9, Tf. III		römisch

XIV. Osiris-Relief

1.	Calverley-Gardiner, Abydos I, 6	Abydos, Tempel Sethos' I., Osiris-Kapelle, N.-Wand	19. Dyn., Sethos I.
	ibd., I, 13	ibd., S.-Wand	19. Dyn., Sethos I.
	ibd., III, 4 (2×)	ibd., N.-Wand	19. Dyn., Sethos I.
	ibd., III, 31	Horus-Kapelle, O.-Wand	19. Dyn., Sethos I.
	ibd., III, 34	ibd., W.-Wand	19. Dyn., Sethos I.
	ibd., III, 61	Raum 10, S.-Wand	19. Dyn., Sethos I.
	ibd., IV, 19	2. Hyp. Halle, W.-Wand	19. Dyn., Sethos I.
	ibd., IV, 50	ibd,. O.-Wand	19. Dyn., Sethos I.
2.	Davies, Two Ramesside Tombs at Thebes, New York 1927, Tf. 11	Theben-West, Grab d. Userhet	19. Dyn., Sethos I.
3.	M. F. Guilmant, Le Tombeau de Ramses IX, MIFAO 15, Kairo 1907, Tf. VII u. XXI	Theben, Königsgräbertal	20. Dyn., Ramses IX.

	Literatur	*Ort bzw. Fundort*	*Zeit*
4.	LD IV, 29a (2×)	Karnak, Tempel U, Raum E	Ptolemaios Euergetes II.
5.	LD IV, 37a	Karnak, Tempel U, Raum M	Ptolemaios Euergetes II.
6.	LD V, 25	Begerauieh, Pyr.-Gruppe A, Pyr. 1, Südwand	meroitisch, Amanitêre 12 v. Chr. bis 12 n. Chr.
7.	de Morgan, Cat. II, Kom Ombo S. 115, Nr. 150	Kom Ombo, Hof Säule XI	römisch, Tiberius
8.	Dümichen, Baugesch. d. Denderatempels, Straßburg 1877, Tf. 10	Dendara	römisch, Tiberius
9.	Belmore, Eg. Antiquities and Papyri, Tf. 4		

XV. Ptah

1.	Calverley-Gardiner, Abydos II, 21	Abydos, Tempel Sethos' I., Ptah-Kap., O.-Wand	19. Dyn., Sethos I.
	ibd., II, 23 (2×)	ibd., N.-Wand	19. Dyn., Sethos I.
	ibd., II, 26 (3×)	ibd., S.-Wand	19. Dyn., Sethos I.
	ibd., II, 27 (4×)	ibd., S.-Wand	19. Dyn., Sethos I.
	ibd., IV, 25	2. Hyp. Halle, W.-Wand	19. Dyn., Sethos I.
	ibd., IV, 33	ibd., W.-Wand	19. Dyn., Sethos I.
2.	Bruyère, Deir el-Médineh 1933/34, S. 48, Abb. 23	Deir-el-Medineh (Stele Florenz Nr. 1623)	19. Dyn. Anfang
3.	Roeder, Die Felsentempel von Bet El-Wali, Kairo 1938, Tf. I	Bet el-Wali, Sanktuar, Westwand	19. Dyn., Ramses II.
4.	Spiegelberg-Pörtner, Äg. Grab- u. Denksteine aus süddeutschen Sammlg. I, 1902, Tf. 19, Nr. 33 (Straßburg, Nr. 206)		19. Dyn.

XVI. Reschef

1.	Van Wijngaarden, Oudheidkundig Medeelingen X, Leiden 1929, S. 33, Abb. 21		

XVII. Thot, als Pavian vgl. D

als Ibis:

1.	Lanzone, Dizionario di mitologia, Turin 1886, Tf. CCCCV, 3		
2.	Champollion, Monuments I, Tf. LVI	Dakkeh, Thot-Tempel	Ptolemaios Euergetes II.

XVIII. Unbestimmte Götter

1.	LD III, 219b	Karnak, Chons-Tempel	20. Dyn., Ramses IV.
2.	Varille, Karnak I, FIFAO 19, Kairo 1943, Tf. 78	Karnak, Gr. Tor der Maat	30. Dyn., Nektanebos
3.	de Morgan, Cat. III, Kom Ombo, 548	Kom Ombo	

	Literatur	*Ort bzw. Fundort*	*Zeit*
4.	JEA 33, Tf. XV, S. 65	Naga, Löwentempel	meroitisch
5.	Kaufmann, Äg. Terrakotten der griech.-röm. und kopt. Epoche, Kairo 1913, S. 93, Abb. 59		griech.-röm.

C. Vergöttlichte Personen tragen Pektorale

I. Amenophis I.			
1.	Foucart, Tombes Thébaines, MIFAO 57, Kairo 1932, Tf. 29		
II. Amenophis, Sohn des Hapu			
1.	Bruyère, Deir el Médineh I, 1935–1940, S. 47, Abb. 34	Deir el Medineh	Ptolemaios Euergetes II.?
III. Imhotep-Relief			
1.	LD IV, 15d	Karnak, Tempel C, Raum D	Ptolemaios Philopator I.
	Imhotep-Plastik		
2.	Daressy, Statues de Divinités, Tf. IV, Nr. 38050		
IV. Neferhotep			
1.	LD IV, 15c	Karnak, Monolithes Tempelchen	Ptolemaios Philopator I.

D. Pavian mit Pektoral

1.	C. M. Firth, Arch. Survey of Nubia for 1910/11, 1927, Tf. 2e	Wadi es-Sebua, Tempel Amenophis' III.	18. Dyn., Amenophis III.
2.	Roeder, Naos, C.G. 1914, Tf. 6, Nr. 70005	Abu Simbel	19. Dyn., Ramses II.
3.	Drioton, Art Eg., Tf. 125, Abb. 117	Abu Simbel	19. Dyn., Ramses II.
4.	Paris, Encyclop. de l'Art Nr. 92 u. 93 (= Cat. Louvre 1932 I, S. 116, Tf. 12)	Luxor, Basis des Obelisken auf der Pl. de la Concorde	19. Dyn., Ramses II.
5.	Gaillard-Daressy, La faune Momifiée, C.G. 1905, Tf. 50, Nr. 29751	Tell Mustai	19. Dyn. (?)
6.	Randall-Maciver, El Amrah, Tf. 30	Abydos, Relief	19.–20. Dyn.
7.	ASAE 25, S. 89f., Tf. II, 3	Deir el-Medineh, Stele	20. Dyn.
8.	MDIK III, 1a, Tf. 22	Theben, Königsgräbertal, Grab Ramses' IX.	20. Dyn. Ramses IX.
9.	Keimer, Etudes d'Egyptologie III, Kairo 1941, Tf. 18, Abb. 59 u. S. 23f.	Stele des Hai, Sohn des Amunnacht	Neues Reich
10.	Botti-Romanelli, Museo Gregoriano Egizio, 1951, Tf. III, 1 u. 2	Theben (?)	18. Dyn. (? oder Spätzeit?)

	Literatur	*Ort bzw. Fundort*	*Zeit*
11.	Ars Antiqua, 1961, Tf. 17		21. Dyn. (?)
12.	Ars Antiqua, 1959, Tf. 8, Nr. 19		Spätzeit
13.	Berlin, Ausf. Verz. 1899, S. 249 Nr. 9537 (nicht mehr vorh.) und Nr. 4438 (= Hermann u. Schwan, Äg. Kleinkunst S. 56)	Theben	Spätzeit
14.	Gouyat-Montet, Les Inscriptions ... Ouâdi Hammâmât, MIFAO 34, 1912, Tf. 11, Abb. 40–41	Wadi Hammamat, Graffito	Spätzeit (?)
15.	Steindorff, Walters Art Gall., 1946, Tf. 102, Nr. 682 (Inv. Nr. 54.2143)		
16.	A. H. Zayed, Eg. Antiquities, Kairo 1962, S. 9, Abb. 9, Nr. 4222 u. S. 92, Abb. 152, Nr. 1199		
17.	Mogensen, La Glyptothèque Ny Carlsberg, Tf. 56, A 421 (Inv. Nr. AE. I. N. 255)		
18.	BFAC, Cat. 1895, Tf. 27, Nr. 49		
19.	Kopenhagen, Statues Eg., 1950, Tf. 124		
20.	Hilton Price Coll., Nr. 2688		
21.	London, Cat. of Eg. Antiquit., 1895, Tf. 27 Nr. 49		
22.	London, Cat. of Eg. Antiquit., 1913, Tf. 16, Nr. 200		

E. Barke mit Pektoral

1.	Daressy, La Procession d'Ammon dans le Temple de Louxor, MMAF 8, Paris 1894, Tf. 8 u. 9	Luxor, Ost- u. Westwand	18. Dyn., Haremheb
2.	Foucart, Tombes Thébaines, MIFAO 57, Kairo 1932, Tf. 13	Theben-West, Grab Nr. 19 des Amonmose	19. Dyn., Ramses I. – Sethos I. (?)
3.	Calverley-Gardiner, Abydos I, 6 (= 7)	Abydos, Tempel Sethos' I., Osiris-Kapelle, N.-Wand	19. Dyn., Sethos I.
	ibd., I, 19	ibd., Isis-Kapelle, W.-Wand	19. Dyn., Sethos I.
	ibd., I, 27	ibd., Horus-Kapelle, N.-Wand	19. Dyn., Sethos I.
	ibd., I, 30 (= 31)	ibd., S.-Wand	19. Dyn., Sethos I.
	ibd., II, 5	ibd., Kapelle des Amun-Re, N.-Wand	19. Dyn., Sethos I.
	ibd., II, 10 (= 11)	ibd., S.-Wand	19. Dyn., Sethos I.
	ibd., II, 15	Kapelle des Re-Harachte, N.-Wand	19. Dyn., Sethos I.
	ibd., II, 18	ibd., S.-Wand	19. Dyn., Sethos I.
	ibd., II, 23	ibd., Ptah-Kapelle, N.-Wand	19. Dyn., Sethos I.
	ibd., II, 35	ibd., Kapelle des Königs, S.-Wand	19. Dyn., Sethos I.
	ibd., III, 63	ibd., Raum 12, O.-Wand	19. Dyn., Sethos I.
4.	Legrain, Les temples de Karnak, Bruxelles 1929, S. 221, Abb. 131	Karnak, Hypostyle Halle	19. Dyn., Ramses II.

	Literatur	Ort bzw. Fundort	Zeit
5.	LD III, 180a u. b = Gauthier, Le temple de Wadi Es-Seboua, Kairo 1912, Tf. 59	Es-Sebua, Tempel Ramses' II., Sanktuar	19. Dyn., Ramses II.
6.	Blackman, The Temple of Derr, Kairo 1913, Tf. 59 u. 62	Derr, Felstempel Ramses' II., Sanktuar	19. Dyn., Ramses II.
7.	LD III, 245	Karnak, Chonstempel, Vorhof D, O.-Wand	21. Dyn.

F. Djed-Pfeiler mit Pektoral

1.–2.	Calverley-Gardiner, Abydos IV, 8 u. 39	Abydos, Tempel Sethos' I., 2. Hyp. Halle, N.-W. Pilaster und S.-W. Pilaster	19. Dyn., Sethos I.
3.	LD IV, 86	Philae, Tempel G	römisch, Hadrian

G. Könige (Königinnen) tragen Pektorale

1.	D. Cooney, Eg. Art in the Brooklyn Mus. Coll., Brooklyn 1952, Tf. 12–21		6. Dyn., Phiops I.
2.	Borchardt, Statuen und Statuetten II, Bl. 60, Nr. 381 u. 382	Tanis	12. Dyn., Sesostris II.
3.–4.	Naville, Deir el-Bahari III, Tf. 82 (2×), V, Tf. 123	Deir el Bahari, obere Terrasse, S.-Seite des Granittores	18. Dyn., Thutmosis III.
5.	Gauthier, Amada, Tf. 37B und S. 165ff.	Amada	18. Dyn., Thutmosis IV.
6.	Berlin, Inv. Nr. 17812		18. Dyn., Amenophis IV.
7.	Aldred, Akhenaton, 1968, S. 182	Amarna, Stele des Pasi	18. Dyn., Amenophis IV.
8.	N. de G. Davies, The Tomb of Neferhotep at Thebes, MMAF IX, New York 1933, I, Tf. 10 (I, Tf. 9 = II, Tf. I)	Theben-West, Grab Nr. 49 des Neferhotep	18. Dyn., Eje
9.	Calverley-Gardiner, Abydos IV, 72	Abydos, Tempel Sethos' I., 2. Hyp. Halle, Säule 6A, N.-Wand	19. Dyn., Sethos I.
10.	Lefébure, Le Tombeau de Seti I, III, MMAF II, 3, Tf. I	Theben, Königsgräbertal, Grab Sethos' I.	19. Dyn., Sethos I.
11.	Bruyère, Deir el Médineh, 1945–1947, FIFAO XXI, S. 63, Fig. 46	Deir el-Medineh, Stelenfragment	19. Dyn., Ramses II. (?)
12.	Evers, Staat a. d. Stein I, Tf. 64 (= Berlin Nr. 7264), 65 (= 66), 67 (= Borchardt, Statuen u. Statuetten 432 u. 430)	Tanis	19. Dyn., Ramses II. (ursurpierte St. Sesostris II.)
13.	BIE 37, 1954/55, I, S. 14ff., vgl. PM III, 219 (2×)	Mitrahineh, Stat. Ramses' II.	19. Dyn., Ramses II.
14.	Petrie, Arts a. Crafts of Anc. Eg., London 1910, S. 100, Abb. 111	Statue der Takuschit	25. Dyn.

	Literatur	*Ort bzw. Fundort*	*Zeit*
15.	Davies, Hibis III, Tf. 57	Hibis, Tempel, Innerer Torweg	27. Dyn., Darius II.
16.	Koefoed-Petersen, Cat. des Bas-reliefs . . . Kopenhagen 1956, Tf. 59 Nr. 59	Behet el-Hagar	Philipp Arrhidäus
17.	Chassinat, Edfou X, 1, Tf. 85	Edfu, Naos, Außenseite	
18.	A. H. Zayed, Eg. Antiquities, Kairo 1962, Nr. 2518, S. 11, Abb. 12		ptolemäisch
19.	Chassinat, Dendara III, Tf. 180 (= 182)	Dendara, Hathorheiligtum	römisch
20.	Dümichen, Die Baugesch. des Dendaratempels, Straßburg 1877, Tf. 10	Dendara	römisch, Tiberius
21.	LD V, 52b	Meroe, Pyramidengruppe B, Pyr. 4, S.-Wand	meroitisch, Amanirenas (?) 99–84 v. Chr.
22.	LD V, 66b	Naga, Tempel, erster Eingang	meroitisch
23.	J. Garstang, Meroë, Oxford 1911, Tf. 22	Meroe, Königsstatue	meroitisch

H. Prinzen und Prinzessinnen tragen Pektorale

1.–2.	LD III, 69	Theben-West, Grab Nr. 64 d. Heka-er-neheh	18. Dyn., Thutmosis IV.
3.	N. de G. Davies, The Tomb of Menkheperrasonb . . ., The Theban Tomb Series V, London 1933, Tf. 30E	Theben-West, Grab Nr. 226	18. Dyn., Amenophis III.

I. Privatpersonen tragen Pektorale

Beispiele zu den Vorstufen ohne Darstellungen vgl. E. Feucht-Putz, Die Königl. Pektorale, S. 22ff. und Tf. I

1.	W. St. Smith, Art and Architecture, Tf. 7	Hierakonpolis, Palette	1. Dyn., Narmer
2.	Borchardt, Statuen und Statuetten I, Bl. 31, Nr. 139		5. Dyn.
3.	J. Capart, Une rue de tombeaux à Saqqara, Bruxelles 1907, Tf. 48	Saqqara, Grab des Anch-em-hor	6. Dyn.
4.	Newberry, El Bersheh I, London 1893, Frontispiece	El Berscheh, Grab des Thuthotep	12. Dyn., Sesostris III.
5.	Borchardt, Statuen und Statuetten II, Bl. 92, Nr. 553	Würfelhocker des Piai	11. Dyn.
6.	ibd., Bl. 96, Nr. 567	Würfelhocker des Iupa	11. Dyn.
7.	Legrain, Statues et Statuettes II, Tf. 52 und S. 59, Nr. 42190	Karnak, Cachette, Schreiberstatue des Herihor	21. Dyn.
8.	Botti-Romanelli, Museo Gregoriano Egizio, 1951, Tf. 34, Nr. 42	Memphis, Statue Pa-scher-ta-ih	26. Dyn.
9.	British Museum, Nr. 37891	Statue des Bes (?)	26. Dyn.

	Literatur	*Ort bzw. Fundort*	*Zeit*
10.	V. Bothmer, Late Egyptian Sculpture, Brooklyn Cat. 1963, Nr. 57 A, Tf. 55, Abb. 134	Memphis, Statue des Iahmes-saneith	27. Dyn.
11.	ibd., Nr. 64, Tf. 60, Abb. 151	Memphis, Statue des Ptah-hotep	27. Dyn., Darius I.
12.	Paris, Neuerwerbung ca. 1964, ohne Nr.	Büste des Anch-ef-Sachmet	27. Dyn. (?)
13.	O. Maruchi, Mus. Eg. Vaticano, Rom 1899, S. 230, Nr. 7 (?)	Statue des Imhotep	
14.	Borchardt, Statuen u. Statuetten, Bl. 144, Nr. 784	Saqqara, Statue des Psammetich vor der Hathorkuh	30. Dyn., Nektanebos I.

J. Kanope mit Pektoral

1.	Daressy, Statues de Divinités, Tf. 43, Nr. 38861		griech.-röm.
2.–3.	Botti-Romanelli, Mus. Gregoriano, 1951, Tf. 84, Nr. 199 u. 200		griech.-röm.
3.–4.	v. Bissing, Äg. Kultbilder d. Ptol.- u. Römerzeit, A.O. 34, 1/2, 1936, Tf. 4 u. 5, Abb. 10a u. b, 11a u. b		griech.-röm.

K. Uschebti mit Pektoral

1.	Randall-Maciver, El Amrah, Tf. 45	Abydos	19. Dyn.

L. Darbringen eines Pektorals

I. König an Götter

1. *Amun-Re*

a.	Calverley-Gardiner, Abydos II, 12	Abydos, Tempel Sethos' I., Kapelle des Amun-Re, S.-Wand	19. Dyn., Sethos I.
b.	Helck, Äg. Abh. 18, Tf. 45, Bild 67; Tf. 60, Bild 82	Karnak, Umfassungsmauer, Ramses II., Ostwand	19. Dyn., Ramses II.
c.	G. A. Reisner, Inscribed Monuments from Gebel Barkal, ZÄS 66, S. 82, Nr. 26, Tf. 5	Gebel-Barkal, Stele des Pianchi	25. Dyn., Pianchi
d.	Macadam, Kawa II, Tf. 17e, Tf. 21b u. c	Kawa	26. Dyn., Taharka
e.	LD V, 16a	Dongola, Stele des Natasen	meroitisch (335–315)

2. *Chons*

a.	de Morgan, Cat. II. Kom Ombo, S. 34 u. S. 373, Abb. 497; III, S. 220 u. S. 287	Kom Ombo	Ptolemaios Euergetes II.

3. *Harsomtus*

a.	Chassinat, Dendara IV, Tf. 290, 292	Dendara	römisch

Literatur	*Ort bzw. Fundort*	*Zeit*
4. *Hathor*		
a. Chassinat, Edfou I, 2, S. 128, Tf. 21b; III, S. 124, Tf. 62	Edfu	Ptolemaios Euergetes II.
b. Chassinat, Dendara I, S. 65, Tf. 62; II, S. 123, Tf. 121; III, S. 149, Tf. 219 u. 223; IV, Tf. 275; IV, S. 258, Tf. 312; V, 2, Tf. 431 u. 435	Dendara	römisch
5. *Horus*		
a. Chassinat, Edfou I, 2, S. 128, Tf. 21b; XII, Tf. 348	Edfou	Ptolemaios Philopator I.
b. ibd., III, S. 272, Tf. 57; IV, Tf. 212; V, S. 371, Tf. 141	Edfu	Ptolemaios Euergetes II.
c. de Morgan, Cat. III, Kom Ombo, S. 70, Abb. 616	Kom Ombo	Ptolemaios Euergetes II.
6. *Isis*		
a. Calverley-Gardiner, Abydos I, 23	Abydos, Tempel Sethos' I., Isis-Kapelle, S.-Wand	19. Dyn., Sethos I.
7. *Min*		
a. de Morgan, Cat. II, Kom Ombo, S. 21, Abb. 16; III, S. 22, Abb. 546	Kom Ombo	Ptolemaios Euergetes II.
8. *Osiris*		
a. Calverley-Gardiner, Abydos I, 13 (= 16)	Abydos, Tempel Sethos' I., Osiris-Kapelle, S.-Wand	19. Dyn., Sethos I.
b. ZÄS 46, S. 66, Nr. 9	Behbêt el Hagar	Ptolemaios Philadelphos I.
9. *Sobek*		
a. de Morgan, Cat. III, Kom Ombo, S. 172	Kom Ombo	ptolemäisch
10. *Thoth*		
a. Chassinat, Edfou VI, S. 298	Edfu	
b. Mallet, Kasr el-Agouz, Kairo 1909, S. 88, Abb. 14	Kasr el-Agus	Ptolemaios Euergetes II.
II. Privatpersonen an König		
1. A. Fakhry, A Note on the Tomb of Kheruef . . . ASAE 42, 1943, Tf. 39	Theben-West, Grab des Heriuf	18. Dyn., Amenophis III.
2. Säve-Söderbergh, Private Tombs, Tf. 36 u. 40	Theben-West, Grab des Surer	18. Dyn., Amenophis III.
3. N. de G. Davies-Gardiner, The Tomb of Huy, London 1926, Tf. 19 u. S. 29 = LD III, 115	Theben-West, Grab des Hui	18. Dyn., Tut-Anch-Amun
4. N. de G. Davies, The Tomb of Menkheperasonb . . . Tf. 42 u. 30d = AE 1920, S. 77, Abb. 2	Theben-West, Grab des Mencheperreseneb	18. Dyn., Thutmosis III.

Index I

Index II

KATALOG

Aufbau des Kataloges

Der Katalog ist nach folgenden Themenkreisen gegliedert:

C	Sonnenaufgang mit Skarabäus
C_2	Skarabäus allein oder Skarabäus schiebt Sonnenscheibe
C_3	Skarabäus allein oder mit Sonnenscheibe zwischen Isis und Nephthys
$C_{3/a}$	Skarabäus zwischen Isis und Nephthys in der Barke
$C_{3/b}$	Skarabäus über Ḏw (allein, zwischen Isis und Nephthys ohne oder in der Barke)
$C_{3/c}$	Zwei Skarabäen zwischen Isis und Nephthys
C_4	Skarabäus zwischen zwei anderen Gottheiten
$C_{4/a}$	Skarabäus zwischen den jmj·w ḥṯt
C_5	Aufgang der Sonne über dem Ḏd
D	Sonnenaufgang ohne Skarabäus
D_1	Nefertem zwischen zwei Göttinnen
D_2	Osiris als Sonne (?) zwischen zwei Maatfiguren
D_3	Kuhkopf
E	Verehrung des Osiris
E_1	Skarabäus zwischen Osiris und seinem Verehrer
F	Anubis auf Schrein
F_1	Anubis auf Schrein zwischen zwei Ḏd bzw. zwei Tj·t
F_2	Zwei Schakale des Anubis auf Schreinen antithetisch liegend
F_3	Verehrung des Anubis
G	Rind
G_1	Verehrung des Mnevis
H	Verschiedene andere Gottheiten
H_1	Verehrung verschiedener Gottheiten
H_2	Skarabäus zwischen zwei hockenden Gottheiten
I	Ḏd und Tj·t
I_1	Skarabäus zwischen Ḏd und Tj·t
J	Totenkult
	Fragmente, deren Darstellungszusammenhang nicht erkennbar ist
	Fälschungen
K	Außerägyptische Pektorale

Die Pektorale werden, nach diesen Themenkreisen geordnet, fortlaufend durchgezählt. Neben der laufenden Katalognummer wird jeweils das Thema in der abgekürzten Form angegeben (z. B. 38 $C_{3/a}$ – H_2) und in der folgenden Beschreibung näher ausgeführt. A, B und C_1 sind mit Themen, die nur auf königlichen Pektoralen vorkommen, belegt[1] und werden daher hier nicht gebracht. Runde Klammern bedeuten „vermutlich das Thema", z. B. Vorderseite des Pektorals 24 – (C_3) zeigt den Skarabäus zwischen zwei . . . weiblichen Figuren, vermutlich Isis und Nephthys. Eckige Klammern bedeuten „Abweichung des Themas", z. B. 91 A [C_2] geflügelter Skarabäus schiebt Oval mit Inschrift zwischen anbetendem Toten und Affen u. a. m. = Abweichung vom Thema C_2, Skarabäus schiebt Sonnenscheibe.

[1] Vgl. den Katalog in E. Feucht-Putz, D. Kgl. Pektorale.

Viele Pektorale Privater haben auf der Vorder- und der Rückseite thematisch verschiedene Darstellungen. Daher werden sie zweimal eingeordnet, wobei die Rückseite sofort durch den der Nummer folgenden Majuskel zu erkennen ist, z.B.

Vorderseite: 38
Rückseite: 198A (198A thematisch dem Pektoral Nr. 198 gleich, daher hinter diesem angeführt[2]).

Auf die Nummer der gegenüberliegenden Seite wird in einer kurzen Beschreibung jeweils verwiesen.

Zur schnelleren Orientierung über die Thematik beider Seiten werden oben beide aufgeführt; dabei steht die Bezeichnung der Vorderseite immer zuerst, z.B.

38 $C_{3/a} - H_2$ und 198A $C_{3/a} - H_2$
bedeutet: Vorderseite mit Themenkreis $C_{3/a}$,
Rückseite mit Themenkreis H_2.

Ist ein Pektoral im Text ausführlich besprochen, so wird auf die Textstelle, ist es abgebildet, auf die Tafel verwiesen.

[2] Haben die Rückseiten mehrerer Pektorale die gleiche Darstellung, so folgen sie unter B, C, Dff. (z.B. 119A, 119B, 119C ... 119T).

1 C_2 Vs. Skarabäus.
Rs. bnw-Vogel.
Naos.
Abydos, Grab u 26.
18. Dynastie, Zeit Echnatons.
Grüne Fayence. Erhabenes Relief mit schwarzer Tuschzeichnung. An den vier Ecken der Rückseite je zwei Durchbohrungen.
Lit: Petrie, Abydos III, S. 49, Nr. 83, Tf. XV, 7.

2 C_2 Fragment eines Pektorals der Ḥm·t-nṯr.
Vs. Loch für Skarabäus, seitlich davon Rest vom Titel und Namen des Verstorbenen:
links 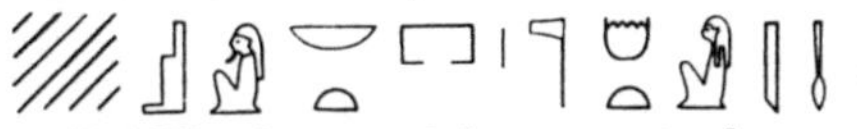, rechts 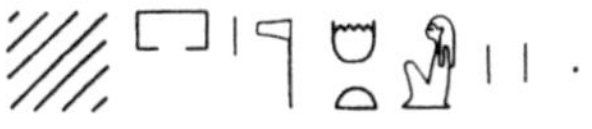.
Rs. aus Publikationen nicht zu entnehmen.
Deir-el-Medineh.
Zeit: 19. Dynastie.
Holz. Schwarze, rot umrandete Inschrift. Oberer Teil weggebrochen, Skarabäus fehlt.
Lit.: Bruyère, Deir el Médineh 1929, S. 78, 4°, Nr. 1, Fig. 35.

2A $C_3 - C_2$ Vs. Skarabäus zwischen zwei Göttinnen(?). Vgl. Nr. 28.
Rs. Rückseite des Skarabäen.
Weitere Angaben vgl. Nr. 28.

2B C_2 Vs. aus Publikation nicht zu entnehmen.
Rs. Rückseite eines eingelassenen Skarabäus mit Namen der Verstorbenen und Teil des Tb. 30 B.

Naos. Auf beiden Seiten zwei Durchbohrungen von oben nach hinten.
Fundort unbekannt.
Holz(?). Skarabäus aus grüner Fayence(?). H. 9,5 cm. B. o. 14,6 cm (errechnet). B. u. 12,5 cm (errechnet).
Lit.: Paris, Coll. Hoffmann Cat. 1894, S. 92, Nr. 314.

2 C H_2 - C_2 Vs. Menschenköpfiger Skarabäus zwischen Osiris und Harachte in Barke. Vgl. Nr. 196.
Rs. Rückseite des Skarabäus mit Tb. 30 B.

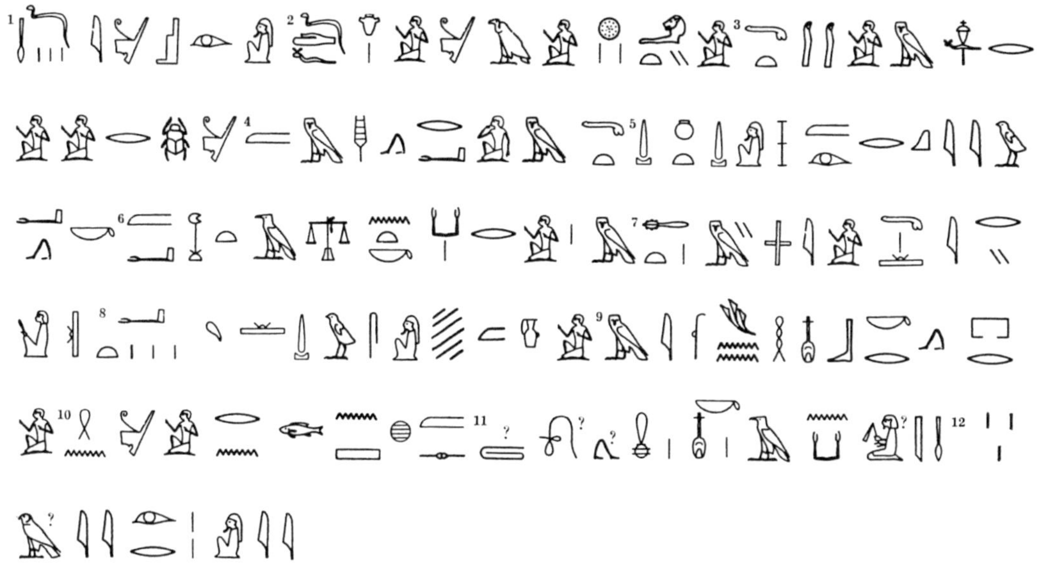

Weitere Angaben vgl. Nr. 196.

3 C_2 Skarabäus.
Naos.
Holz und dunkelblaue Fayence. Skarabäus aus Fayence eingesetzt.
Uppsala, Victoriamuseum.

4 C_2 Skarabäus.
Naos.
Hellbraune und dunkelblaue Fayence. Skarabäus aus dunkelblauer, fast schwarzer Fayence eingesetzt.
Stockholm, Medelhavsmuseet.

5 C_2 Skarabäus, eingelassen.
Fundort unbekannt.
Lit.: Mahler, Sammlung Budapest 1913, B 357, S. 167.

6 C_2 - E Vs. Skarabäus eingelassen.
Rs. Verehrung von Osiris. Vgl. Nr. 119 F.
Wien, Kunsthistorisches Museum, Inv. Nr. 2021.

7 C_2 Fragment eines Pektorals.
Skarabäus mit Tb. 30 B. Über ihm šn-Ring zwischen zwei Udjat-Augen.
Naos.
Fundort unbekannt.
Spätzeit (?).
Rote, grüne und blaue Fayence. Oberer Teil links Bruch. H. erhalten 6,5 cm. B. 1 cm.
New York, Metropolitan Museum of Art, 30. 8. 161 A–B.

8 $C_2 - C_{3/a}$ Vs. Skarabäus unter einem Nefer zwischen zwei Udjat-Augen.
Rs. Oval zwischen Isis und Nephthys. Vgl. Nr. 33A.
Naos. Vs. seitlich und unten Leiterfries.
Fundort unbekannt. Erwerbung: Sammlung Anastasi — Alexandrien AD 5m (1828).
Spätzeit.
Schwarzer Stein. Skarabäus in Hochrelief. Ritzzeichnung. H. 8,3 cm, B. 6,1 cm.
Leiden, Rijksmuseum van Outheden. Boeser E/XVI. 109.
Lit.: Leemans, Descr. rais. Nr. 0188. Boeser, Catalogus, S. 133, Nr. 109.

9 Ovale Tafel von einem Pektoral.
Name und Titel des Mrj-mśśw und Tb. 30B.
Aus dem Grab des Vizekönigs von Nubien in Kurnet-Murai, dem Museum 1948 von Herrn und Frau Nesli-Heeramaneck übergeben.
Zeit: Amenophis III.
Serpentin. H. 5,1 cm.
New York, Metropolitan Museum of Art.
Lit.: Hayes, Scepter II, S. 275f.

10 C_2 Skarabäus in der Barke.
Oxford, Ashmolean Museum.

11 $C_2 - [I_1]$ Vs. Skarabäus und ?
Rs. Inschrift zwischen Ḏd und Tj·t. Vgl. Nr. 205J.
Fundort unbekannt.
Holz, Skarabäus aus Stein, eingelassen. H. 11 cm, B. 14,8 cm.
Berlin, Staatl. Museum, Ausf. Verz. Nr. 21163.

11A $C_{3/a} - C_2$ Vs. Skarabäus zwischen Isis und Nephthys in Barke. Vgl. Nr. 56.
Rs. Rückseite des Skarabäus und eine vertikale Inschriftzeile.

Weitere Angaben vgl. Nr. 56.

11B $C_4 - C_2$ Vs. Skarabäus zwischen Isis und Neith. Vgl. Nr. 29.
Rs. Auf der Rückseite des Skarabäus beginnt das Tb. 30B und wird in zwei waagerechten Zeilen, die über die ganze Breite des Pektorals verlaufen, fortgesetzt. Vgl. S. 9f.

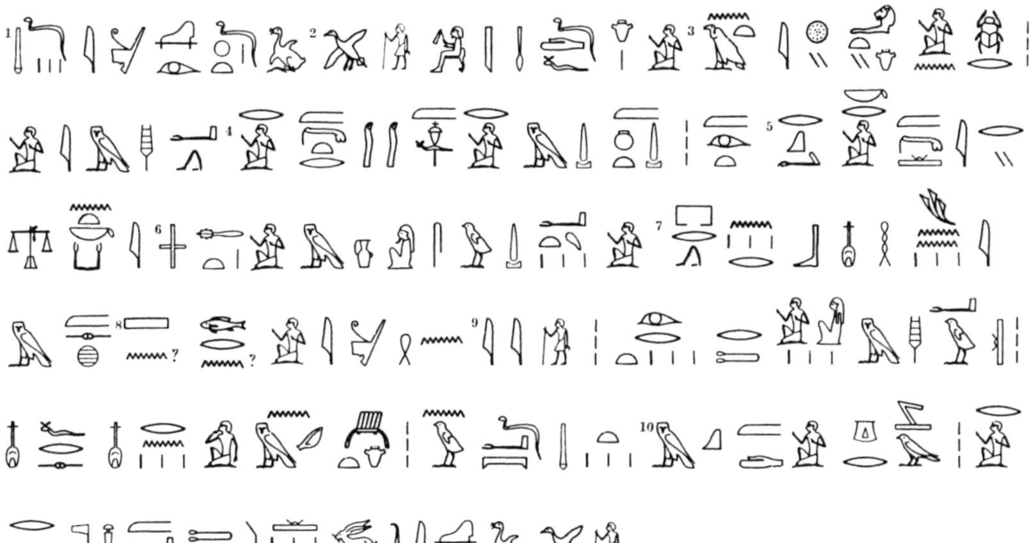

Zu Seiten und über dem Skarabäus steht das Tb. 27 in senkrechten Zeilen. Vgl. S. 7f.

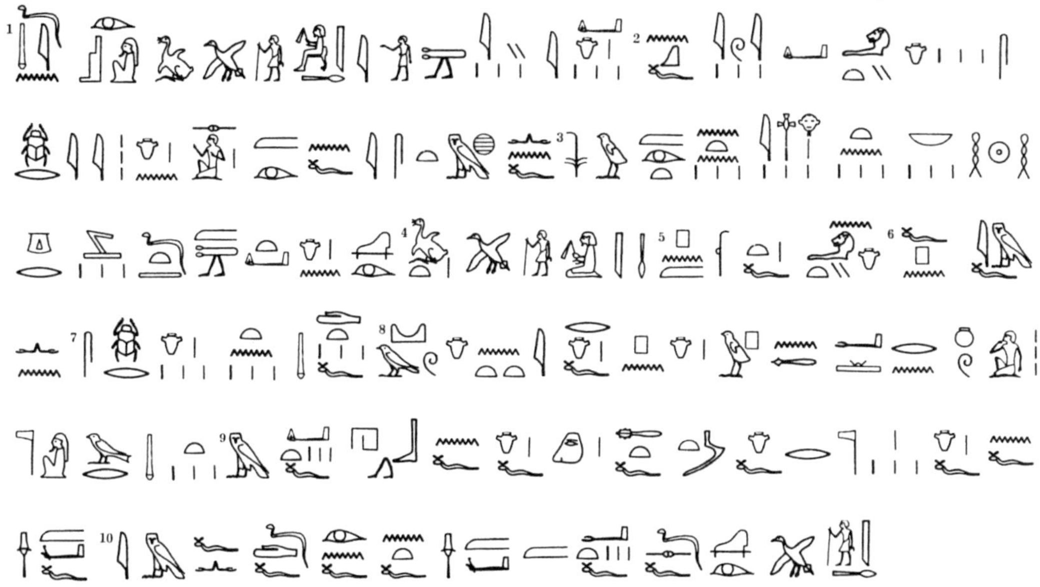

Weitere Angaben vgl. Nr. 29.

11C $C_4 - C_2$ Vs. Skarabäus zwischen Gott und Göttin. Vgl. Nr. 93.

Rs. des Skarabäus mit den letzten drei erhaltenen Inschriftzeilen aus dem Tb. 30B.

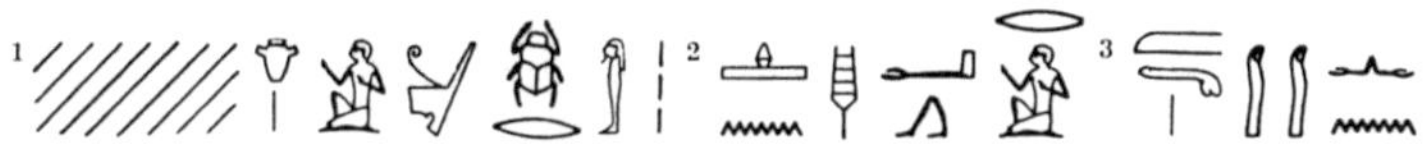

Weitere Angaben vgl. Nr. 93.

12 Pektoral des Nfr-rnpt. Vgl. Tf. I.

Vs. Skarabäus zwischen zwei Federn. Über Hohlnische Kopf, der als Öse diente. Vgl. Text S. 13.

Rs. sechs schlecht geschriebene Inschriftzeilen aus Tb. 30B.

Naos. Umlaufender Leiterfries.

Saqqara.

Zeit: 19. Dynastie(?).

Skarabäus und Tafel ein Stück. Federn schwaches, Skarabäus sehr hohes Relief. H. 9,1 cm, B. 7,2 cm.

Kairo, Ägyptisches Museum, JE 4646.

Lit.: Cat. Maspero 1902, Nr. 4338; Reisner, Amulets, Nr. 12221, Tf. XVII.

13 C_2 Vs. geflügelter Skarabäus schiebt Sonnenscheibe, an der sich zwei Uräen aufrichten.
Rs. Reste einer Inschrift. Vgl. Tf. I.
Naos. Von oben nach hinten zwei Durchbohrungen.
Aus Matmar.
Zeit: 20. – 22. Dynastie.
Grüne Fayence, dunkelblaue Tuschzeichnung, Oberfläche zerstört. H. 4,7 cm, B. 5 cm.
München, Äg. Staatssammlung, Inv. Nr. 3233, Neg. Nr. IV/249.

14 C_2 Pektoral der Mrj·t-Imn.
Geflügelter Skarabäus schiebt Sonnenscheibe und zieht šn-Ring.
Von dem Sarg (Brusthöhe) der Sängerin des Amun, Mrj·t-Imn, aus der Cachette in Deir-el-Bahari.
21. Dynastie.
Holz vergoldet. Sonnenscheibe rot eingelegt.
New York, Metropolitan Museum of Art, Inv. Nr. 30.3.34.
Lit.: M. G. Daressy, Les cercueils des prêtres d'Ammon, ASAE VIII, S. 8 u. S. 28, Nr. 71.

14A $F_3 - C_2$ Pektoral des Snb.
Vs. Verehrung von Anubis. Vgl. Nr. 159.
Rs. geflügelter Skarabäus.
Weitere Angaben vgl. Nr. 159.

15 $C_2 - C_3$ Rechte Hälfte eines Pektorals. Vgl. Tf. I.
Vs. geflügelter Skarabäus.
Rs. Nephthys. Vgl. Nr. 36A.
Naos. Dreiseitiger Leiterfries. Hohlkehle.
Skarabäus, hohes Relief. Leiterfries und Hohlkehle, Tuschzeichnung. Oben zwei Durchbohrungen.
Florenz, Inv. Nr. 1293.

16 C_2 Reliefierter Skarabäus in Barke, an den Seiten oben zwei Udjat-Augen.
Naos. Vierseitiger Leiterfries, Hohlkehle. An den Seiten je zwei Durchbohrungen.
Fundort unbekannt.
Spätzeit.
Graue Fayence. Skarabäus in Relief. H. 9 cm, B. 8,9 cm.
New York, Metropolitan Museum of Art, Inv. Nr. 89.2.257.
Lit.: Metropolitan Museum of Art, Eg. Cat. 1898, Nr. 156.

17 C_2 – E Pektoral des Ḥw-nfr, Priester des Amun.
Vs. Skarabäus.
Rs. Ḥw-nfr verehrt Osiris. Vgl. Nr. 119D.
Aus dem Grab des Ḥw-nfr, Edfu (angeblich).
Zeit: Neues Reich.
Steatit, Glas, Fayence und rosa Farbpaste. Steatit glasiert und eingelegt. H. 9,8 cm, B. 8,8 cm.
New York, Metropolitan Museum of Art, Inv. Nr. 23.10.69.
Lit.: Hayes, Scepter II, S. 420, 2.

18 $C_2 - C_{3/a}$

Vs. Drei Sockel mit nb-Körben; auf dem mittleren ein Skarabäus.

Rs. Skarabäus zwischen Isis und Nephthys in Barke. Vgl. Nr. 73 A.

Fundort unbekannt.

Grauer Granit. Skarabäus plastisch aufgesetzt.

Kopenhagen, Nationalmuseum, AAF 1, ehemals Konsul Dumreicher, Alexandrien.

19–20 C_2 Zwei oder mehr Pektorale.

Geflügelter Skarabäus zieht Rosette oder Sonnenscheibe.

Oben und unten Begrenzungslinie, drei Ösen.

Zeit: meroitisch.

Boston, Museum of Fine Arts.

21–22 C_2 Zwei oder mehrere Pektorale.

Geflügelter Skarabäus zieht und schiebt Rosette.

Leistenrahmen. Eine Öse.

Zeit: meroitisch.

Boston, Museum of Fine Arts.

23 $C_3 - C_3$ Vs. Skarabäus schiebt Sonnenscheibe zwischen kniend anbetender Isis und Nephthys. Die Göttinnen tragen ihr Zeichen  bzw.  auf den Köpfen. Vgl. Tf. I.

Rs. Rückseite des Skarabäus zwischen Isis und Nephthys. Vgl. Nr. 26 B.

Naos. Umlaufender Leiterfries.

Fundort unbekannt. Erwerbung: Sammlung Anastasi - Alexandrien AH 165 (1828).

18. Dynastie.

Holz mit Leinenüberzug und vergoldet. Skarabäus aus dunklem Stein in ausgespartes Oval eingelassen. Leiterfries aus blauen, roten, türkisfarbenen und gelblichen Glaseinlagen (?) oder Halbedelsteinen (?). Gesicht, Oberkörper, Arme, Füße und Zeichen der Göttinnen aus türkisfarbenem Glas (?) oder Türkisen (?), ihre Gewänder aus gelblich-weißem Glas. Die Sonnenscheibe und die Perücken der Göttinnen fehlen. H. 10 cm, B. 11,5 cm.

Leiden, Rijksmuseum van Oudheden. Boeser E/XVI. 115.

Lit.: Leemans, Descr. rais. Nr. 0185; Boeser, Catalogus S. 134, Nr. 115.

24 $(C_3) - I_1$ Pektoral der Ḥnt-ntʿw.

Vs. Skarabäus zwischen zwei weiblichen, knieenden, anbetenden Figuren. Über deren Köpfen je ein Udjat-Auge.

Rs. Rückseite des Skarabäus zwischen Ḏd und Tj·t. Vgl. Nr. 205 A.

Naos. Umlaufender Leiterfries. Hohlkehle über Strichfries.

Im Sarg der Ḥnt-ntʿw im Grab des Hatiai in Gurnah.

18. Dynastie. Zeit Echnatons.

Holz vergoldet, Karneol, Glas (blau) und Elfenbein oder Glaspaste (? weiß). Skarabäus grüner, hell gesprenkelter Stein. Zwei Holztafeln zusammengefügt, mit Leinen und dünner Schicht feinen Stucks überzogen. Vergoldet. Einlagen mit cremefarbener Paste gehalten. Vergoldung stark abgeblättert. Stellen mit Pech verschmiert. Vorn ein, hinten mehrere Steine verloren. H. 11,6 cm, B. o. 14,4 cm, B. u. 12,7 cm, D. o. 1,6 cm, D. u. 0,7 cm, G. 202 g.

Kairo, Ägyptisches Museum, JE 31395.

Lit.: Daressy, ASAE II, S. 8, Fig. 7; Reisner, Amulets, Nr. 12199, Tf. XII; Vernier, Bijoux et Orfèvreries, Nr. 53199, Tf. LXXXIX.

25 C_3 Fragment, linke Seite eines Pektorals. Vgl. Tf. I.
Kniende, anbetende Nephthys. Über ihr Blüte. Ähnlich wie Nr. 24 zu ergänzen.
Naos.
Aus Drah-abul-Neggah.
Zeit: ramessidisch oder später.
Glas- und Alabastereinlagen. H. 9,5 cm, B. 5,0 cm.
Lit.: B.F.A.C. Cat. 1895, S. 87, Nr. 10, Tf. 15, Nr. 88; Hilton Price Coll., 1899, Nr. 1436a.

26 $(C_3) - I_1$ Vs. Zwei kniende Figuren verehren Skarabäus (fehlt). Darunter Inschriftzeile.
Rs. Oval zwischen zwei Ḏd in Barke. Vgl. Nr. 204 A.
20. Dynastie.
Blaue Fayence. H. 11 cm, B. 13,5 cm.
New York, Metropolitan Museum of Art, Inv. Nr. 26.7.906, ehemals Carnarvon Coll.
Lit.: Coll. Carnarvon, Cat. Nr. 908; B.F.A.C. Cat. 1922, S. 57, Nr. 2; Hayes, Scepter II, S. 423, Fig. 269.

26A $I_1 - (C_3)$ Pektoral des Hꜣtj-ꜣjj.
Vs. Skarabäus zwischen Ḏd und Tj·t. Vgl. Nr. 205.
Rs. Sieben Inschriftzeilen mit dem Tb. 29 B auf der Rückseite des Skarabäus zwischen zwei auf nbw-Zeichen knienden verehrenden Göttinnen. Unter den Zeichen  der ersten Zeile sind die Zeichen  sichtbar, und unter den Zeichen  der zweiten Zeile die Zeichen . Vgl. Text S. 12f.
Weitere Angaben vgl. Nr. 205.

26B $C_3 - C_3$ Vs. Skarabäus schiebt Sonnenscheibe zwischen Isis und Nephthys. Vgl. Nr. 23.
Rs. Rückseite des eingelassenen Skarabäus mit folgender Inschrift:

Vgl. Tf. II.

Naos. Umlaufender Leiterfries.
Ritzzeichnung. Je zwei Durchbohrungen von oben nach hinten.
Weitere Angaben vgl. Nr. 23.

26C $F_3 - C_3$(?) Vs. Verehrung von Anubis. Vgl. Nr. 178.
Rs. Skarabäus zwischen Isis und Nephthys(?).
Weitere Angaben vgl. Nr. 178.

27 C_3 - [H] Vs. Skarabäus zwischen Isis und Nephthys, die ihre Hände nach unten auf šn-Ring stützen. Vgl. Text S. 4 Anm. 9 und Tf. II.
Rs. Anfang des Tb. 30 B zwischen zwei bnw-Vögeln über Udjat-Augen. Vgl. Nr. 193 A.
Naos?
Karnak, Hypostyle Halle, nahe Säule Nr. 13 (Norden; 1895, Legrain).

Weicher Stein. Vs. Relief. Rs. Ritzzeichnung. Zwei Durchbohrungen auf der Tafel von der Vorderseite zur Rückseite. H. 6,9 cm, B. 10,4 cm.

Lit.: Reisner, Amulets, Nr. 12223.

28 $C_3 - C_2$ Vs. Skarabäus zwischen zwei anbetend knienden Göttinnen(?).

Rs. Rückseite des Skarabäus. Vgl. Nr. 2A.

Naos. Umlaufender Leiterfries.

Fundort unbekannt. Erwerbung: Vielleicht Sammlung Anastasi – Alexandrien (1828)?

Zwei mit Leinen und Stuck überzogene Holzplatten. Spuren von Bemalung. Skarabäus aus grünlich-blauem Stein oder Fayence eingelassen. Stucküberzug zum größten Teil zerstört. Je drei Durchbohrungen von oben nach hinten. H. 8,7 cm, B. o. 11,2 cm, B. u. 9,7 cm.

Leiden, Rijksmuseum van Oudheden.

Lit.: Vielleicht Leemans, Descr. rais. Nr. 0192 oder 0193?

28A $C_{3/a} - C_3$ Vs. Skarabäus zwischen Isis und Nephthys in Barke u.a.m. Vgl. Nr. 47.

Rs. Rückseite des Skarabäus über einem Ḏw, in dem ein Schakal zwischen zwei Udjat-Augen auf nb-Körben liegt. Über dem Oval zwei Reihen mit je fünf Kreuzen, darüber wieder ein Schakal zwischen zwei Udjat-Augen. Links vom Oval kniet Nephthys. Sie stützt ihre Hände auf einen šn-Ring. Rechts kniet Isis ebenso, doch hält sie die Hände etwas höher, und der šn-Ring ist nicht eingezeichnet. Vgl. Text S. 4 und Tf. II.

Weitere Angaben vgl. Nr. 47.

28B $(C_{3/a}) - (C_3)$ Skarabäus zwischen zwei verehrenden weiblichen Gestalten in der Barke. Vgl. Nr. 39.

Rs. Skarabäus zwischen zwei knienden Anbetern. Über und unter ihnen Inschrift.

Naos. In der Hohlkehle geflügelte Sonnenscheibe(?).

Weitere Angaben vgl. Nr. 39.

29 $C_4 - C_2$ Pektoral des Pꜣ-šr.

Vs. Skarabäus zwischen verehrender stehender Isis und Neith unter Titel und Namen des Verstorbenen .

Rs. Skarabäus. Vgl. Nr. 11B.

Naos. Dreiseitiger Leiterfries. Ösen lang und in Längsrichtung durchbohrt.

Von der Mumie des Pꜣ-šr aus dem Serapeum in Memphis.

19. Dynastie.

Grüner Basalt. Die in die Basaltplatte eingeritzte Inschriftzeile, die vertieften und mit roter und blauer (z.T. fehlend) Farbe eingelegten Vierecke und Leiterfriese und die Figuren der Göttinnen sind aus dem Goldblech ausgeschnitten, das das Pektoral überzieht. Basalt schimmert durch.

Paris, Musée du Louvre, Inv. Nr. 762.

Lit.: P. Pierret, Cat. 1877, S. 125, Nr. 524; Maspero, Essais sur l'Art Eg., Paris 1912, S. 181f.; Cat. du musée du Louvre 1932, S. 350 und Tf. XLVII; Mariette, Sérapéum Tf. 12; M. Rosenberg, Äg. Einlagen S. 10, Fig. 20.

30 C_3 Pektoral des Pꜣ-šr. Vgl. Tf. II.

Skarabäus zwischen stehender Isis und Nephthys, die ihre Hände an ihn legen, wobei sich ihre Arme vor der Brust kreuzen.

Naos. Umlaufender Leiterfries. Breite Ösen.

Fundort vgl. Nr. 29.
19. Dynastie.
Gold mit Glaseinlagen. Skarabäus aus Lapislazuli. H. 8 cm, B. 9 cm.
Paris, Musée du Louvre.
Lit: Maspero, Essais sur l'Art Eg., Paris 1912, S. 182, Fig. 55; Cat. du Musée du Louvre, S. 350, Tf. XLVII.

31 $C_3 - I_1$ Vs. Aufgesetzter Skarabäus auf Matte zwischen stehender anbetender Isis und Nephthys. Vgl. Tf. III.
Rs. Skarabäus zwischen Ḏd und Isisknoten. Vgl. Nr. 205C.
Inschrift vor den Göttinnen jeweils  (bzw. 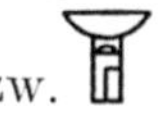)  .
Naos. Umlaufender Leiterfries. Oben, seitlich des Skarabäus, Zungenfries.
Fundort unbekannt.
Zeit: Spätes Neues Reich – Spätzeit.
Helle, weißlich-gelbe Fayence. Skarabäus schwarz, eingelassen. Schwarze Tuschzeichnung. H. 8,9 cm, B. 10,2 cm. Fünf Brüche.
Florenz, Museo Archeologico, Inv. Nr. 1288.

32 (C_3) Skarabäus zwischen zwei Göttinnen.
Berlin, Inv. Nr. 12740 (nicht mehr vorhanden).

33 C_3 Rechte Seite eines Pektorals des Wnn-ḫwj. Vgl. Tf. II und III.
Vs. Nephthys stehend anbetend vor Oval, vor ihr Reste einer Inschrift.
Rs. Udjat-Auge. Darunter Name des Verstorbenen.
In der Mitte einst Rückseite von Skarabäus oder Oval (?).
Naos. Umlaufender Leiterfries.
Aus dem Grab des Jrj-nfr in Deir-el-Medineh.
19. Dynastie (?).
Holz. Bemalung.
Lit.: Bruyère, Deir el Médineh I, 1924, S. 29f. und Fig. 4. Bruyère-Kuentz, La tombe de Nakht-Min et la tombe d'Ari-Nefer, MIFAO LIV, S. 97, Fig. 4; P.M. I, S. 748.

33A $C_2 - C_{3/a}$ Vs. Skarabäus unter einem Nefer zwischen zwei Udjat-Augen. Vgl. Nr. 8.
Rs. In Barke Oval zwischen Isis und Nephthys mit ihren Symbolen auf den Köpfen. Ihre erhobenen Hände reichen in das Oval herein, in dem der verderbte Anfang des Tb. 30B steht:

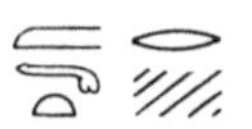 Vgl. Tf. III.
Rechteck. Umlaufender Leiterfries. Je eine Durchbohrung von oben nach hinten.
Weitere Angaben vgl. Nr. 8.

33a $C_3 - E$ Oberteil eines Pektorals.
Vs. Oval zwischen anbetender Isis und Nephthys.
Naos. Umlaufender Leiterfries. Geflügelte Sonnenscheibe in Hohlkehle.

Rs. Verehrung von Osiris. Vgl. Nr. 119 G.
Fundort unbekannt.
Steatit glasiert mit eingeritztem Relief. Hintergrund Pasteneinlagen. Skarabäus fehlt. Obere rechte Ecke angestoßen. H. 4 cm, B. 7,8 cm.
Tübingen. Universität. Ägyptologisches Institut, Inv. Nr. 1348.

34 C_3 – [E_1] Vs. Oval zwischen geflügelter (der einzige Flügel hängt nach unten) stehend verehrender Isis und Nephthys in Barke, über deren Steven zwei Maatfiguren hocken. Vgl. Text S. 16 f. und Tf. III.
Naos. An Seiten und oben Leiterfries. Rundstab der Hohlkehle mit Leiterfries.
Rs. Skarabäus zwischen Osiris und seinem Verehrer. Vgl. Nr. 105 A.
Fundort unbekannt.
Spätzeit.
Schwarzer Stein. Ritzzeichnung. Oval des Skarabäus nur angedeutet. Von oben nach hinten je zwei Durchbohrungen. Rechte Ecke fehlt. H. 7,8 cm, B. u. 9,5 cm.
Turin, Museo Egizio, Inv. Nr. 6838.

35 C_3 – [E] Pektoral der S·t-ḫ ͨ-m-tpj (?). Vgl. Tf. III.
Vs. Isis und Nephthys geflügelt. Mitte leer.
Rs. Osiris von Verstorbenem und Isis verehrt. Vgl. Nr. 119 R.
Fundort unbekannt.
28. Dynastie. – ptol.
Schwarzer Steatit.
Lit.: Fl. Petrie, Amulets S. 24, 91 b.

36 (C_3) – E Fragment eines Pektorals.
Vs. geflügelte Göttin.
Rs. Osiris in Naos. Vgl. Nr. 119 I.
Grab 339 des Hui und des Pasched in Deir-el-Medineh.
19. Dynastie, Zeit Ramses' II.
Kalkstein.
Lit.: Bruyère, Deir el Médineh, 1924/25, S. 59.

36 A C_2 – C_3 Fragment eines Pektorals. Vgl. Tf. III.
Vs. Skarabäus. Vgl. Nr. 15.
Rs. Geflügelte Nephthys in langem Gewand hält in der nach hinten ausgestreckten rechten Hand ein Anch-Zeichen, das wohl in der linken ebenso zu ergänzen ist.
Weitere Angaben vgl. Nr. 15.

37 (C_3) Unterer Teil eines Pektorals des Pꜣ-šd. Vgl. Tf. IV.
Oval zwischen zwei geflügelten Figuren.
Naos.
Fundort vgl. Nr. 36.
19. Dynastie, Zeit Ramses' II.
Holz.
Lit.: Bruyère, Deir el Médineh, 1924/25, S. 59, Nr. 11.

38 $C_{3/a}$ – H_2 Vs. Zwischen verehrend in Barke über Wasserstreifen hockender Isis und Nephthys, Skarabäus mit Menschenkopf und der Bezeichnung  auf dem Vorderteil des Panzers,  auf der rechten und  auf der linken Flügeldecke. Über Steven der Barke Udjat-Augen. Vgl. Text S. 12f. u. S. 30 und Tf. IV.
Naos. Umlaufender Leiterfries.
Rs. Rückseite des Skarabäus mit Tb. 30B zwischen zwei hockenden Osirisfiguren(?). Vgl. Nr. 198A.
Fundort unbekannt.
Neues Reich.
Holz(?). Skarabäus dunkler Stein, in Platte eingelassen. Darstellung auf Stucküberzug gemalt, schwarz und rot, Hintergrund bräunlich. Von hinten nach oben auf beiden Seiten je zwei Durchbohrungen. Ein durchgehender Bruch in Halshöhe und links Bruch in Hüfthöhe. Darstellung undeutlich. H. 11,2 cm, B. o. 14,0 cm, B. u. 13,5 cm.
Turin, Museo Egizio, Inv. Nr. 6831.

39 ($C_{3/a}$) – (C_3) Pektoral des Baumeisters des Amun Jnnw-Rꜥ.
Vs. Skarabäus zwischen zwei anbetenden weiblichen Gestalten in der Barke.
Naos. An den Seiten Leiterfries, unten Wasserstreifen.
Rs. Skarabäus zwischen zwei knienden Anbetern(?). Vgl. Nr. 28B.
Fundort unbekannt. Ehemals Wallis Coll.
20.–26. Dynastie.
Blaue Fayence. Purpurfarbene Strichzeichnung. Skarabäus eingelegt (fehlt).
Philadelphia, The University Museum, Inv. Nr. 26.7.983;
Lit.: B.F.A.C. Cat. 1895, S. 86, Nr. 5, Tf. 15, Nr. 92; Wallis, Eg. Ceramic Art, 1898, Tf. IX, Fig. 1 und 2(?); W. E. Cox, The Book of Pottery and Porcelain I, S. 27, Tf. 82; Hayes, Scepter II, S. 420.

40 $C_{3/a}$ Skarabäus zwischen Isis und Nephthys in der Barke.
Fundort unbekannt.
Grüner Stein.
Skarabäus aufgesetzt(?).
Kopenhagen, Thorwaldsen Museum, Raum XXXV, Nr. 400.

41 $C_{3/a}$ – I_1 Vs. Skarabäus zwischen Isis und Nephthys in der Barke.
Rs. Skarabäus zwischen Ḏd unter einem Udjat-Auge und Tj·t. Vgl. Nr. 248 D.
Fundort unbekannt.
Fayence. H. 11,5 cm.
London, British Museum.
Lit.: A Cat. of Eg. Antiquities, London 1858, S. 38, Nr. 313.

42 $C_{3/a}$ – (F_3 oder E) Fragment eines Pektorals.
Vs. Nephthys in Barke anbetend.
Naos. Oben und unten Durchbohrung.
Rs. Verehrer vor Opfertisch. Vgl. Nr. 178 D.
Fundort unbekannt.

19. Dynastie.
H. 11,5 cm.
Ehemals Wallis Coll.
Lit.: B.F.A.C. Cat. 1895, S. 86, Nr. 4.

43 $C_{3/a}$ – E_1 Pektoral des Obersalbenkochers Pꜣ-nḥśj. Vgl. Tf. IV.
Vs. Skarabäus zwischen Isis und Nephthys in Barke.
Naos. Seiten und oben Leiterfries. Über Sims Hohlkehle mit geflügelter Sonnenscheibe (eingelegt). Unten Wasserstreifen über Blütenfries.
Rs. Verehrung von Osiris, dazwischen Skarabäus. Vgl. Nr. 107 E.
Von der Mumie des Toten.
Spätzeit.
Fayence mit Einlagen bunter Steine. Grundfarbe rot. Skarabäus aufgesetzt. H. 10,5 cm, B. 9 cm.
Berlin, Staatl. Museum, Inv. Nr. 1984.
Lit.: Ausführl. Verz. Berlin, 1899, S. 188 und Abb. 39, S. 189.

44 $C_{3/a}$ – E Pektoral des königlichen Schreibers 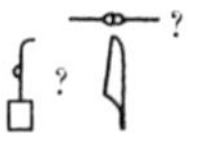 .
Vs. Skarabäus zwischen anbetender Isis und Nephthys in Barke.
Naos. Seiten und oben Leiterfries. Geflügelte Sonnenscheibe in Hohlkehle über Sims. Unten Wasserstreifen über Blütenfries.
Rs. Verehrung vor Osiris. Vgl. Nr. 119 E.
Aus Memphis.
Spätes Neues Reich – Spätzeit.
Blaue Fayence, Serpentin. Skarabäus eingelegt. Darstellung in Relief. Hintergrund eingelegt. H. 7,3 cm, B. 9 cm.
Berlin, Staatl. Museum, Inv. Nr. 1983 (nicht vorhanden).
Lit.: Ausf. Verz. Berlin, S. 188 und 189, Abb. 39; Erman, Die Religion der Ägypter, Berlin 1934, S. 280, Abb. 109.

45 $C_{3/a}$ Skarabäus von stehender Isis und Nephthys angebetet in Barke.
Naos.
Aus Aniba.
Neues Reich.
Leipzig, Städtisches Kunstgewerbemuseum.
Lit.: Städt. Kunstgewerbemuseum zu Leipzig, Ausstellung äg. Altertümer aus den Ausgrabungen der Ernst v. Sieglinexpedition in Nubien 1912, Leipzig 1913.

46 $C_{3/a}$ – I1 Pektoral des Obergoldschmiedes Św-n-rʿ(?). Vgl. Tf. IV.
Vs. Skarabäus zwischen anbetend stehender Isis und Nephthys in Barke.
Naos. Umlaufender Leiterfries.
Rs. Rückseite des Skarabäus zwischen zwei Ḏd. Vgl. Nr. 204 C.
Fundort unbekannt.
Neues Reich – Spätzeit.
Türkisfarbene Fayence und Stein. Schwarze Tuschzeichnung. Skarabäus aus Stein eingelassen. H. 8,9 cm, B. o. 10,4 cm, B. u. 8,2 cm.
Turin, Museo Egizio, Inv. Nr. 6833.

47 $C_{3/a} - C_3$ Vs. Großer Skarabäus auf Podest zwischen kleiner, stehend verehrender Isis und Nephthys in Barke auf Wasserstreifen. Über Steven der Barke verehrende Affen mit Sonnenscheiben auf den Köpfen. In den oberen Ecken Sonnenscheiben, deren Strahlen in Hände auslaufen (Strahlenaton?). Vgl. Tf. V.

Rs. Oval über Ḏw zwischen Isis und Nephthys. Vgl. Nr. 28 A.

Vs. Naos, Seiten Leiterfries. Rs. nur Naosumrisse. Keine Hohlkehle eingezeichnet.

Fundort unbekannt.

Amarnazeit(?).

Grau-schwarzer Schiefer. Vs. flaches Relief, Hintergrund vertieft. Rs. Ritzzeichnung. Hinten zwei Durchbohrungen. Vs. rechte Ecke der Hohlkehle und Rs. rechte untere Ecke beschädigt. H. 5,5 cm. B. 6,5 cm.

Kairo, Ägyptisches Museum.

Lit.: Reisner, Amulets Nr. 12220, Tf. XVI; Maspero, Cat. 1902, Nr. 1557.

48 ($C_{3/a}$) Skarabäus zwischen zwei anbetenden stehenden Göttinnen in Barke. Vgl. Tf. V.

Naos. Umlaufender Leiterfries.

Fundort unbekannt.

Spätes Neues Reich – Spätzeit.

Holz mit Leinenüberzug, Stucküberzug und Bemalung. Hintergrund grünlich-blau, Leiterfries weiß, Skarabäus grau mit schwarzen Erhebungen eingelassen. Durchgehender Bruch unter der Barke, Überzug oben z.T. zerbröckelt. H. 6,6 cm, B. o. 8,1 cm. B. u. 7,2 cm.

Florenz, Museo Archeologico, Inv. Nr. 1286.

49 $C_{3/a}$ Vs. Skarabäus zwischen stehender, anbetender Isis und Nephthys in Barke. Vgl. Tf. V.

Rs. leer.

Naos.

Fundort unbekannt.

Neues Reich oder später.

Fayence. Darstellung dunkelblau in grünem Hintergrund eingelassen. Skarabäus fehlt. H. 12,8 cm, B. 10,9 cm.

Bologna, Museo Civico, Inv. Nr. Palogi 2032.

50 $C_{3/a} - E_1$ Pektoral des Standartenträgers Pꜣ-nḫw. Vgl. Tf. V.

Vs. Isis und Nephthys stehen anbetend seitlich vom Oval (Skarabäus fehlt) in Barke. Inschrift vor Isis: 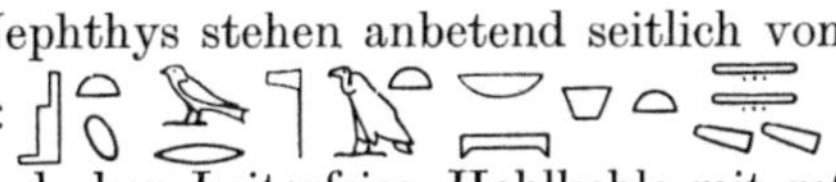 vor Nephthys 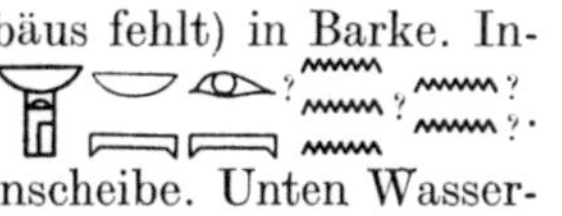.

Naos. Seiten und oben Leiterfries. Hohlkehle mit geflügelter Sonnenscheibe. Unten Wasserstreifen über Blütenfries.

Rs. Osiris mit Anbeter, zwischen ihnen Skarabäus. Vgl. Nr. 107 C.

Fundort unbekannt.

Zeit: Ramessidisch(?).

Grüne Fayence. Loch für Skarabäus, der fehlt. Darstellung in Relief und vergoldet. Goldspuren auf der Schulter der Isis, der Hohlkehle und zwischen dem Blütenfries. Bruch in Schulterhöhe der Figuren. H. 11,3 cm, B. o. 12,2 cm, B. u. 10,8 cm.

Bologna, Museo Civico, Inv. Nr. Palogi 2031.

51 $C_{3/a} - E_1$ Vs. Skarabäus zwischen anbetend stehender Isis und Nephthys in der Barke. Vgl. Tf.V. Vgl. Nr. 50.

Rs. Osiris mit Anbeter, zwischen ihnen Skarabäus. Vgl. Nr. 107 B.

Fundort unbekannt.

Gelblich-grüne Fayence in Relief. Rote, grüne und türkisfarbene Pasteneinlagen. Platte nicht durchstoßen. Auf beiden Seiten Skarabäus eingelassen. Skarabäen und der größte Teil der Pasten fehlen. H. 9,3 cm, B. o. 8,9 cm, B. u. 8,1 cm.

Bologna, Museo Civico, Inv. Nr. Palogi 2036.

52 $C_{3/a}$ Vs. Skarabäus zwischen anbetend stehender Isis und Nephthys in Barke. Vgl. Nr. 50.
21.–22. Dynastie.

Fayence. Relief. Hintergrund und Skarabäus (fehlt) einst eingelegt. Rechte Seite bis zum Skarabäus weggebrochen.

Boston, Museum of Fine Arts, Inv. Nr. 72773. Ehemals Way Coll.

53 $C_{3/a}$ Skarabäus in Barke zwischen anbetend stehender Isis und Nephthys. Auf linker Flügeldecke des Skarabäus ?. Vgl. S. 13 mit Anm. 89 u. 91.

Naos.

Stein. Relief.

Boston, Museum of Fine Arts, Inv. Nr. 72769. Neg. Nr. 08 B 295 T. (Geschenk 1872).

54 $C_{3/a}$ Vs. Skarabäus zwischen anbetend stehender Isis und Nephthys in Barke.

Rs. Oval zwischen zwei Tj·t. Vgl. Nr. 205 G.

Naos. Umlaufender Leiterfries.

Fundort unbekannt.

Grüne Fayence. Skarabäus rötlich-blau. Skarabäus aufgesetzt, schwarze Tuschzeichnung. Oberfläche verwittert, hinten großer Bruch durch falsches Brennen entstanden. H. 10,25 cm, B. 9,4 cm, D. 1,0 cm.

Brooklyn Museum, Inv. Nr. 08.480.159. Gekauft.

Lit.: The De Potter Collection, Nr. 026.

55 $C_{3/a}$ Pektoral des Ḏꜣ oder Wḏꜣ-Ḥr.

Skarabäus zwischen stehend anbetender Isis und Nephthys in Barke.

Naos. Umlaufender Leiterfries. Geflügelte Sonnenscheibe in Hohlkehle. Unten Blütenfries.

Fundort unbekannt.

Spätes Neues Reich.

Steatit glasiert mit Glaseinlagen und Spuren von Vergoldung. Skarabäus aus Schiefer (? fehlt). H. 11,4 cm, B. 9,4 cm.

New York, Metropolitan Museum of Art, Inv. Nr. 44.4.14.

Lit.: Hayes, Scepter II, S. 422, 1.

56 $C_{3/a} - C_2$ Pektoral einer Sängerin des Horus von Behedeti. Vgl. Tf. VI.

Vs. Skarabäus zwischen anbetend stehender Isis (?) und Nephthys in Barke.

Rs. Rückseite des Skarabäus mit Titel und Namen der Verstorbenen. Vgl. Nr. 11 A.

Vs. Naos. Umlaufender Leiterfries.

Aus Hierakonpolis (Kom-el-Ahmar, 1887).

Blasse, grün-blaue Fayence, Skarabäus purpur-graue Fayence. Vor der Glasierung Skarabäus in Loch eingelassen, Darstellung eingeritzt und mit schwarzer Tusche gefüllt. Je vier Durchbohrungen. Vs. fleckig, Bruch. H. 7,2 cm, B. 101,1 cm.

Kairo, Ägyptisches Museum, JE 28589.

Lit.: Reisner, Amulets Nr. 12191, Tf. XI.

57 $C_{3/a}$ – E Pektoral des Ḏḥwtj(-m)-ḥb. Vgl. Tf. VI.

Vs. Skarabäus zwischen anbetend stehender Isis und Nephthys in Barke.

Rs. Verehrung von Osiris. Vgl. Nr. 119K.

Vs. Naos. Umlaufender Leiterfries. Geflügelte Sonnenscheibe in Hohlkehle. Unten Blütenfries unter Wasserlinie.

Aus dem Serapeum in Saqqara (? Nov. 1858).

19. Dynastie. Zeit Ramses' III.

Blau-grün glasierter Stein mit Einlagen in rotem und grüngesprenkeltem Stein, Lapislazuli (?) und roter Farbe. Vs. Hintergrund versenkt. Rechts vor Nephthys durchgehender Sprung, linke Seite stark verfärbt. Skarabäus, Sonnenscheibe und Teile der Einlagen fehlen. H. 9,8 cm, B. 9,8 cm.

Kairo, Ägyptisches Museum.

Lit.: Reisner, Amulets Nr. 12214, Tf. XIV.

58 $C_{3/a}$ – E_1 Pektoral einer Frau.

Vs. Skarabäus zwischen anbetend stehender Isis und Nephthys in Barke auf Wasserstreifen.

Über Skarabäus zwei kurze senkrechte Zeilen in schlechter Schrift: 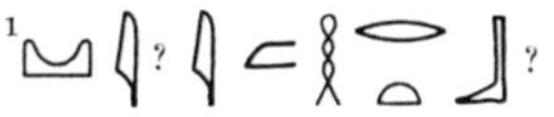

In Hohlkehle Sonnenscheibe. Vgl. Tf. VI.

Rs. Osiris mit Anbeterin. Zwischen ihnen Oval auf Opfertisch. Vgl. Nr. 107 D.

Vs. Naos. Umlaufender Leiterfries.

Fundort unbekannt.

Blaue Fritte (Glasschmelzpaste). Ritzzeichnung. Skarabäus und Sonnenscheibe vorn in Vertiefung eingelassen (fehlen). Bruch in Taillenhöhe der Figuren.

Kairo, Ägyptisches Museum, Ausstellungsnr. 7009.

Lit.: Maspero, Cat. 1902, Nr. 4322; Reisner, Amulets Nr. 12208, Tf. XIII.

59 $C_{3/a}$ – E_1 Pektoral des Wnn-nfr (?).

Vs. Skarabäus zwischen anbetend stehender Isis und Nephthys in Barke.

Rs. Wnn-nfr (?) verehrt Osiris, zwischen ihnen Oval mit Tb. 30B. Vgl. Nr. 107G.

Fundort unbekannt.

28. Dynastie – ptolemäisch.

Durite[1] und Einlagen aus gelber Farbpaste.

Lit.: Petrie, Amulets S. 24, 91a.

60 $C_{3/a}$ Vs. und Rs. Skarabäus zwischen Isis und Nephthys in Barke. Dazu Rs. Inschrift  (bzw. ) 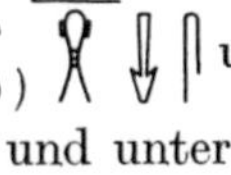 und 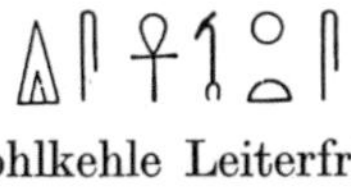. Vgl. Text S. 4 und Tf. VI.

Naos. An Seiten und unter Hohlkehle Leiterfries.

Fundort unbekannt.

Hellgrüne Fayence. Darstellung eingekratzt. Skarabäus eingelassen (fehlt). In Hüfthöhe der Göttinnen und in der Mitte von oben nach unten Brüche. Sehr verfärbt.

Kairo, Ägyptisches Museum, Ausstellungsnr. 3438.

Lit.: Reisner, Amulets, Nr. 12192, Tf. XI (= Rs.).

61 $C_{3/a}$ – I_1 Vs. Skarabäus zwischen anbetend stehender Isis und Nephthys, mit ihren Zeichen auf den Köpfen, in der Barke. Vgl. Tf. VI.

Rs. Rückseite des Skarabäus zwischen zwei Tj·t. Vgl. Nr. 205 D.

[1] Vgl. dazu Harris, Lex. Studies in Anc. Eg. Minerals, Berlin 1961, S. 80f.

Naos. An den Seiten und unten Leiterfries.

Fundort unbekannt. Erwerbung: Sammlung Anastasi – Alexandrien (1828).

Neues Reich.

Weißer Alabaster oder Marmor (?). Unten Streifen aus Holz mit Pastenüberzug (?) angesetzt. Skarabäus – aus weißgrünlichem Stein – eingesetzt. Die Figuren der Göttinnen, die Barke, Leiterfries und Hohlkehle in Farbpasten (?) eingelegt. Je drei Durchbohrungen von oben nach vorn. H. 9,2 cm, B. 9,3 cm.

Leiden, Rijksmuseum van Oudheden, Boeser, E/XVI, 117.

Lit.: Leemans, Descr. rais. Nr. 0186; Boeser, Catalogus S. 134, Nr. 117.

62 $C_{3/a} - E_1$ Vs. Oval zwischen verehrend stehender Isis und Nephthys, mit ihren Zeichen auf den Köpfen, in Barke. Auf den Steven der Barke hinter den Göttinnen ihre Namen  rechts,  links. Unter der Barke Wasserstreifen und Blütenfries. Vgl. Tf. VII.

Rs. Oval zwischen Osiris und Verehrer. Vgl. Nr. 108 A.

Naos. Geflügelte Sonnenscheibe in der Hohlkehle. An den Seiten Leiterfries.

Fundort unbekannt. Erwerbung: Sammlung Anastasi – Alexandrien AD 5d (1828).

Spätzeit.

Fayence. Figuren, Barke und Blütenfries in Hochrelief. Sonnenscheibe, Hintergrund und Teile des Blütenfrieses aus roten und dunkelblauen (?) Farbpasten, die teilweise fehlen. Skarabäus fehlt. Bruch verläuft ungefähr in der Mitte von oben nach unten. H. 8,8 cm, B. 10,3 cm.

Leiden, Rijksmuseum van Oudheden, Boeser E/XVI, 120.

Lit.: Leemans, Descr. rais. Nr. 0190; Boeser, Catalogus, S. 134, Nr. 120.

63 $C_{3/a} - [E_1]$ Vs. Skarabäus zwischen stehender Isis (links) und Nephthys (rechts) in Barke, die auf Wasserstreifen fährt. Unter den erhobenen Händen der Göttinnen, die ihr Zeichen auf dem Kopf tragen, senkrechte Inschriftzeilen. Vor Isis: 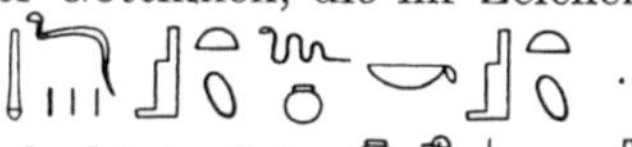 . Vor Nephthys:  . Auf den Steven der Barke hinter Isis: , hinter Nephthys:  .Vgl. S. 23 u. Tf. VII.

Rs. Oval zwischen Osiris und ihn beklagender Isis und Nephthys. Vgl. Nr. 108 B.

Naos. Geflügelte Sonnenscheibe in der Hohlkehle. Umlaufender Leiterfries. Unten Blütenfries.

Fundort unbekannt. Erwerbung: Sammlung Anastasi – Alexandrien AD 5c (1828).

Spätzeit – ptolemäisch.

Blaue Fayence. Skarabäus aufgesetzt. Vs. erhabenes Relief. Rs. versenktes Relief bzw. Ritzzeichnung. Linke untere Ecke weggebrochen. H. 9,4 cm, B. 12 cm.

Leiden, Rijksmuseum van Oudheden, Boeser E/XVI, 108.

Lit.: Leemans, Descr. rais. Nr. 0187.; Boeser, Catalogus, S. 133, Nr. 108.

64 $C_{3/a} - E$ Pektoral des Nb-nṯr.

Vs. Skarabäus zwischen anbetender Isis und Nephthys in Barke. Vgl. Tf. VII.

Rs. Verehrung von Osiris. Vgl. Nr. 119 Q.

Naos. Umlaufender Leiterfries. Geflügelte Sonnenscheibe in der Hohlkehle. Unten, an einem Wasserstreifen hängt ein Blütenfries.

Fundort unbekannt. Erwerbung: Sammlung Anastasi – Alexandrien AD 5a (1828).

Ramessidisch.

Fayence? Skarabäus aus gleichem Material aufgesetzt. Hochrelief. Spuren von Farbpasten (?). Stark korrodiert. H. 11,2 cm, B. 10 cm.

Leiden, Rijksmuseum van Oudheden, Boeser E/XVI, 113.

Lit.: Leemans, Descr. rais. 0183; Boeser, Catalogus S. 134, Nr. 113.

65 ($C_{3/a}$) – ($C_{3/b}$) Zwei Fragmente (rechter oberer und unterer Teil) eines Pektorals. Vgl. Tf. VII.
Vs. Oval (Skarabäus fehlt) zwischen zwei stehend verehrenden Göttinnen (nur von der rechten sind die Füße erhalten) in Barke.

Rs. Oval über Ḏw zwischen zwei Göttinnen. Vgl. Nr. 83 A.

Vs. Naos. Umlaufender Leiterfries. In der Hohlkehle geflügelte Sonnenscheibe. Unten Lotusfries.

Fundort unbekannt.

Blau-grün glasierter weißer Stein. Vs. erhabenes Relief. Oben zwei Durchbohrungen. H. 3,7 cm und 4,6 cm, B. 4,5 cm und 7,0 cm.

Kairo, Ägyptisches Museum.

Lit.: Reisner, Amulets Nr. 12212, Tf. XIV.

66 $C_{3/a}$ – I Vs. menschenköpfiger Skarabäus zwischen anbetend stehender Isis und Nephthys in Barke. Vgl. Text S. 10 u. 30 und Tf. VII.

Rs. Ḏd und Tj·t. Vgl. Nr. 219 C.

Naos. Umlaufender Leiterfries. Unterer Rand gezackt.

Fundort unbekannt.

Einlagen.

British Museum, Inv. Nr. 29, 369.

Lit.: Brit. Museum Guide 1904, S. 197, Nr. 520; Brit. Museum Guide 1922, S. 68, Nr. 168.

67 $C_{3/a}$ – I_1 Pektoral des Sn-nḏm. Vgl. Tf. VII.

Vs. Isis (?) und Nephthys legen ihre Hände an den Skarabäus (eine nach unten, die andere nach oben, wobei sich ihre Arme vor der Brust kreuzen) in der Barke.

Rs. Rückseite von Skarabäus mit Inschrift zwischen zwei Ḏd. Vgl. Nr. 204 D.

Vs. Naos. Umlaufender Leiterfries.

Aus dem Grab des Sn-nḏm in Gurnet Murrai, Gurnah. Bei P. M. nicht aufgeführt, wahrscheinlich Grab des Sn-nḏm in Deir-el-Medineh?

19. Dynastie.

Holz und schwarzer Schiefer (Skarabäus). Stucküberzug bemalt (Einzelheiten vgl. Reisner). Oben an Rs. je drei Durchbohrungen. Reste von geknoteter Schnur und zwei Perlen erhalten. Bruch durch Zusammenziehen des Holzes entstanden.

Kairo, Ägyptisches Museum, JE 27261.

Lit.: Reisner, Amulets Nr. 12204, Tf. XII; Lexa, Magie III, Nr. 102, Tf. LXI.

68 $C_{3/a}$ – I Vs. In der Barke Nephthys legt Hände um Skarabäus wie auf Nr. 115. Isis hält Hände nach unten. Vgl. Text S. 4 und Tf. VIII.

Rs. Ḏd zwischen zwei Isisknoten. Vgl. Nr. 216 K.

Naos. Seiten und oben Leiterfries.

Aus Siut (1895).

Blaue und gelbe Fayence. Skarabäus eingelegt. H. 6,8 cm, B. o. 8,5 cm.

Kairo, Ägyptisches Museum, JE 31055 (Ausstellungsnr. 3441).

Lit.: Reisner, Amulets Nr. 12195, Tf. XII.

69 $C_{3/a}$ Pektoral des obersten der Weber Ḥr-nḫt.

Vs. Skarabäus in der Barke zwischen Isis und Nephthys. Oben ein Tj·t und darunter zwei Schakale des Anubis (vgl. Nr. 157–158 A und Nr. 193).

Rs. Inschrift 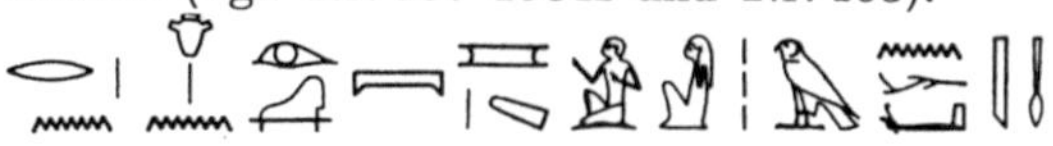 folgt fehlerhafter Auszug aus Tb. 30 B.

Fundort unbekannt.

London, British Museum, Inv. Nr. 24767.

Lit.: Budge, Mummy, Cambridge 1925, S. 297.

70 $C_{3/a} - E_1$ Vs. geflügelter Skarabäus über einem großen Oval zwischen verehrender Isis und Nephthys in Barke. Vgl. Text S. 16.

Rs. Verehrung von Osiris. Dazwischen Skarabäus. Vgl. Text S. 21 und Tf. VIII. Nr. 107 F.

Vs. Naos. An den Seiten und oben Leiterfries. In der Hohlkehle geflügelte Sonnenscheibe. Unten Blütenfries.

Fundort unbekannt.

Rötlicher Stein (Quarzit?). Sechs Spuren von Vergoldung. Hintergrund der Gestalten, Leiter- und Blütenfries mit Farbpasten eingelegt (Reste erhalten). In das Oval einst Skarabäus (fehlt) und in die Hohlkehle Sonnenscheibe eingesetzt. H. 8,7 cm, B. m. 7,5 cm, B. u. 7 cm.

Florenz, Museo Archeologico, Inv. Nr. 1285.

71 $[C_3] - E - G_1$ Pektoral des Schreibers im Gotteshaus Ḥwj.

Vs. Zwischen anbetend stehender Isis und Nephthys in der Barke schiebt der Skarabäus über glückbringenden Zeichen (nfr zwischen zwei wḏꜣ·t-Augen) einen geflügelten Cheper. Vor Isis hockt ein falkenköpfiger Dämon mit wꜣś-Zepter auf den Knien und einer Sonnenscheibe vorn oberhalb seines Kopfes. Vor Nephthys hockt in gleicher Weise ein schakalsköpfiger Dämon, statt des wꜣś-Zepters hält er das śḫm. Uräen und wḏꜣ·t-Augen sind den Zeichen auf den Häuptern der Göttinnen beigefügt. Über den Steven der Barke Sonnenscheiben. Vgl. Text S. 16 Anm. 126 und Tf. VIII.

Rs. Oval, Verehrung von Osiris und von Mnevis. Vgl. Nr. 105 B und 187 A.

Naos. Geflügelte Sonnenscheibe in der Hohlnische. Oben und an den Seiten Leiterfries – oben Bandleiste, unten Blütenfries.

Fundort unbekannt. Erwerbung: Sammlung Anastasi – Alexandrien AD 5b (1828).

Spätzeit bis ptolemäische Zeit.

Dunkler Stein (Serpentin?). Skarabäus aufgesetzt. Versenktes Relief – Farbpasten (?) einlagen fehlen jetzt. Zwei durchlaufende Brüche teilen das Stück in vier ungefähr gleichgroße Teile. H. 10,2 cm, B. 9,5 cm.

Leiden, Rijksmuseum van Oudheden, Boeser E/XVI, 106.

Lit.: Leemans, Descr. rais. Nr. 0184; Boeser, Catalogus S. 133, Nr. 106.

72 $(C_{3/a})$ Fragment eines Pektorals.

Skarabäus zwischen zwei Göttinnen in Barke auf Wasserstreifen.

Naos. Seiten Farbenleiter, unten Blütenfries.

Fundort unbekannt.

Glasierter Kalkstein (?) mit Farbeinlagen. Darstellung in erhabenem (ca. 2–3 mm hohem) Relief. Nur unterer Teil bis ungefähr Brusthöhe der Göttinnen erhalten (Bruch glatt und dicht). Auf Resten der Glasur grüne und rote Farbspuren (z. B. Hintergrund grün, in Blütenfries Spuren von Rot). H. 4,5 cm, B. 9 cm.

Paris, Musée du Louvre.

Lit.: Cat. du Musée du Louvre 1932 II, S. 562.

73 ($C_{3/a}$) – [I_1] Vs. Skarabäus zwischen anbetend knienden Göttinnen in Barke. Vgl. Tf. VIII.
Rs. Inschrift zwischen Ḏd und Tj·t. Vgl. Nr. 205 I.
Naos.
Aus Aniba, Grab SA 35.
19. Dynastie.
Blaue Fayence mit bunten Einlagen. Skarabäus grüner Stein. Figuren vertieft mit Einlagen ausgefüllt. Skarabäus eingelassen. Rs. Tuschzeichnung (Einzelheiten vgl. Steindorff). Bruch in Schulterhöhe der Göttinnen und links unten. Stellenweise verwittert.
Lit.: Steindorff, Aniba II, 1937, S. 90 und S. 237, Tf. 50, Nr. 2 (E 11198).

73 A C – $C_{3/a}$ Vs. Drei Sockel mit nb-Körben. Auf dem mittleren ein Skarabäus. Vgl. Nr. 64.
Rs. Skarabäus zwischen Isis und Nephthys in Barke.
Weitere Angaben vgl. Nr. 18.

74 ($C_{3/a}$) – E Vs. Skarabäus zwischen zwei hockenden Göttinnen in Barke.
Rs. Verehrung von Osiris. Vgl. Nr. 119 B.
Aus Gurob. Vgl. Tf. VIII.
18.–19. Dynastie.
Fayence, einst vergoldet, u. bunte Einlagen.
Lit.: L. Loat, Gurob, Eg. Research Account X, 1904, S. 7, Nr. 31 u. 32, Tf. IV, 01.

75 $C_{3/a}$ – E Pektoral des Ḥḳ3-ršw. Vgl. Tf. VIII.
Vs. Skarabäus in Barke zwischen anbetend stehender Isis und Nephthys. Über Skarabäus Himmelshieroglyphe. Unten Wasserstreifen.
Rs. Verehrung von Osiris. Vgl. Nr. 119 P.
Vs. Naos. An Seiten Leiterfries.
Fundort unbekannt.
18. Dynastie.
Fayence. Skarabäus aus grauem Stein aufgesetzt. Schwarze Tuschzeichnung. Von hinten nach oben rechts vier und links drei Durchbohrungen. Oberfläche verwittert. Oben Bruch nach rechts. H. 9,2 cm, B. o. 10,9 cm, B. u. 9,7 cm.
Bologna, Museo Civico, Keine Inv. Nr. auf dem Stück.

76 $C_{3/a}$ Pektoral der Pn-šnb. Vgl. Tf. IX.
Vs. Skarabäus in Barke zwischen anbetend stehender Isis und Nephthys. Vor Isis Ḏd, darunter . Vor Nephthys Tj·t, darunter .
Über beider erhobener Hände Udjat-Augen.
Naos. Umlaufender Leiterfries.
Fundort unbekannt.
Gelbe Fayence (? lt. Guide Porzellan) mit Einlagen.
London, British Museum, Inv. Nr. 7865.
Lit.: T. Whyte, PSBA 1893, Tf. VI; Brit. Mus. Guide 1904, S. 197, Nr. 515; Brit. Mus. Guide 1922, S. 68, Nr. 156; Hall, Scarabs, London 1929, Tf. III, Nr. 7865.

77 $C_{3/a}$ – I_1 Vs. Skarabäus in Barke zwischen anbetend stehender Isis und Nephthys. Vgl. Tf. IX.
Rs. Oval zwischen zwei Tj·t. Vgl. Nr. 205 F.
Vs. Naos. Seiten und unten Leiterfries.

Fundort unbekannt.

Blaugrüne Fayence. Skarabäus in purpurblauer Fayence eingesetzt. Rs. oben je vier Durchbohrungen, unten zwölf Durchbohrungen. Zeichnung in Ritzungen vor Glasierung mit schwarzer Tusche gefüllt. Glasur an Stellen fleckig und verwittert. Obere Ecke vor Brennen (?) gesprungen, eine antik restauriert. H. 8,1 cm, B. 12,5 cm.

Kairo, Ägyptisches Museum.

Lit.: Reisner, Amulets Nr. 12189, Tf. XI.

78 $C_{3/a}$ Isis und Nephthys stehen mit ausgebreiteten Flügeln seitlich einer Barke. Mitte (Skarabäus) fehlt.

Naos.

Fundort unbekannt.

Boston, Museum of Fine Arts, Inv. Nr. 72.772; Neg. Nr. 08 B 295.10. Geschenk 1872.

79 $C_{3/a}$ Rechter Teil eines Pektorals.

Skarabäus schiebt ꜣḫ·t-Zeichen zwischen Isis und Nephthys (?) in Barke auf Wasserstreifen.

Naos. Seiten und unten Leiterfries. Unten Blütenfries.

Fundort unbekannt.

Fayence. Spuren der Aussparung für Skarabäus (fehlt). Farben sehr grell. Hintergrund und Wasserstreifen blau; Leiterfries, Hohlkehle, Isis und Sonne gelb; Ḏw rot; Barke grün; Blütenfries rot und grün; Zwischenräume weiß; Ecke unter Steven der Barke weiß. Oben vier Durchbohrungen. Mehrere Sprünge. H. ca. 14 cm, B. ca. 8 cm.

Paris, Louvre, Inv. Nr. 10804.

Lit.: Louvre, Cat. 1932 II, S. 562.

80 $C_{3/a}$ Skarabäus auf dem Goldzeichen zwischen anbetend stehender Isis und Nephthys in Barke. Über Skarabäus drei nfr-Zeichen zwischen zwei Udjat-Augen.

Naos. Umlaufender Leiterfries.

Fundort unbekannt.

19. Dynastie.

Holz vergoldet. In Vertiefungen Glaspasten. Skarabäus aus Lapislazuli. Gewandeinlage der Nephthys fehlt. H. ca. 11 cm, B. ca. 15 cm.

Paris, Louvre.

Lit.: Louvre, Cat. 1932 II, S. 552.

81 [$C_{3/a}$] – I_1 Vs. Skarabäus in Barke. Über den Steven die Namen der Göttinnen: links , rechts . Vgl. Tf. IX.

Rs. Oval zwischen zwei Tj·t. Vgl. Nr. 205H.

Vs. Naos. Umlaufender Leiterfries.

Saqqara (Feb. 1860).

Blau-grüne Fayence. Skarabäus aus dunkel-olivgrünem Schiefer eingelegt, mit feiner gelber Paste gehalten. Inschrift fast unleserlich. Obere Ecke Bruch. H. 9,1 cm, B. 9,8 cm.

Kairo, Ägyptisches Museum, JE 6968.

Lit.: Maspero, Cat. 1902, Nr. 4321; Reisner, Amulets Nr. 12190, Tf. XI.

82 ($C_{3/b}$) – ($C_{3/b}$) Pektoral des Pjꜣjj.

Vs. Skarabäus über Ḏw. Darüber zwei nfr-Zeichen zwischen zwei Udjat-Augen. Vgl. Text S. 11 und 14.

Rs. wie Vs., nur mit Inschrift. Vgl. Text S. 11. Auf Rückseite des Skarabäus Name des Verstorbenen und Anfang des Tb. 30 B.

Auf Hohlkehle 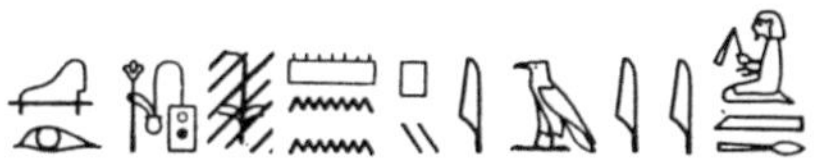

Auf rechter Seite 

Auf linker Seite 

Naos.

Fundort unbekannt.

Zeit: Neues Reich.

Schwarzer Stein. Skarabäus eingelassen. Inschrift eingeritzt.

Wien, Kunsthistorisches Museum, Inv. Nr. 2022.

82 A $H_2 - C_{3/b}$ Vs. Skarabäus über Ḏw zwischen Anubis und Osiris. Vgl. Tf. IX. Vgl. N. 199.
Rs. Oval mit Inschrift über Ḏw zwischen Isis und Nephthys. Im Oval Name des Verstorbenen und verderbter Anfang des Tb. 30 B.

Über Oval šn-Ring zwischen zwei Udjat-Augen. Vgl. Text S. 11 u. 14.

Weitere Angaben vgl. Nr. 199.

83 $C_{3/b} - I_1$ Pektoral des Sn-nḏm. Vgl. Tf. IX.

Vs. Skarabäus auf Ḏw zwischen Isis und Nephthys in Barke. Auf Skarabäus oben zwei nfr-Zeichen zwischen zwei Udjat-Augen und auf beiden Flügeldecken je . Vor Göttinnen ihre Namen. Vgl. Text S. 13.

Rs. Skarabäus zwischen zwei Ḏd. Vgl. Nr. 204 B.

Naos.

Fundort vgl. Nr. 67.

19. Dynastie.

Holz mit dünnem Stucküberzug, bemalt und poliert. Verfärbt, so daß Darstellung und Farben unklar sind. Um eingelassenen Skarabäus Holz durch Zusammenziehen gesprungen. Auf Rs. je vier Durchbohrungen. Reste von Schnur. H. 8,8 cm, B. 10,5 cm.

Kairo, Ägyptisches Museum, JE 27267.

Lit.: Reisner, Amulets Nr. 12207, Tf. XIII.

83 A $(C_{3/a}) - (C_{3/b})$ Zwei Fragmente eines Pektorals. Vgl. Tf. X.

Vs. Skarabäus zwischen zwei Göttinnen in Barke. Vgl. N. 65.

Rs. Rückseite des Skarabäus auf Ḏw zwischen zwei auf dem Goldzeichen hockenden Göttinnen mit verehrend erhobenen Händen. Vgl. Text S. 14.

Rs. Umlaufender Leiterfries. In Hohlkehle Fries von unten Reste einer Inschrift:

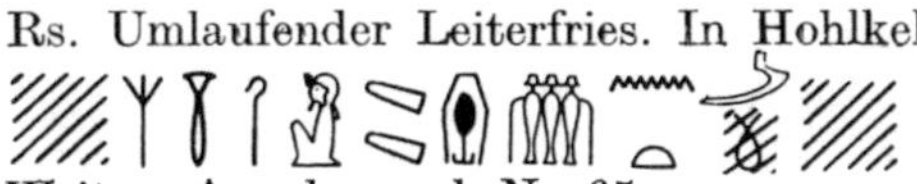 . Darstellung eingeritzt.

Weitere Angaben vgl. Nr. 65.

84 ($C_{3/b}$) Vs. Skarabäus über Ḏw zwischen Isis und Maat in Barke. Vgl. Text S. 4, 14 und Tf. X.
Rs. leer.
Naos. Umlaufender Leiterfries, unten Blütenfries.
Aus Kau-el-Kebir (1895).
Fayence. Gelbes, erhabenes Relief auf lavendelfarbigem Hintergrund. Skarabäus eingelassen (fehlt). Hohlkehle eingeritzt und rot gefärbt. Durch Hohlkehle je eine Durchbohrung (Einzelheiten vgl. Reisner). Bruch an beiden oberen Ecken und rechter unterer Ecke. H. 11 cm, B. 10 cm.
Kairo, Ägyptisches Museum, JE 31238.
Lit.: Reisner, Amulets Nr. 12193, Tf. XI; Lexa, Magie III, Tf. LXI, Nr. 103.

85 ($C_{3/b}$) Vs. Skarabäus schiebt Sonnenscheibe über flachem Oval zwischen Isis und Maat in Barke über Wasserstreifen. Vgl. S. 4, 14 Anm. 109.
Rs. leer. Vgl. Tf. X.
Naos(?). Unten Blütenfries.
Aus Kau-el-Kebir.
Gelbe und lavendelfarbene Fayence. Vgl. Nr. 131. H. 8,1 cm, B. 9,8 cm.
Kairo, Ägyptisches Museum, JE 31239.
Lit.: Reisner, Amulets Nr. 12194, Tf. XI.

86 $C_{3/b}$ – E Pektoral des Priesters und Vorlesepriesters des Horus Nfr-mś und der Nb-m-wśḫ(·t).
Vs. Skarabäus über Ḏw schiebt Sichel mit Scheibe zwischen Isis und Nephthys, die ihre Flügel um ihn legen. Zwischen den Flügeln Ḏd. Oben hinter Göttinnen ihr Name. Alle stehen in einer Barke, die über einen Wasserstreifen fährt, und unter deren Steven jeweils ein Fisch schwimmt. Vgl. Text S. 14, 4 und Tf. X.
Rs. Mann und Frau vor Osiris und Inschrift. Vgl. Nr. 119H.
Naos.
Aus dem Grab S 49 in Aniba.
Zeit: Neues Reich.
Grün glasierter Stein, abgerieben. Skarabäus fehlt. H. 6,3 cm, B. 7,8 cm.
Lit.: Steindorff, Aniba II, 1937, S. 89 und 178, Tf. 50, Nr. 1.

87 ($C_{3/b}$) Pektoral der Tꜣ-jj·t(?).
Vs. ꜣḫ·t-Zeichen zwischen hockender Isis und Nephthys, die ihre Zeichen vor sich haben. Vgl. Text S. 14 Anm. 112 und Tf. X.
Rs. vier vertikale Inschriftzeilen mit Anfang des Tb. 30B und Namen der Verstorbenen (nicht klar erkennbar).

Naos. Umlaufender Leiterfries.
Fundort unbekannt.
Zeit: Neues Reich bis Spätzeit.
Holz mit braun-rötlichem Stucküberzug (? Wirkung wie Quarzit, doch Rs. (mir nur von Photographie bekannt) weist Längssprünge auf wie bei gefasertem Holz. Darstellung in grünlicher, grau-blauer und roter Farbe. Auf den Seiten der Rs. zwei Durchbohrungen nach oben, unten zehn Durchbohrungen nach unten. H. 7,6 cm, B. o. 7,1 cm, B. u. 7 cm.
Turin, Museo Egizio, Inv. Nr. 1836.

87 A $C_{3/c}$ – [C_3] Vs. drei Ovale, Verehrung von Osiris u.a.m. Vgl. Nr. 91.

Rs. geflügeltes Oval mit Falkenkopf, -schwanz und -fängen und Armen unter einer geflügelten Sonnenscheibe mit Armen, zwischen Isis und einem falkenköpfigen Gott links und Nephthys vor Horus(?) rechts. Vgl. Text S. 15f. und Tf. XI. Auf Oval verderbter Auszug aus Tb. 30 B.

Naos. In Hohlkehle laufender Hund.

Weitere Angaben vgl. Nr. 91.

88 $C_{3/c}$ – E_1 Pektoral des Mrj-Rᶜ.

Vs. Zwei Skarabäen zwischen anbetend stehender Isis und Nephthys in der Sonnenbarke über einem Wasserstreifen. Vgl. Text S. 15 und Tf. XI.

Rs. Skarabäus zwischen Osiris und Anbeter. Vgl. Nr. 107 A.

Naos. Umlaufender Leiterfries. In Hohlkehle geflügelte Sonnenscheibe.

Aus Saqqara (1874).

Zeit: 19. Dynastie.

Grauer Schiefer. Vs. erhabenes Relief. Stucküberzug und Vergoldung. Pasteneinlagen Skarabäus und einige Einlagen fehlen (Einzelheiten vgl. Reisner).

Kairo, Ägyptisches Museum, JE 22225.

Lit.: Maspero, Cat. 1902, Nr. 4339; Reisner, Amulets, Nr. 12216, Tf. XV.

89 $C_{3/c}$ – C_2 Vs. Zwei Skarabäen über Ḏw zwischen verehrend stehender Isis und Nephthys in Barke auf Wasserstreifen. Über den Skarabäen bilden zwei Falken mit ihren ausgebreiteten Flügeln einen Rhombus. Vgl. Text S. 15 und Tf. XI.

Rs. Geflügelter Skarabäus. Vgl. Nr. 91 A.

Naos. Unten und an den Seiten Leiterfries. Unter verschnürtem Rundstab der Hohlkehle ein Streifen enger Verschnürung eingeritzt. In der Hohlkehle geflügelte Sonnenscheibe.

Fundort unbekannt.

Weicher grauer Stein (Schiefer?). Erhabenes Relief, Hintergrund mit hellblauem, grünem (früher hellblau?) und rotem Glas eingelegt. Sonnenscheibe aus Glas. Rechte obere Ecke beschädigt. Bruch an der linken unteren Ecke. Skarabäus stark verwittert. Einlagen fehlen teilweise. H. ca. 8,8 cm, B. 8,8 cm.

Kairo, Ägyptisches Museum, JE 4958.

Lit.: Maspero, Cat. 1902, Nr. 4343; Reisner, Amulets Nr. 12215, Tf. XV.

Ehemals Huber Coll.

90 $C_{3/c}$ – [C_2] Pektoral des Nfr-ᶜꜣb·t(?).

Vs. Zwei Ovale zu Seiten eines Pfeilers zwischen Isis und Nephthys.

Vor Isis: 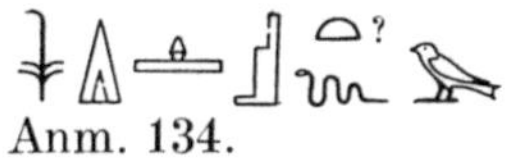 ; vor Nephthys:  . Vgl. Text S. 15 und S. 17 Anm. 134.

Rs. Skarabäus schiebt Oval. Vgl. Nr. 91 B.

Naos. Umlaufender Leiterfries.

Fundort unbekannt.

Schist. Ritzzeichnung. Mondscheibe, Sonnenscheiben der Falken, Schaft des Fetischs, Wasserstreifen und Symbole der Göttinnen in undurchsichtigem, hell- und dunkelblauem

Glas eingelegt. Linke untere Ecke, Einlage der Mond- und der rechten Sonnenscheibe fehlen. H. 7,6 cm, B. u. 8,9 cm.

Leningrad, Ermitage, Inv. Nr. Pyr. II G 2254.

Lit.: Cat. Ermitage Imp., Coll. Eg., Petersburg 1891, S. 312f.; Mat'e i Pavlov, Pamjatniki iskusstva drevnego Egipta v muzejach Sovjetskogo Sojuza, Moskva 1958, Abb. 77.

91 [$C_{3/c}$] – [C_3] Pektoral der Rn-nfr (?).

Vs. Drei Ovale zwischen Osiris und Anbeterin. Oben Abydosfetische zwischen Isis und Nephthys und den beiden Falken. Vgl. Text S. 15. Vor Osiris: . Vor der Toten: .

Rs. Geflügelter Skarabäus zwischen Göttern. Vgl. Nr. 87 A.

Naos. Umlaufender Leiterfries. Auf Vs. Rundstab der Hohlkehle mit Zickzack (Verschnürung). Vgl. Tf. XII.

Fundort unbekannt.

Darstellung z.T. vertieftes Relief, z.T. Ritzzeichnung. Sonnenscheiben (nur eine erhalten) eingelegt. Die drei Skarabäen, alle Einlagen bis auf eine Sonnenscheibe, fehlen (Genaueres vgl. Reisner). Rechte Ecke und Dreieck an der Seite fehlen. Durchgehender Bruch. H. 9,7 cm, B. 11 cm.

Kairo, Ägyptisches Museum.

Lit.: Reisner, Amulets Nr. 12218, Tf. XVI.

91 A $C_{3/c}$ – [C_2] Vs. zwei Skarabäen zwischen Isis und Nephthys in Barke. Vgl. Nr. 89.

Rs. Geflügelter Skarabäus schiebt Oval mit Namen (nicht lesbar) und Anfang des Tb. 30 B (sehr verderbt).

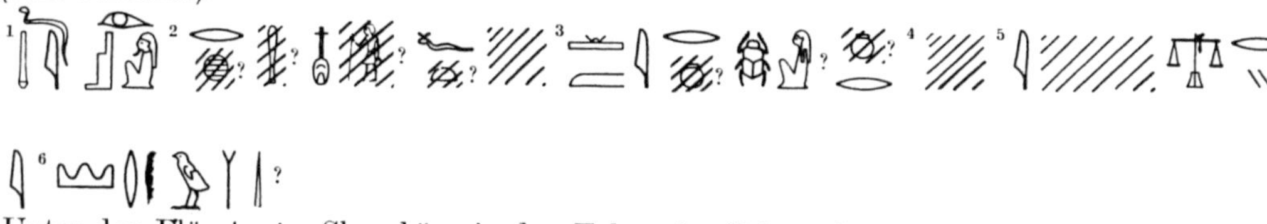

Unter den Flügeln des Skarabäus in den Ecken des Pektorals zwei Ḏd-Pfeiler. Rechts vom Oval kniender Verehrer vor Opfertisch. Links Mond, Udjat-Auge, Blüte verehrender Pavian. Vgl. Text S. 17 und Tf. XII.

Umlaufender Leiterfries.

Weitere Angaben vgl. Nr. 89.

91 B $C_{3/c}$ – [C_2] Pektoral des Nfr-ʿ3b·t (?).

Vs. Zwei Skarabäen zwischen Isis und Nephthys. Vgl. Nr. 90.

Rs. Geflügelter Skarabäus schiebt Oval, in dessen oberer Zeile zwei geflügelte Schlangen das 3ḫ·t-Zeichen schützen. Es folgt:

Rechts vom Oval hockender Gott (Osiris?), links anbetender Verstorbener. Unter den Flügeln des Skarabäus rechts bnw-Vogel, links anbetender Verstorbener. Vgl. Text S. 17 und Tf. XIII. Umlaufender Leiterfries.

Weitere Angaben vgl. Nr. 90.

92 $C_4 - I_1$ Pektoral des Sn-nḏm.
Vs. Skarabäus zwischen stehend anbetender Maat und Nephthys in Barke. Vgl. Text S. 5, 14 Anm. 109 und Tf. XIII.
Rs. Skarabäus mit Inschrift zwischen zwei Ḏd. Vgl. Nr. 204 E.
Naos.
Fundort vgl. Nr. 67.
19. Dynastie.
Holz. Vs. Figuren und Rand in Relief, mit Stuck überzogen und in rot, hellgrün und jetzt dunkelgrün bemalt und poliert (Einzelheiten vgl. Reisner). Oben an Rs. zu beiden Seiten je drei Durchbohrungen. Stark vergilbte Politur. H. 11,3 cm, B. 16,1 cm.
Kairo, Ägyptisches Museum, JE 27264.
Lit.: Reisner, Amulets Nr. 12203, Tf. XII.

93 $C_4 - C_2$ Zwei Fragmente eines Pektorals. Vgl. Tf. XIII.
Vs. Skarabäus zwischen stehender Göttin und Gott(?) in der Barke.
Rs. Auf der Rückseite des Skarabäus Rest eines Auszugs aus dem Tb. 30 B. Vgl. Nr. 11 C.
Naos.
Fundort vgl. Nr. 36.
Holz. Skarabäus aus grau-grünlichem Stein eingelassen. Der untere Teil des Pektorals bis etwa in Kniehöhe der Figuren und der vordere Teil des Skarabäus erhalten.
Lit.: Bruyère, Deir el Médineh, 1924/25, S. 59, Tf. V, Nr. 19.

94 $C_4 - I_1$ Vs. Zwei Figuren im Mumiengewand mit vor der Brust gekreuzten Händen stehen zu Seiten eines Skarabäus in einer Barke.
Rs. Rückseite des Skarabäus zwischen Ḏd und Tj·t. Vgl. Nr. 205 B.
Naos(?). Unten und an den Seiten Leiterfries.
Holz vergoldet, Glas und Alabaster(?). Skarabäus aus blauem Glas. Körper der Figuren aus Alabaster(?) eingelassen. Oberer Teil weggebrochen.
MacGregor Coll.
Lit.: B.F.A.C. Cat. 1895, S. 87, Nr. 8, Tf. 15, Nr. 20.

95 C_4 Skarabäus in einer Barke, auf deren linkem Steven eine Figur im Mumiengewand mit Atefkrone und einem wꜣś-Szepter in ihren Händen steht. Sie ist auf der rechten Seite, die keine Darstellung mehr erkennen läßt, ebenso zu ergänzen.
Stein.
Boston, Museum of Fine Arts, Inv. Nr. 72.770, Neg. Nr. C 8 B 295.4.
Geschenk.

96 (C_3) Pektoral des Priesters Ḥrj.
Vs. Skarabäus zwischen zwei sitzenden Figuren in langen Gewändern, die eine Blüte(?) zur Nase führen. Über ihnen zwei (r.) bzw. drei (l.), unter ihnen eine waagerechte Inschriftzeile mit Titel und Namen des Verstorbenen und einem Auszug aus Tb. 30 A:

97

Rs. nach einer Einleitung (vgl. Text S. 9) das Tb. 27:

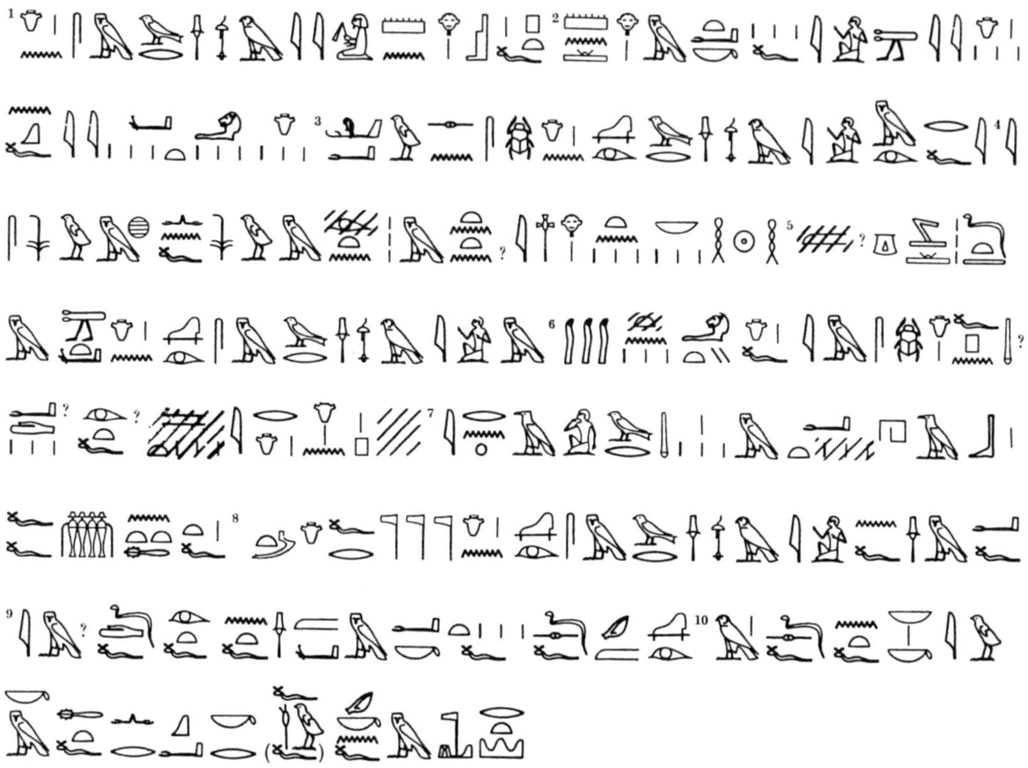

Vgl. Text S. 7ff. u. Tf. XIII.

Naos.

Fundort unbekannt. Erwerbung: Sammlung J. de l'Escluze in Brügge III 24 (1826).
Spätzeit.

Grünlich gesprenkelter Stein (Granit?). Skarabäus in Hochrelief, Figuren versenkt, Inschrift eingraviert. Je zwei Durchbohrungen von oben nach hinten. H. 11,7 cm, B. o. ca. 12,5 cm., B. u. 11,7 cm.

Leiden, Rijksmuseum van Oudheden. Boeser E/XVI. 107.

Lit.: Leemans, Descr. rais. Nr. 0189; Boeser, Catalogus S. 133, Nr. 107.

97 C_4 Vs. Bildfeld in zwei Streifen geteilt. Im oberen Streifen knien auf Standlinien zwei anbetende menschliche Gestalten seitlich von einem Skarabäus. Die linke, mit Perücke und Schurz bekleidet, hält die eine Hand hoch, die andere knapp oberhalb des aufgestellten linken Knies. Die Hände der rechten, deren Affenkopf durch die Perücke mit dem menschlichen Körper verbunden ist, kreuzen sich in Schulterhöhe. Im unteren Streifen sitzt ein nach rechts blickender Pavian in einer Barke, deren Steven in Gazellenköpfen auslaufen.

Rs. leer. Vgl. Tf. XIV.

Naos.

Fundort unbekannt.

Spätzeit.

Erhabenes Relief. Geklebter Bruch, der von der Hohlkehle links durch den Hals der affenköpfigen Gestalt rechts verläuft. Von oben nach hinten drei Durchbohrungen. H. 5,9 cm, B. o. 4,7 cm, B. u. 4,8 cm.

München, Ägyptische Staatssammlung, Inv. Nr. 2928.

Ehemals Sammlung v. Bissing.

98 $C_{4/a}$ Vs. Skarabäus über leicht gebogenem Streifen (Barke). Zu seinen Seiten oben je ein Stern und ein verehrender Pavian. Vgl. Text S. 18 und Tf. XIV.

Rs. Unten Reste einer Barke und oben Reste einer Inschrift (unleserlich). Dazwischen eine nicht erhaltene Darstellung.

Naos. Vs. umlaufender Streifen. Rs. umlaufender Leiterfries.

Fundort unbekannt.

Holz bemalt. Skarabäus aufgesetzt. H. 8 cm, B. 10 cm.

Paris, Paul Bobrovsky Coll.

Lit.: Paul Bobrovsky, Coll. of Antiquities purchased in Syria and Egypt, S. 10, Nr. 19, Tf. X A und B.

In Luxor gekauft.

99 $C_{4/a}$ Vs. Geflügelter Skarabäus zwischen zwei verehrenden Pavianen in einer Barke. Über dem Skarabäus eine geflügelte Sonnenscheibe. Vgl. Text S. 18.

Rechteck (Naos?).

Fundort unbekannt.

Neues Reich.

Blaue Fayence. Längs Durchbohrung. H. 6,2 cm, B. 5 cm.

New York, Metropolitan Museum of Art, 15.43.74.

99a $C_{4/a}$ Vs. Skarabäus schiebt Sonnenscheibe zwischen zwei verehrenden Affen in einer Barke. Auf den Steven der Barke Sonnenscheiben. Vgl. Text S. 18 und Tf. XIV.

Fundort und Herkunft unbekannt.

Spätzeit.

Blaue Fayence. Hochrelief, oberer Teil weggebrochen. H. 3,5 cm, B. 8,6 cm.

Leiden, Rijksmuseum van Oudheden. Boeser E/XVI, 111.

Lit.: Boeser, Catalogus S. 134, Nr. 111.

99A $[E_1]$ - C_5 Vs. Skarabäus in Barke. Verehrung von Osiris u.a.m. Vgl. Nr. 105.

Rs. Oval, Rückseite des Skarabäus, über Ḏd schiebt Mond zwischen Isis und Nephthys und wird von den Seelen von Nḫn und P und den jmj·w ḥṯt verehrt. Osiris im Naos, Fahrt des Toten und seiner Gemahlin in der Sonnenbarke. Vgl. Text S. 23, 17 und Tf. XIV. Auf dem Oval Name des Verstorbenen und Anfang des Tb. 30B:

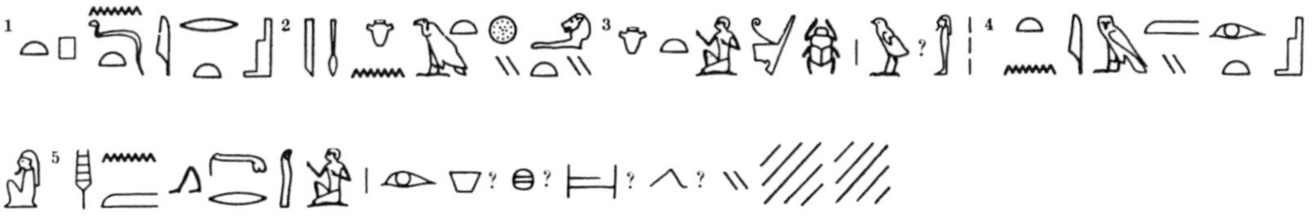

Naos.

Leichte Zerstörung am Ḏd.

Weitere Angaben vgl. Nr. 105.

99B F – C_5 Vs. Anubis auf Schrein. Vgl. Nr. 149.
Rs. Ḏd hebt Sonnenscheibe zwischen zwei Tj·t und den ḥṯt. Vgl. Text S. 6 und Tf. XIV.
Naos. Unten Matte.
Weitere Angaben vgl. Nr. 149.

99C F_3 – C_5 Vs. Verehrung von Anubis. Vgl. Nr. 163.
Rs. Ḏd hebt Sonnenscheibe zwischen zwei Tj·t. Vgl. Text S. 6 und Tf. XIV.
Weitere Angaben vgl. Nr. 163.

99D F – C_5 Vs. Anubis auf Schrein. Vgl. Nr. 148.
Rs. Ḏd stützt mit seinen Armen Oval zwischen zwei Tj·t. Auf beiden Seiten des Ḏd ein ʿnḫ zwischen zwei Wꜣś über einem Nb. Vgl. Text S. 6.
Oval aus schwarzem Steatit eingelassen (?).
Weitere Angaben vgl. Nr. 148.

99E H_1 – C_5 Vs. Verehrung einer Gottheit. Vgl. Nr. 179.
Rs. Oberteil eines Ḏd mit Sonnenscheibe, der mit Händen nach der Sonnenscheibe greift. Links Oberteil eines Tj·t, der rechts ebenso zu ergänzen ist. Vgl. Text S. 6 und Tf. XIV.
Umlaufender Leiterfries. In Hohlkehle nḫḫ-Fries. Ritzzeichnung. Sonnenscheibe versenktes Relief.
Weitere Angaben vgl. Nr. 179.

100 D_1 Das Sonnenkind auf einer langstieligen Pflanze zwischen zwei Göttinnen mit ausgebreiteten Flügeln. Vgl. Text S. 20.
Fundort unbekannt.
Paris, Paul Bobrovsky Coll.
Lit.: P. Bobrovsky, Coll. of Antiquities, Paris, S. 1.

101 D_2 Vs. Gott auf nb-Korb unter Sonnenscheibe zwischen zwei Maatfiguren. Vgl. Text S. 5 und Tf. XV.
Rs. leer.
Naos. Umlaufender Leiterfries. Unterer Rand leicht gebogen.
Fundort unbekannt.
Blaue Fayence mit Tuschzeichnung. Senkrechter Bruch in der Mitte (jetzt geleimt). Oberfläche leicht verwittert. H. 7 cm, B. 8,5 cm.
Florenz, Museo Archeologico, Inv. Nr. 1290.

102 D_3 Hathorkopf (?) mit breitem Halskragen, auf dem ein Skarabäus kriecht, steht zwischen zwei geflügelten Hathoren, die ihre Flügel um ihn legen. Auf den erhobenen Flügeln der Göttinnen je ein Uräus. Vgl. Text S. 20.
Naos. Umlaufender Leiterfries. Die Hohlkehle mit der geflügelten Sonnenscheibe zwischen zwei Uräen wird von zwei Lotussäulen gestützt. Auf den Kapitellen Uräus (?) vor Hathorkopf (? oder Katzen ?). Über der Hohlkehle Fries von Uräen mit Sonnenscheiben auf den Köpfen.
Fundort unbekannt.
Spätzeit oder ptolomäisch.
Bronze, Glas und Fayence. Mittelfeld in durchbrochener Arbeit, Halskragen und Kuhkopf sind plastisch. Einlagen aus Glas und Fayence. H. 13 cm, B. 14 cm.
Paris, Musée du Louvre.
Lit.: Musée du Louvre, Cat. 1932, II, S. 407.

103 D_3 Hathorkopf(?) mit Halskragen und zwei Schlangen. Vgl. Text S. 20.

Naos. Zwei runde Säulen tragen eine Hohlkehle mit geflügelter Sonnenscheibe, auf der sich ein Fries von Uräen mit Sonnenscheiben auf den Köpfen erhebt. Unten Sockel. Auf der Rs. der Hohlkehle und des Sockels sind je zwei Doppelringe angegossen.

Bronze voll gegossen und mit farbigen Schmelzen eingelegt. Darstellung frei gearbeitet und eingefügt. Einlagen teilweise verloren. H. 6 cm, B. 6 cm.

Berlin, Staatl. Museen, Inv. Nr. 19660 (nicht mehr vorhanden?).

Lit.: Roeder, Ägyptische Bronzefiguren S. 475f. § 642.

In London gekauft.

104 D_3 Kuhkopf zwischen zwei geflügelten Udjat-Augen, die ihre Flügel um ihn legen. Vgl. Text S. 20.

Bronze und Einlagen. Einlagen herausgefallen.

Hannover, Kestner-Museum.

105 $[E_1] - C_5$ Pektoral der Jr·t-š·t.

Vs. Skarabäus in Barke, Verehrung von Osiris und der Tote vor Dämonen. Vgl. Text S. 22 und Tf. XV.

Rs. Skarabäus über Ḏd zwischen Isis und Nephthys u.a.m. Vgl. Nr. 99A.

Naos. Rechts Fries übereinanderhockender Figuren, links Fries von verehrenden Pavianen, Ḏd und Tj·t.

Aus Elephantine (Skarabäus allein 1858).

Grün glasierter Stein. Darstellung in Relief. Skarabäus eingelassen. H. 8,6 cm, B. o. 9,3 cm.
Kairo, Ägyptisches Museum, JE 2165 (Skarabäus allein), Ausstellungsnr. 7021.

Lit.: Cat. Maspero, 1902, Nr. 4350; Reisner, Amulets, Nr. 12219, Tf. XVI.

105A $C_3 - [E_1]$ Vs. Oval zwischen geflügelter Isis und Nephthys. Vgl. Nr. 34.

Rs. Großes Oval mit Darstellungen zwischen Osiris und seinem Verehrer in der Barke. Vgl. Text S. 18 und Tf. XV.

Umlaufender Leiterfries.

Weitere Angaben vgl. Nr. 34.

105B $[C_3] - E - G_1$ Pektoral des Schreibers im Gotteshaus Ḥwj.

Vs. Skarabäus schiebt Cheper zwischen Dämonen und Isis und Nephthys in der Barke. Vgl. Nr. 71.

Rs. In der Mitte über einer Lotusblüte schiebt ein Oval einen geflügelten Cheper. Im Oval verderbte Reste des Tb. 30B:

Das Bildfeld zu beiden Seiten des Ovals ist in zwei Register geteilt. Rechts oben steht der Verstorbene mit Haarbeutelfrisur, in langem, plissiertem Gewand, anbetend vor Osiris, der links vom Oval thront mit seinen Insignien und der senkrechten Beischrift .

Vgl. Text S. 22 und Tf. XV. Im unteren Register: Verehrung von Mnevis. Vgl. Nr. 187A.
Naos. Umlaufender Leiterfries. Obere Kante der Hohlkehle Leiterfries. Unten Blütenfries.
Je zwei Durchbohrungen von oben nach hinten. Weitere Angaben vgl. Nr. 71.

106 $[E_1] - [E]$ Vs. Verehrung von Osiris. Dazwischen schiebt Skarabäus Sonnenscheibe, auf der eine Barke mit Re-Harachte zwischen zwei anbetenden Pavianen fährt. Vgl. Text S. 18, 22 und Tf. XV.

Naos. Schmaler umlaufender Leiterfries. Rs. Verehrung von Osiris. Vgl. Nr. 119T.

Aus Abydos (1983).

Blau-grün glasierter Stein. Erhabenes Relief. Rs. versenktes Relief mit Ritzzeichnungen. Der obere Teil wurde gesondert gearbeitet und vor der Glasur befestigt. Einlagen fehlen. H. 8,2 cm, B. 10 cm.

Kairo, Ägyptisches Museum, JE 30346.

Lit.: Reisner, Amulets Nr. 12222, Tf. XVII.

107 E_1 Vs. Der Tote verehrend vor dem Skarabäus und Osiris. Vgl. Text S. 21f.

Von der Mumie einer Frau (?).

Stein. Rohe Arbeit.

Berlin, Staatliche Museen (nicht vorhanden).

Lit.: Ausf. Verzeichnis Berlin Nr. 3473, S. 188.

107A $C_{3/c} - E_1$ Vs. zwei Skarabäen zwischen verehrender Isis und Nephthys in Barke. Vgl. Nr. 88.

Rs. Oval mit Inschrift (Name des Verstorbenen und dem verderbten Anfang des Tb. 30B) über einer Blüte:

Rechts hockt Osiris im Mumiengewand mit Atefkrone, Krummstab und Geißel, links kniet verehrend Verstorbener im reich plissierten Gewand mit Halskragen und langer Perücke. Vgl. Text S. 21f. und Tf. XVI.

Naos. Umlaufender Leiterfries. In der Hohlkehle geflügelter Skarabäus.

Versenktes Relief und Ritzzeichnungen. Oben je zwei Durchbohrungen.

Weitere Angaben vgl. Nr. 88.

107B $C_{3/a} - E_1$ Vs. Skarabäus zwischen Isis und Nephthys in Barke. Vgl. Nr. 51.

Rs. Über Schrein Vertiefung für Skarabäus. Rechts steht verehrend der Verstorbene in langem plissierten Gewand, links Osiris im Mumiengewand mit Atefkrone, Geißel und Krummstab. Vgl. Text S. 21f. und Tf. XVI.

Naos. Umlaufender Leiterfries. In Hohlkehle geflügelte Sonnenscheibe.

Ritzzeichnung. Oben je zwei Durchbohrungen.

Weitere Angaben vgl. Nr. 51.

107C $C_{3/a} - E_1$ Vs. Skarabäus zwischen Isis und Nephthys in Barke. Vgl. Nr. 50.

Rs. Oval des auf der Vs. einst eingelassenen Skarabäus: Rechts steht verehrend der Verstorbene im langen plissierten Gewand und langer Perücke. Über ihm sein Titel und Name 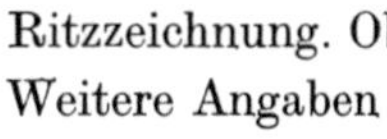, vor ihm 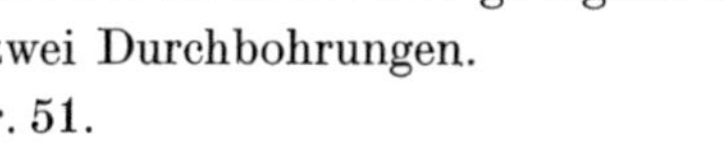. Links steht Osiris im Mumiengewand mit Atefkrone, Geißel und Krummstab auf einem Podest. Vor ihm die Inschrift: 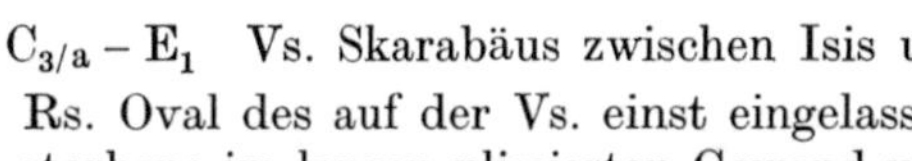. Unter dem Leiterfries, der die Darstellung umgibt, Inschrift: 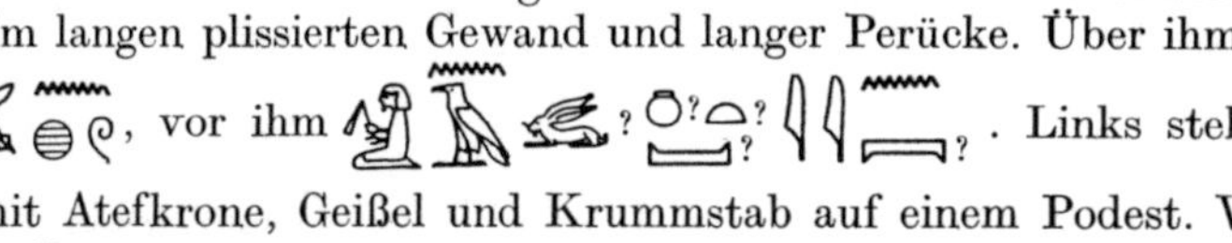. Vgl. Text S. 21f. und Tf. XVI.

Naos. Oben eine Durchbohrung.
Weitere Angaben vgl. Nr. 50.

107 D $C_{3/a}$ – E_1 Vs. Skarabäus zwischen Isis und Nephthys in Barke. Vgl. Nr. 58.

Rs. Oval mit Inschrift (Name der Verstorbenen?).  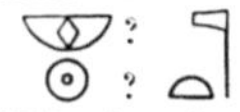. Darunter links ein Opferständer. Rechts steht die Verstorbene mit erhobenen Händen im langen Gewand, rechts Osiris im Mumiengewand, kegelförmiger Krone und einem langen ḥḳꜣ-Stab. Eine Inschrift beginnt links über dem Skarabäus und läuft zur Frau hin (Name der Verstorbenen?) 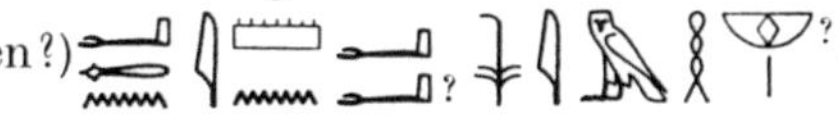. Vgl. Text S. 21 f. und Tf. XVI.

Naos (?).
Weitere Angaben vgl. Nr. 58.

107 E $C_{3/a}$ – E_1 V. s. Skarabäus zwischen Isis und Nephhtys in Barke. Vgl. Nr. 43.

Rs. Oval mit Inschrift. Auf der Photographie schlecht erkennbar.

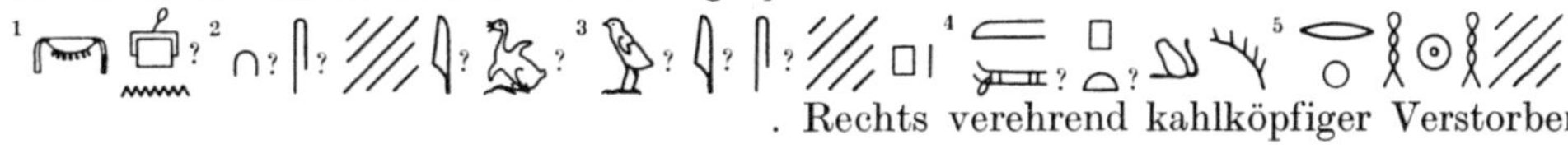

. Rechts verehrend kahlköpfiger Verstorbener im langen plissierten Gewand mit Überfall. Links Osiris im Mumiengewand mit Atefkrone, Krummstab und Geißel. Vor ihm sein Name. Vgl. Text S. 21 f. u. Tf. XVI.

Naos. Umlaufender Leiterfries. Unten Blütenfries.
Weitere Angaben vgl. Nr. 43.

107 F $C_{3/a}$ – E_1 Vs. Skarabäus zwischen Isis und Nephthys in Barke. Vgl. Nr. 70.

Rs. Oval mit fünf Zeilen zerstörter Inschrift auf einer Blüte. Darüber Schakal mit sḫm-Zepter und Geißel, über ihm kleine geflügelte Sonnenscheibe. Rechts verehrend Verstorbener im langen plissierten Gewand. Über ihm drei Begrenzungsstriche für einzutragenden Namen (leer). Links, auf einem Podest, Osiris im Mumiengewand mit ḥḳꜣ-Stab, Wedel und Atefkrone. Vor seinen Füßen eine Blüte, auf der drei Figuren mit Sonnenscheiben auf den Köpfen hocken. Vgl. Text S. 21 Anm. 3 und S. 22 Anm. 17 und Tf. XVI.

Naos. Umlaufender Leiterfries. In der Hohlkehle und unten Blütenfriese. Oben drei Durchbohrungen.
Weitere Angaben vgl. Nr. 70.

107 G $C_{3/a}$ – E_1 Vs. Skarabäus zwischen Isis und Nephthys in Barke. Vgl. Nr. 59.

Rs. Oval mit Tb. 30 B. An den Seiten Osiris und Wnn-nfr in verehrender Haltung. Vgl. Text S. 21 f.
Weitere Angaben vgl. Nr. 59.

107 H H_2 – E_1 Vs. Osiris und Horus hocken an beiden Enden einer Barke. Vgl. Nr. 198.

Rs. Oval mit Inschrift, dem Namen (nicht erhalten) des Verstorbenen und dem Anfang von Tb. 30 B.

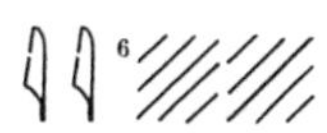

Rechts steht verehrender Verstorbener in langem Gewand. Über seinem Arm hängt ein Pektoral. Links Osiris im Mumiengewand mit Atefkrone, Geißel und Krummstab. Vor ihm Opferständer und sein Name. Vgl. Text S. 21 f.

Naos mit umlaufendem Leiterfries.

Schwarze Tuschzeichnung(?). Oben je vier Durchbohrungen.

Weitere Angaben vgl. Nr. 198.

108 $E_1 - F_3$ Vs. Skarabäus mit Menschenkopf zwischen Osiris und dem verehrenden Verstorbenen. Vgl. Text S. 21 f. u. 30 und Tf. XVII.

Rs. Verehrung von Anubis. Vgl. Nr. 162 A.

Vs. Naos. Umlaufender Leiterfries. Unten Blütenfries.

Fundort unbekannt.

Spätzeit.

Hellblaue Fayence. Im Blüten- und Leiterfries Einlagen aus türkisfarbener, dunkelblauer und fast schwarzer Fayence. Skarabäus aufgesetzt. Von oben nach hinten je zwei Durchbohrungen. Zwei Einlagen des Leiterfrieses unten und eine oben sowie zwei vom Blütenfries fehlen. H. 12,2 cm, B. 13,2 cm.

München, Äg. Staatssammlung, Inv. Nr. 642, Neg. Nr. IV/202.

Ehemals Sammlung Dodwell, Rom.

Lit.: Chris, Führer 1901, S. 111, Nr. 642.

108 A $C_{3/a} - E_1$ Vs. Oval zwischen Isis und Nephthys in Barke. Vgl. Nr. 62.

Rs. Links thront Osiris mit Atefkrone, Geißel und Krummstab in ein „schuppenartiges" Mumiengewand gehüllt. Das Oval trennt ihn von dem stehenden, in ein langes, plissiertes Gewand mit Überfall gehüllten Anbeter. Vgl. Tf. XVII.

Naos. Umlaufender Leiterfries. Unten Blütenfries. Ritzzeichnung und vertieftes Relief. Je zwei Durchbohrungen von oben nach hinten.

Weitere Angaben vgl. Nr. 62.

108 B $C_{3/a} - [E_1]$ Vs. Skarabäus zwischen Isis und Nephthys in Barke. Vgl. Nr. 63.

Rs. Ovale Vertiefung für Skarabäus (fehlt) über einem Ḏd zwischen zwei Tj·t. Vor Osiris (im schuppenartig verzierten Mumiengewand mit Atefkrone, Geißel und ḥḳꜣ-Stab auf einem Podest [], das mit einem Fries von 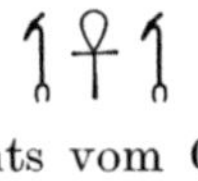 verziert ist) senkrecht 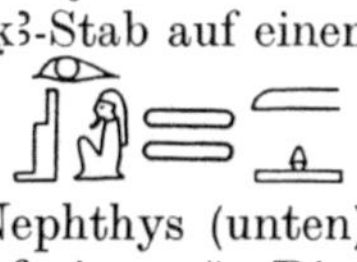.

Übereinander in zwei Streifen knien rechts vom Oval Isis (oben) und Nephthys (unten), die rechte Hand zu ihrem Zeichen auf dem Kopf erhoben, die linke auf einem šn-Ring gestützt. Die gleichen Inschriften wie auf der Vorderseite vor und hinter ihnen: Vor Isis:

1 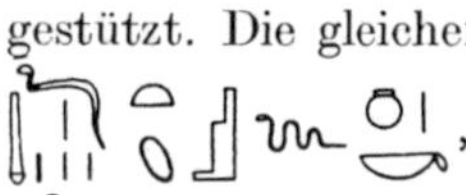, hinter Isis: 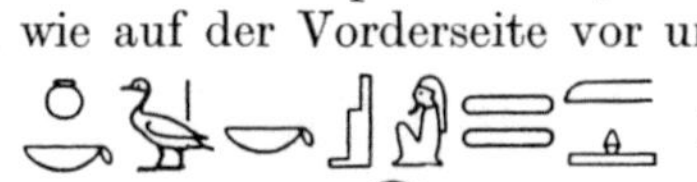 Nephthys.

1 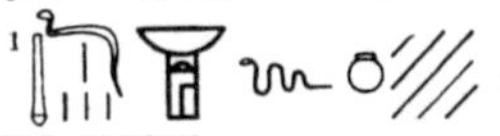, hinter Nephthys: . Vgl. Text S. 23 und Tf. XVII.

Naos. In der Hohlkehle Fries von . Umlaufender Leiterfries. Unten Reste von Blütenfries.

Versenktes Relief und Ritzzeichnung. Je zwei Durchbohrungen von oben nach hinten.

Weitere Angaben vgl. Nr. 63.

109 E – F_3 Pektoral des Haushofmeisters Ptḥ-m-ḥb.

Vs. Rechts thront Osiris im Mumiengewand mit Atefkrone, Geißel und Krummstab. Vor ihm sein Name und ein kleiner Opferständer, der mit dem Fuß ungefähr in Kniehöhe des Gottes steht. Links steht der Verstorbene in langem, plissiertem Gewand, die Hände verehrend erhoben. Die Beischrift über ihm bezeichnet ihn als 

Vgl. Text S. 21 f. und Tf. XVIII.

Rs. Verehrung des Anubis. Vgl. Nr. 164 A.

Naos mit umlaufendem Leiterfries. Auf dem Rundstab unter der Hohlkehle sind Verschnürungen angegeben.

Fundort unbekannt.

Neues Reich bis Spätzeit.

Grüne Fayence. Versenktes Relief. Durchgehender Bruch vor dem Verstorbenen. H. 6,35 cm, B. u. 5,8 cm.

Leningrad, Ermitage, Inv. Nr. Pyr. II, G. 2252.

Lit.: Cat. Ermitage Imp. Petersburg, Coll. Eg., 1891, S. 321.

110 E – F_3 Vs. Der Verstorbene steht vor einem Opferständer und verehrt Osiris. Vgl. Text S. 21 f.

Rs. Verehrung von Anubis. Vgl. Nr. 1173 D.

Naos.

Fundort unbekannt.

19. Dynastie.

Blaue Fayence mit purpurfarbener Strichzeichnung. H. 8,3 cm, B. 8,6 cm.

Ehemals Wallis Collection.

Lit.: B.F.A.C., Cat. 1895, S. 85, Nr. 1, Tf. 20, Nr. 157.

111 E Der kahlköpfige Verstorbene kniet im plissierten Schurz anbetend vor dem thronenden Osiris. Zwischen ihnen Opferständer mit Gefäß und Blüte. Über beiden eine fünfzeilige senkrechte Inschrift mit ihren Namen: 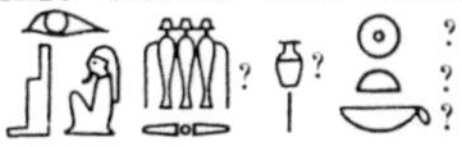 und .

Vgl. Text S. 21 f. und Tf. XVIII.

Fundort unbekannt.

Fayence, Tuschzeichnung (?).

London, Brit. Museum, Inv. Nr. 7849.

112 E – [F_3] Vs. Links thronender Osiris im Mumiengewand mit Atefkrone, Geißel und Krummstab. Vor ihm sein Name. Rechts hebt der Verstorbene im langen plissierten Gewand verehrend die Hände. Vor ihm Reste seines Namens. Zwischen beiden Figuren Reste eines Opferständers. Vgl. Tf. XVIII.

Rs. Verstorbener vor Anubis auf Standarte. Vgl. Nr. 178 B.

Naos. Umlaufender Leiterfries.

Fundort unbekannt.

Holz mit bemaltem Stucküberzug auf Leinen. Stuck bröckelt ab. H. 8,6 cm, B. o. 12 cm, B. u. 9,8 cm.

Florenz, Museo Archeologico, Inv. Nr. 1287.

113 E – F_3 Pektoral des Dieners Nḫt. Vgl. Tf. XVIII.

Vs. Links thront Osiris im Mumiengewand mit Atefkrone und wꜣś-Zepter. Vor ihm kniet der kahlköpfige Verstorbene mit verehrend erhobenen Händen.

Rs. Verehrung von Anubis. Vgl. Nr. 173 A.

Naos. Umlaufender Leiterfries.

Fundort unbekannt.

Neues Reich.

Dunkelgrüne Fayence. Erhabenes Relief. Für Leiterfries Vertiefungen. Hohlkehle geritzt. Spuren von Farbpaste. Einlagen fehlen. H. 8,15 cm, B. 8,4 cm.

Bologna, Museo Civico, ohne Inv. Nr.

114 E – I Pektoral des Osiris-Priesters Pꜣ-šd.

Vs. Links thronender Osiris im Mumiengewand mit Atefkrone, Geißel und ḥkꜣ-Stab 

Mit erhobenen Händen kniet vor ihm der kahlköpfige, in ein langes Gewand gehüllte Osirispriester Pa-sched: 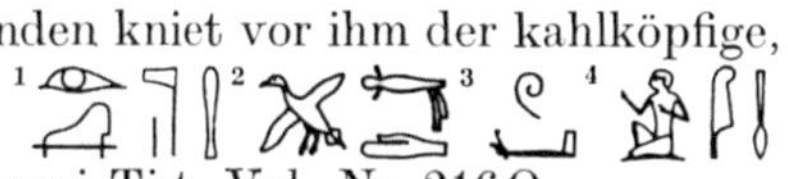 . Vgl. Tf. XVIII.

Rs. Ḏd zwischen zwei Tj·t. Vgl. Nr. 216 O.

Naos. Umlaufende Linie.

Fundort unbekannt. Erwerbung: Sammlung J. de l'Escluze in Brügge III 25 (1826).

Neues Reich – Spätzeit.

Granit (?). Ritzzeichnung. In zwei Teile zerbrochen. Infolge getrennter Lagerung ist der rechte Teil rötlich, der linke grünlich. H. 7,6 cm, B. 8,9 cm.

Leiden, Rijksmuseum van Oudheden, Boeser E/XVI 127.

Lit.: Leemans, Descr. rais. Nr. 0178; Boeser, Catalogus S. 135, Nr. 127.

115 E – I Pektoral des Pꜣjj . . . ?

Vs.  Osiris thronend vor Opferständer mit Lotus; vor ihm Anbeter:  ? .

Rs. Tj·t zwischen zwei Ḏd. Vgl. Nr. 205 Q.

Naos. Umlaufender Leiterfries.

Fundort unbekannt. Erwerbung: Sammlung Anastasi – Alexandrien 5 e (1828).

Neues Reich – Spätzeit.

Blaue Fayence. Schwarze Tuschzeichnung.

Leiden, Rijksmuseum van Oudheden. Boeser E/XVI 124.

Lit.: Leemans, Descr. rais. Nr. 0174; Boeser, Catalogus, S. 135, Nr. 124.

116 E – F_3 Vs. Links steht Osiris auf einem Podest im Mumiengewand mit Atefkrone, Geißel und Krummstab. Vor ihm sein Name und ein Opferständer. Eine Inschrift teilt das Bild in zwei Hälften: 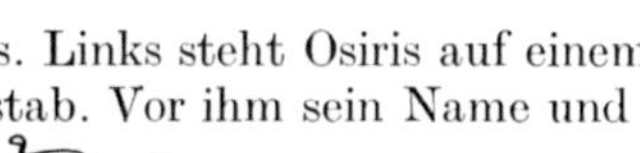 . Rechts steht eine Frau in langem plissierten Gewand und langer Perücke. Auf ihrem Kopf Blüte (?). Sie hält dem Gott einen Blumenstrauß (?) entgegen. Vgl. Tf. XIX.

Rs. Verehrung von Anubis. Vgl. Nr. 178.

Eine lange Kette aus blauen, braun-rötlichen und gelben, langen, flachen Perlen.

Naos.

Fundort unbekannt.

Zeit ramessidisch.

Blaugrüne Fayence. Schwarze Tuschzeichnung. Abgenutzt. H. 6,7 cm, B. o. 9 cm, B. u. 8 cm.

Florenz, Museo Archeologico, Inv. Nr. 1284.

117 E Osiris mit Verehrer = 118?
Fundort unbekannt.
Fayence. Relief mit Fayenceeinlagen.
Amsterdam, All. Pierson Museum? Ehemals Coll. Grébaut, dann W A. van Leer.
Lit.: Amsterdam, Tentoonstelling van Antieke Voorwerpen, 1931, S. 60, Nr. 449.

118 E – I_1 Vs. Auf einem Thron sitzt Osiris mit seinen Insignien. Sein Name steht vor ihm. Von dem kahlköpfigen Verehrer ihm gegenüber sind die Beine nicht ausgeführt. Vgl. Tf. XIX.
Rs. Ḏd zwischen zwei Tj·t. Vgl. Nr. 216.
Naos. Umlaufender Leiterfries.
Fundort unbekannt.
Spätzeit.
Grüne Fayence. Darstellung in erhabenem Relief. Karneol- und Malachiteinlagen des Leiterfrieses fehlen zum Teil. Je zwei Durchbohrungen von oben nach hinten. H. 9,5 cm.
Amsterdam, All. Pierson Museum.
Lit.: Med. Ex Oriente Lux 3, 1936, S. 16, Tf. VI, Nr. 29; Med. Ex Oriente Lux 15, 1957, S. 26, Tf. X, Nr. 29.

119 E Der stehende Tote vor Osiris. Zwischen beiden die vier Horuskinder auf der Blüte. Inschrift: „ḥtp dj nśwt Wś-jr".
Hellgrüne Fayence. H. 11,7 cm, B. 10,18 cm.
Herkunft: Auktion Sabatier.
Kopenhagen, Nationalmuseum, Inv. Nr. 3561, Plade Nr. AE 33.
Lit.: Katalog, Kopenhagen 1950, S. 24; Coll. de den M. R. Sabatier, Cat. 31. 3. bis 4. 4. 1890, Nr. 450.

119 A F_3 – E Vs. Verehrung von Anubis. Vgl. Nr. 169.
Rs. Links thront Osiris im Mumiengewand mit Atefkrone, Geißel und Krummstab auf einem Podest. Vor ihm die Inschrift  , ein Opferständer mit Blüte. Rechts der Verstorbene in langem, plissiertem Gewand mit Perücke in verehrender Haltung. Über ihm ist ein Kästchen ausgespart für seinen Namen. Vgl. Tf. XIX.
Umlaufender Leiterfries.
Schwaches, versenktes Relief, z.T. nur Ritzungen. Oben seitlich je zwei Durchbohrungen. Glasur z.T. abgewetzt.
Weitere Angaben vgl. Nr. 169.

119 B ($C_{3/a}$) – E Vs. Skarabäus zwischen zwei Göttinnen in Barke. Vgl. Nr. 74.
Rs. Links thront Osiris im Mumiengewand mit Atefkrone, Geißel und Krummstab. Vor ihm ein kleiner Opferständer und verehrend der kniende, kahlköpfige Verstorbene.
Naos. Umlaufender Leiterfries. Vgl. Tf. XIX.
Weitere Angaben vgl. Nr. 74.

119 C F – E Pektoral des Ptah-Priesters Rš-śnb.
Vs. Anubis auf Schrein. Vgl. Nr. 154.

Rs. rechts thront Osiris mit Atefkrone, Geißel und Krummstab. Senkrecht hinter ihm die glückbringenden Zeichen 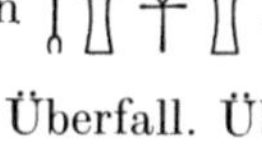. Vor ihm Stabstrauß und kahlköpfiger, kniender Anbeter in langem Gewand mit Überfall. Über ihm die Inschrift . Vgl. Tf. XIX.
Naos. Umlaufender Leiterfries. In der Hohlkehle unter einem Leiterfries nochmals Titel und Name des Verstorbenen: 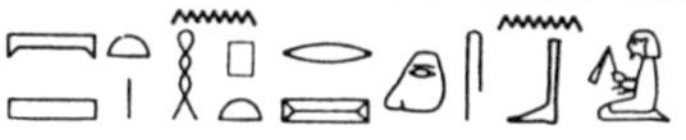.
Weitere Angaben vgl. Nr. 154.

119D C_2(?) – E Vs. Skarabäus(?). Vgl. Nr. 17.
Rs. Verehrung von Osiris.
Weitere Angaben vgl. Nr. 17.

119E $C_{3/a}$ – E Vs. Skarabäus zwischen Isis und Nephthys in Barke. Vgl. Nr. 44.
Rs. Verehrung von Osiris.
Weitere Angaben vgl. Nr. 44.

119F C_2 – E Vs. Skarabäus. Vgl. Nr. 6.
Rs. Verehrung von Osiris.
Weitere Angaben vgl. Nr. 6.

119G C_3 – E Vs. Oval zwischen Isis und Nephthys. Vgl. Nr. 33a.
Rs. Verehrung von Osiris. Vgl. Tf. XIX.
Naos. Umlaufender Leiterfries.
Ritzzeichnung. An der Hohlkehle von hinten nach oben an den Seiten je zwei Durchbohrungen.
Weitere Angaben vgl. Nr. 33a.

119H $C_{3/a}$ – E Vs. Skarabäus in Barke zwischen Isis und Nephthys. Vgl. Nr. 86 und Tf. XX.
Rs. Links thront Osiris im Mumiengewand mit kegelförmiger weißer Krone, Geißel und Krummstab auf einem hohen Podest. Vor ihm zwei kurze Zeilen: 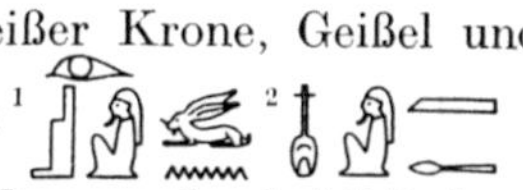.
Vor ihm stehen Opferständer mit reichen Gaben und die kleinen Figuren des kahlköpfigen Verstorbenen mit langem Gewand, der ein Opfer darzubringen scheint, und seiner Frau in langem Gewand und Perücke, in verehrender Haltung. Über ihnen in drei Zeilen Titel und Name des Mannes und Name der Frau: .
Naos. Umlaufende doppelte Linie.
Weitere Angaben vgl. Nr. 86.

119I (C_3) – E Fragment eines Pektoral des Pꜣ-šd.
Vs. Geflügelte Göttin. Vgl. Nr. 36.
Rs. Isis im Naos.
Weitere Angaben vgl. Nr. 36.

119J F – E Pektoral des Bꜣd-rꜥ-bꜣ-rꜥ und der Bw-rꜥ-š.
Vs. Anubis. Vgl. Nr. 140.
Rs. Bꜣd-rꜥ-bꜣ-rꜥ kniet vor Osiris. 
Weitere Angaben vgl. Nr. 140.

119K (H_2) – E Vs. Oval zwischen Osiris und Harachte in Barke. Vgl. Nr. 197.

Rs. Rechts thront Osiris in Mumienbinden mit Atefkrone, Geißel und Krummstab auf einer Matte mit vier Verschnürungen, die Bezeichnung  vor sich. Vor dem Gott steht ein großer Opferständer; darauf, auf einer Matte, ein großes Gefäß und Lotus. Am Fuß des Ständers hängt ein Halskragen mit Falkenköpfen als Verschluß. Über dem Aufbau eine dreizeilige, senkrechte Inschrift: . Sie bezieht sich auf die Frau, die stehend, in langem plissierten Gewand und einer langen Perücke mit einem Salbkegel und einer Blüte auf dem Kopf, Osiris verehrt. An ihrem Ellenbogen hängen eigenartige Zeichen (sꜣ und Skorpion?). In der Ecke hinter ihr ein Viertel-, über ihr ein Halbkreis mit Strahlen. Vgl. Text S. 16f., 18f. und Tf. XX.

Ritzzeichnung. Von hinten nach oben je zwei Durchbohrungen.

Weitere Angaben vgl. Nr. 197.

119L (H_2) – E Pektoral des Ḳnj.

Vs. Re-Harachte und Osiris hocken sich auf Goldzeichen gegenüber. Vgl. Nr. 195.

Rs. Osiris, 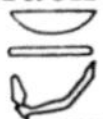, mit Atefkrone, Geißel und Krummstab, in Mumienbinden gehüllt, thront in der Mitte. Hinter ihm hält Isis, 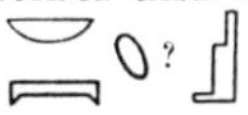, die rechte Hand verehrend empor, die linke ausgestreckt über ihren schräg nach vorn laufenden Flügel. Vor Osiris Opferständer mit Halskragen, Krug und Lotusblüte und ein stehender Anbeter in langem, plissierten Gewand. Vgl. S. 16f., 18f. und Tf. XX.

Naos. Keine Hohlkehle. Umlaufender Leiterfries. Je zwei Durchbohrungen von oben nach hinten.

Weitere Angaben vgl. Nr. 195.

119M F_3 – E Vs. Verehrung von Anubis. Vgl. Nr. 168.

Rs. Rechts steht Osiris(-Min) in Mumienbinden mit Atefkrone, Geißel und Krummstab auf einer Matte. Hinter ihm eine Blüte zwischen zwei  -Zeichen. Vor ihm eine Blüte. Vor und hinter seinem Kopf und seinen Armen Uräen. Ein Opferständer mit einer Blüte steht zwischen zwei ḥs-Krügen zwischen Osiris und seinem in langem, plissiertem Gewand gekleideten Verehrer. Auf dessen Kopf mit langer Perücke eine Blüte und darüber eine Aussparung für den Namen. Die vier Horuskinder hocken auf einer Linie oben zwischen den beiden Figuren. Vgl. S. 21 Anm. 3, 40 und Tf. XX.

Weitere Angaben vgl. Nr. 168.

119N $C_{3/a}$ – E Vs. Skarabäus zwischen Isis und Nephthys in Barke. Vgl. Nr. 57.

Rs. Links steht Osiris im Mumiengewand mit Atefkrone, Geißel und Krummstab auf einem Podest, aus dem vor ihm eine Blüte mit den vier Horuskindern hervorwächst. Hinter ihm das jmn·t-Zeichen, vor ihm sein Name. Ein Opferständer mit drei Broten und einer Blüte steht zwischen zwei Knospen (?). Rechts steht der Verstorbene in langem, plissiertem Gewand und langer Perücke und erhebt verehrend seine Hände. Über ihm sein Titel und Name: . Vgl. Text S. 21 und Tf. XXI.

Naos. Umlaufender Leiterfries. Am Rundstab Angaben von Verschnürungen.

Ritzzeichnung. Oben je zwei Durchbohrungen.

Weitere Angaben vgl. Nr. 57.

119O F_3 – E Vs. Verehrung des Anubis. Vgl. Nr. 161.

Rs. Links thront Osiris in Mumienbinden mit Atefkrone, Geißel und Krummstab. Vor seinen Füßen wächst eine Blüte mit den vier Horuskindern hervor. Rechts kniet der Verstorbene in langem plissiertem Gewand und erhebt verehrend die Hände. Über dem Bild schwebt ein geflügelter Skarabäus unter einem Himmelszeichen(?) zwischen zwei Udjat-Augen. Vgl. Text S. 22 und Tf. XXI.

Seiten und unten Leiterfries.

Weitere Angaben vgl. Nr. 161.

119 P $C_{3/a}$ – E Vs. Skarabäus zwischen Isis und Nephthys in Barke. Vgl. Nr. 75 und Tf. XXI.

Rs. Links thronender Osiris mit Atefkrone, Geißel und Krummstab. Vor seinen Füßen wächst eine Blüte hervor, auf der die vier Horuskinder stehen. Rechts steht der kahlköpfige Verstorbene in langem Gewand mit erhobenen Händen. Eine Inschrift, die von Osiris zum Verstorbenen verläuft, nennt den Gott und Name und Titel des Verstorbenen:

Naos mit umlaufendem Leiterfries.

Schwarze Tuschzeichnung. Oben je vier Durchbohrungen.

Weitere Angaben vgl. Nr. 75.

119 Q $C_{3/a}$ – E Pektoral des Nb-nṯr.

Vs. Skarabäus zwischen Isis und Nephthys in Barke. Vgl. Nr. 64.

Rs. Links thront Osiris mit Atefkrone, Krummstab und Geißel. Vor seinem Gesicht 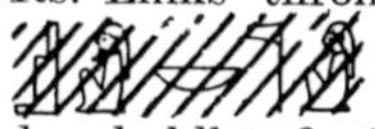. Eine Blüte mit den vier Horuskindern trennt ihn von seinem Verehrer, der, kahlköpfig in ein langes, plissiertes Gewand gehüllt, in anbetender Haltung vor ihm steht. Vgl. Tf. XXI.

Naos. Umlaufender Leiterfries. Unten Blütenfries. Ritzzeichnung. Je zwei(?) Durchbohrungen von hinten nach oben.

Weitere Angaben vgl. Nr. 64.

119 R C_3 – E Vs. Oval zwischen geflügelter Isis und Nephthys. Vgl. Nr. 35.

Rs. Osiris, 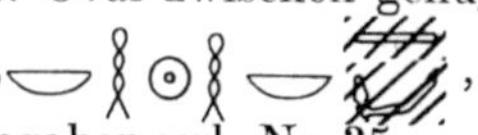, von der Verstorbenen und Isis verehrt. Oben ihr Name.

Weitere Angaben vgl. Nr. 35.

119 S F – E Vs. Anubis auf Schrein. Vgl. Nr. 123.

Rs. Links kniender Verstorbener im langen, plissierten Gewand mit erhobenen Händen. Vor ihm eine zweizeilige Inschrift mit einem Gebet an Osiris:

Vgl. Text S. 21 und Tf. XXI.

Linienumrandung. An den Seiten oben je zwei Durchbohrungen.

Weitere Angaben vgl. Nr. 123.

119 T $[E_1]$ – [E] Skarabäus zwischen Osiris und dem Verstorbenen. Vgl. Nr. 106.

Rs. Osiris und Isis mit Verehrer und Göttin u. a. m.

Vgl. Text S. 22. Zehn senkrechte, kurze, verderbte Inschriftzeilen. Vier verlaufen von der Mitte nach rechts: 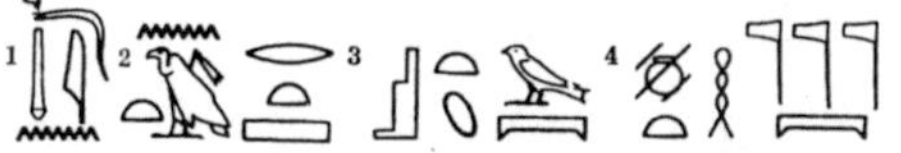 sechs von der Mitte nach links:

 . Vgl. Text S. 22 und Tf. XXII.

Weitere Angaben vgl. Nr. 106.

120 F – J Pektoralartige Tafel vom Rücken des Ḥꜣtj-ꜣjj. Vgl. Tf. XXII.

Vs. Anubis mit Halsbinde und Geißel, die hinter seinem Rücken emporsteht, auf einem Schrein. Blickt nach rechts.

Rs. Räucherung der Mumie. Vgl. Nr. 221 A.

Vs. Naos. Umlaufender Leiterfries.

Vom Rücken der Mumie des Ḥꜣtj-ꜣjj aus seinem Grab in Gurnah.

18. Dynastie.

Holz vergoldet mit farbigen Einlagen (Halbedelsteine und Glaspaste). Einzelheiten vgl. Vernier und Reisner. Von oben nach hinten je zwei Durchbohrungen. H. 7 cm, B. o. 8,5 cm, B. u. 7,0 cm, D. o. 1,3 cm, D. u. 0,75 cm, G. 36,3 g.

Kairo, Ägyptisches Museum, JE 31380.

Lit.: De Morgan, Cat. 1895, Nr. 1388; Daressy, ASAE II, S. 6, Fig. 3 und 4; Reisner, Amulets, Nr. 12197, Tf. XII; Vernier, Bijoux et Orfèvreries, Nr. 53200, Tf. XC.

121 F – I Vs. Anubis auf Schrein mit Halsbinde blickt nach rechts. Vgl. Tf. XXII.

Rs. Tj·t zwischen zwei Ḏd. Vgl. Nr. 205 K.

Naos. Rest einer dreireihigen Perlenkette erhalten.

18. Dynastie.

Holz mit Überzug aus Leinen, Stuck und einer schwarzen Substanz, die vermutlich ursprünglich als Bindemittel für einen Goldüberzug, von dem Reste erhalten sind, diente. Einlagen aus Obsidian oder Glas (Schakal), Karneol, Türkis und einem hellblauen Material und dunkelblauem Glas. H. 8,4 cm, B. 10,6 cm.

Fundort: Aus einem Grab der 18. Dynastie in der Nekropole von Durunka (nahe Assiut). Im Besitz von H. Brün, Schönberg (Taunus).

Lit.: I. Wallert, A Pectoral of the Eighteenth Dynasty. Journal of Glas Studies IX, 1967, S. 9 ff.

122 F – I Pektoral des Śn-nḏm. Vgl. Tf. XXII.

Vs. Anubis mit Halsbinde und Geißel auf Schrein. Blickt nach rechts. Über ihm die Inschrift:

Rs. Ḏd zwischen zwei Tj·t. Vgl. Nr. 216 B.

Naos. Umlaufender Leiterfries.

Fundort und Zeit vgl. Nr. 67.

Holz. Erhabenes Relief, mit Stuck überzogen und poliert. Politur vergilbt. H. 9,4 cm, B. 13 cm.

Kairo, Ägyptisches Museum, JE 27265.

Lit.: Reisner, Amulets, Nr. 12206, Tf. XIII.

123 F – E Pektoral des Pn-tꜣ-wr·t. Vgl. Tf. XXII.

Vs. Anubis auf Schrein mit Halsbinde, Geißel und in seinen Vorderpfoten das śḫm-Zepter. Blickt nach rechts.

Rs. Verstorbene und Gebet an Osiris. Vgl. Nr. 119 S.

Naos. Umlaufende breite Linie.

Aus Aniba, Grab SA 35.

19. Dynastie.

Blaue Fayence. Dunkle Zeichnung. Von oben nach hinten je zwei Durchbohrungen. Oberfläche verwittert. H. 6,5 cm, B. 8 cm.

Kairo, Ägyptisches Museum, JE 41828.

Lit.: Steindorff, Aniba II, 1937, S. 90 und 237, Tf. 50, 3.

124 F – I Vs. Anubis auf Schrein mit Halsbinde, Geißel und Binde um den Leib. Blickt nach links. Vor ihm:  , hinter ihm  .

Naos. Vgl. Tf. XXIII.

Aus Godrah (1891).

Blau-grüne Fayence. Schwarze Tuschzeichnung. Von oben nach hinten je vier Durchbohrungen. Oberfläche verwittert. H. 6,5 cm, B. 8,3 cm.

Kairo, Ägyptisches Museum, JE 29397.

Lit.: Reisner, Amulets Nr. 12187, Tf. XI.

125 F – I Vs. Anubis mit Geißel auf Schrein. Blickt nach rechts. Hinter ihm eine senkrechte Zeile für Inschrift freigelassen. Vgl. Tf. XXIII.

Rs. Zwei Tj·t. Vgl. Nr. 219 D.

Naos. Umlaufender Leiterfries.

Fundort unbekannt.

Blau-grüne Fayence. Schwarze Tuschzeichnung. Von oben nach hinten je vier Durchbohrungen. H. 7,4 cm, B. 10,7 cm.

Kairo, Ägyptisches Museum.

Lit.: Reisner, Amulets, Nr. 12186, Tf. X.

126 F – I Vs. Anubis auf Schrein. Blickt nach rechts.

Rs. Ḏd zwischen Tj·t. Vgl. Nr. 219 B.

Fundort unbekannt.

Neues Reich.

Stein. Rohe Arbeit.

Berlin, Staatliche Museen (nicht vorhanden).

Lit.: Ausführliches Verzeichnis, Berlin 1899, S. 188, Nr. 7427.

127 F – I Vs. Anubis auf Schrein mit Halskragen, Perücke, Geißel und sḫm-Zepter. Blickt nach rechts. Über seinem Rücken: 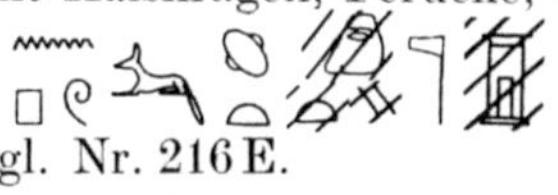 . Vgl. Tf. XXIII.

Rs. Ḏd zwischen zwei Tj·t. Vgl. Nr. 216 E.

Naos. Umlaufender Leiterfries. Vgl. Tf. XXXII.

Fundort unbekannt.

Grünlich-blaue Fayence. Schwarze Tuschzeichnung. Rs. von oben nach hinten je zwei Durchbohrungen. Oberfläche leicht verwittert. H. 7,3 cm, B. o. 8,6 cm, B. u. 7 cm.

Florenz, Museo Archeologico, Inv. Nr. 1289.

128 F – I Vs. Anubis mit Geißel und sḫm-Zepter auf Schrein blickt nach rechts. Hinter ihm senkrechte Inschrift: . Vgl. Tf. XXIII.

Rs. Tj·t zwischen zwei Ḏd. Vgl. Nr. 205 P.

Naos. Umlaufender Leiterfries.

Fundort: Unbekannte Erwerbung: Sammlung Beeftink. BA 154.

Neues Reich.

Grün-blaue Fayence. Schwarze Tuschzeichnung. H. 7 cm, B. 8 cm.
Leiden, Rijksmuseum van Oudheden, Boeser E/XVI 105.
Lit.: Boeser, Catalogus S. 133, Nr. 105.

129 F - I Vs. Anubis mit Halsbinde auf Schrein blickt nach rechts. Über seinem Rücken drei senkrechte Inschriftzeilen: 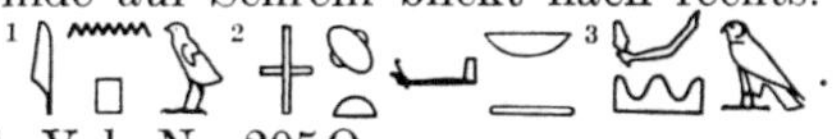. Vgl. Tf. XXIII.
Rs. Tj·t zwischen zwei Ḏd. Vgl. Nr. 205 O.
Naos. Umlaufender Leiterfries. Über der Hohlkehle zwei Stege mit je vier Durchbohrungen.
Fundort unbekannt. Erwerbung: Sammlung Anastasi – Alexandrien AH 162 (1828).
18. (–19.?) Dynastie.
Holz mit Leinen- und Stucküberzug vergoldet. Einlagen aus Fayence und Glas (oder Halbedelsteinen?) in türkisfarben, rot, grün, gelblichweiß. Skarabäus schwarzes Glas oder Obsidian (?). Einlagen fehlen teilweise. H. 8 cm, B. o. 10 cm, B. u. 8,3 cm.
Leiden, Rijksmuseum van Oudheden, Boeser E/XVI 116.
Lit.: Leemans, Descr. rais., Nr. 0169; Boeser, Catalogus, S. 134, Nr. 116.

130 F - I Vs. Anubis auf Schrein mit Halsbinde und Geißel. Blickt nach links. Vor ihm und über ihm Reste von Inschrift.
Rs. Tj·t zwischen zwei Ḏd. Vgl. Nr. 205 M.
Naos. Vgl. Tf. XXIII.
Fundort unbekannt.
Stein. Anubis erhabenes Relief. Schrein Tuschzeichnung. Inschrift vertieft. Von oben nach hinten je zwei Durchbohrungen. Linke obere Seite weggebrochen (nur rechte erhalten). Bruch rechts. Oberfläche stark beschädigt. H. 8,2 cm, B. 10,2 cm.
Florenz, Museo Archeologico, Inv. Nr. 1291.

131 F Vs. Anubis auf Schrein mit Halsbinde, Geißel und śḫm-Zepter. Blickt nach rechts. Vgl. Tf. XXIV.
Rs. leer.
Naos. Umlaufender Leiterfries.
Fundort unbekannt.
Blau-graue Fayence. Schwarze Tuschzeichnung. Von oben nach hinten drei Durchbohrungen. Kette aus flachen runden und länglichen Perlen. Linke Ecke weggebrochen. Oberfläche leicht verwittert. H. 8,5 cm, B. 8,2 cm.
Florenz, Museo Archeologico, Inv. Nr. 1283.

132–133 F Anubis auf Schrein hält in der linken erhobenen Pfote die Geißel, die über seinem Rücken erscheint. Blickt nach rechts.
An den vier Ecken Löcher.
Fundort unbekannt.
Mumienpappe. Schwarze Tuschzeichnung.
Turin, Museo Egizio, Inv. Nr. 2453 und 2454.

134 F Vs. Anubis auf Schrein mit Geißel. Blickt nach rechts.
Naos. Umlaufender Leiterfries.
Fundort unbekannt.
Holz. In drei Teile zerbrochen. Oberfläche abgerieben. H. 7,9 cm, B. 9,5 cm.
Boston, Museum of Fine Arts. Inv. Nr. 72. 3270 (?), Neg. Nr. 08 B 295.2.

135 F - I Fragment eines Pektorals mit Kette. Vgl. Tf. XXIV.

Vs. Anubis auf Schrein mit Halsbinde, Geißel und sḫm-Zepter. Blickt nach rechts.

Rs. Ḏd zwischen zwei Tj·t. Vgl. Nr. 216 E.

Naos. An Seiten und unten Leiterfries. Oben breiter Streifen.

Fundort unbekannt.

Blaue Fayence. Von oben nach hinten je vier Durchbohrungen. Geleimter Bruch vor Anubis. Linker unterer Teil, etwa ein Drittel des Pektorals, fehlt. Dunkelblau-violette Unterglasurmalerei. H. 8,5 cm, B. 10 cm.

Kette abwechselnd mehrere runde und lange zylindrische Perlen in Rot und blau.

München, Ägyptische Staatssammlung, Inv. Nr. 755, Neg. Nr. IV, 211.

Ehemals Sammlung Dodwell, Rom.

Lit.: Lauth, Verzeichnis 1865, S. 66, Nr. 278; Chris, Führer, 1901, S. 111 f., Nr. 755.

136 F Pektoral des Bb. Vgl. Tf. XXIV.

Vs. Anubis auf Schrein mit Halsbinde und Geißel. Blickt nach rechts.

Rs. Ausgespartes Viereck zwischen zwei Udjat-Augen über nb-Körben. Unten Inschrift:

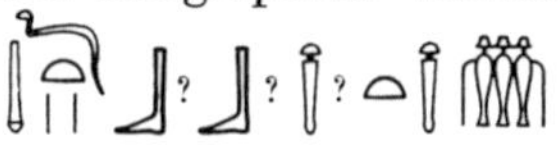

Naos. Umlaufender Leiterfries, an Seiten und oben Linie.

Fundort unbekannt, in Assuan gekauft.

Dunkelblaue Fayence. Oben je zwei Durchbohrungen. H. 9 cm, B. o. 10 cm, B. u. 9 cm.

Paris, Bobrovsky Collection.

Lit.: Paul Bobrovsky, Coll. of Antiquities purchased in Syria and Egypt, Paris, S. 9, Nr. 18, Tf. IX, Fig. 43, 44.

137 F Anubis mit Geißel. Blickt nach rechts.

Naos.

Aus Achmim.

Blaue Fayence. Darstellung eingedrückt. Anubis dunkelblau. H. 5,7 cm, B. 6,4 cm.

Ehemals Hilton Price Collection.

Lit.: B.F.A.C., Cat. 1895, S. 86, Nr. 1; Hilton Prive Coll. 1899, Nr. 1435.

138 F Anubis auf Schrein. Blickt nach rechts.

Naos.

Fundort unbekannt.

Blaue Fayence.

London, Brit. Museum, Inv. Nr. 14.654.

Lit.: Brit. Museum Guide 1904, S. 197, Nr. 507.

139 F Vs. Anubis auf Schrein mit Halsbinde und Geißel. Über ihm: „Jnpw ḫntj sḥ-nṯr". Blickt nach rechts.

Rs. leer.

Fundort unbekannt.

Neues Reich.

Fayence. Purpurfarbene Strichzeichnung. H. 7,3 cm, B. 8,3 cm.

Ehemals Wallis Collection.

Lit.: B.F.A.C., Cat. 1895, S. 86, Nr. 3.

140 F – E Pektoral des Bꜣd-rꜥ-bꜣ-rꜥ (Badil – Baal) und der Bw-rꜥ-š.
Vs. Liegender Anubis. Über ihm sein Name. Blickt nach rechts. Unten Name der Verstorbenen: 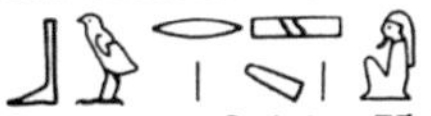
Rs. Verehrung von Osiris. Vgl. Nr. 119 J.
Fundort unbekannt.
Schist. Relief. H. 7,5 cm, B. u. 7,7 cm.
Leningrad, Ermitage, Inv. Nr. Pyr. II B 2253.
Lit.: Cat. Ermitage Imp., Coll. Eg., Petersburg 1891, S. 321.

141 F Anubis auf Schrein mit Inschrift: Jnpw jmj-wt nb tꜣ-ḏsr. Blickt nach rechts.
Fundort unbekannt.
28. Dynastie – ptolemäisch.
Blau-grüne Fayence.
Lit.: Petrie, Amulets, London 1914, S. 24, 91 f.

142 F Vs. Anubis mit šḫm-Zepter und Halsbinde auf Schrein. Blickt nach rechts auf Opferständer mit Blüte. Über seinem Rücken:  . Vgl. Tf. XXIV.
Naos. Umlaufender Leiterfries.
Rs. zerstört.
18.–19. Dynastie?
Holz mit Stucküberzug. Vs. Einlagen in rot, türkisfarben, grün (Blüte), weiß und dunkelblau.
Von hinten nach oben je drei Durchbohrungen. H. 9,2 cm, B. o. 11,2 cm, B. u. 9,5 cm.
Heidelberg, Sammlung des Ägyptologischen Instituts der Universität Heidelberg, Inv. Nr. 36.

142 A F – I Vs. Ḏd zwischen zwei Tj·t. Vgl. Nr. 211.
Rs. Anubis mit Halsbinde und Geißel auf Schrein über Matte. Blickt nach rechts.
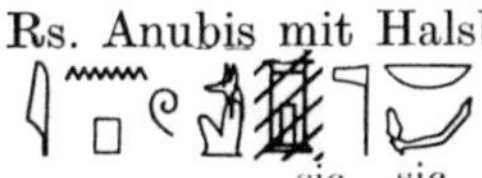 . Vgl. Tf. XXIV.
sic sic
Naos. Umlaufender Leiterfries.
Weitere Angaben vgl. Nr. 211.

142 B I – F Vs. Ḏd zwischen zwei Tj·t. Vgl. Nr. 210.
Rs. Anubis mit Halsbinde auf Schrein. Blickt nach rechts. Über ihm:  Vgl. Tf. XXV.
Naos. Umlaufender Leiterfries.
Weitere Angaben vgl. Nr. 210.

142 C I – F Vs. Ḏd zwischen zwei Tj·t. Vgl. Nr. 212.
Rs. Anubis mit Halsbinde auf Schrein. Blickt nach rechts. Über ihm:  .
Vgl. Tf. XXV.
Naos. Umlaufender Leiterfries.
Tuschzeichnung. Von oben nach hinten je vier Durchbohrungen.
Weitere Angaben vgl. Nr. 212.

142 D I – F Vs. Ḏd zwischen zwei Tj·t. Vgl. Nr. 209.
Rs. Anubis auf Schrein. Blickt nach rechts.
Weitere Angaben vgl. Nr. 209.

142 E I – F Vs. Tj·t-Ḏd-Tj·t-Ḏd. Vgl. Nr. 219.
Rs. Anubis mit Halsband und Geißel blickt nach rechts. Vgl. Tf. XXV.
Weitere Angaben vgl. Nr. 219.

142 F I – F Vs. Ḏd zwischen zwei Tj·t. Vgl. Nr. 214.
Rs. Anubis mit sḫm-Zepter auf Schrein blickt nach rechts. Über seinem Rücken Udjat-Auge.
Vor ihm senkrechte Inschriftzeile:  . Vgl. Tf. XXV.
Weitere Angaben vgl. Nr. 214.

143 F – H Fragment eines Pektorals. Vgl. Tf. XXV.
Vs. Anubis. Blickt nach rechts. Über seinem Rücken ein Udjat-Auge.
Rs. Isis und Inschrift. Vgl. Nr. 181 A.
Naos. Umlaufender Leiterfries.
Aus dem Grab des Jpjj (Grab Nr. 202) in Riqqeh.
Spätzeit.
Ton glasiert. Von oben nach hinten je zwei Durchbohrungen. Unterer Teil fehlt.
Lit.: Engelbach, Riqqeh and Memphis VI, 1915, Tf. XXII, Nr. 11 und 12.

144 F Anubis. Blickt nach rechts. Über seinem Rücken geflügeltes Udjat-Auge. Vgl. Tf. XXV.
Naos.
Fundort unbekannt.
Blaue und gelbe Fayence.
London, Brit. Museum, Inv. Nr. 7853.
Lit.: Th. White, P.S.B.A. 1893, Tf. IV; Brit. Museum Cat. 1904, S. 197, Nr. 506; Brit. Museum Guide 1922, S. 68, Nr. 139.

145 F Vs. Anubis mit Halsbinde auf einem nach hinten abfallenden Schrein. Blickt nach links. Über seiner Schnauze sein Name, über seinem Rücken ein Udjat-Auge.
Naos. Umlaufender Leiterfries.
Fundort unbekannt.
Elfenbeinfarbene Fayence mit andersfarbigen Fayenceeinlagen. Das Udjat-Auge und die Halsbinde sind rot, ein Streifen am Schrein blau und die Hohlkehle und der Leiterfries blau, weiß, rot eingelegt. Der Rest ist aufgemalt. Von oben nach hinten je vier Durchbohrungen. Linke Ecke fehlt.
Paris, Musée du Louvre.
Lit.: Musée du Louvre Cat. 1932 II, S. 562.

146 F Vs. Anubis auf einem nach hinten abfallenden Schrein mit sḫm-Zepter und Halsbinde. Blickt nach rechts. Über seinem Rücken Udjat-Auge.
Naos. Umlaufender Leiterfries.
Fundort unbekannt.
Helle grün-blaue Fayence. Dunkelbraune Bemalung. Von oben nach hinten je vier Durchbohrungen. H. ca. 8 cm, B. ca. 8 cm.
Paris, Musée du Louvre, Inv. Nr. 2744.
Lit.: Musée du Louvre Cat. 1932 II, S. 562.

146A I – F Vs. Ḏd zwischen zwei Tj·t. Vgl. Nr. 213.
Rs. Anubis auf Schrein. Blickt nach rechts. Über ihm Udjat-Auge.
Weitere Angaben vgl. Nr. 213.

147 F Vs. Anubis mit Halsbinde und Geißel auf Schrein. Blickt nach rechts. Über ihm geflügelte Sonnenscheibe.
Rs. leer.
Unten und an den Seiten vertiefter Steg.
Fundort unbekannt.
Holz. Darstellung vertieft. Keinerlei Reste von Einlagen. H. 7 cm, B. 9,6 cm.
Florenz, Museo Archeologico, Inv. Nr. 1282.

148 F – C_5 Vs. Anubis auf Schrein vor Opferständer. Blickt nach rechts. Über ihm Name und Beiname in zwei Zeilen.
Rs. Ḏd stützt Oval zwischen zwei Tj·t. Vgl. Nr. 99 D.
Naos.
Fundort unbekannt. Vom Museum gekauft.
Neues Reich bis Spätzeit.
Blau glasierter Steatit. Ritzzeichnung. Glasur abgenützt. H. 7,7 cm, B. 8,6 cm, D. 0,6 cm.
Brooklyn Museum, Inv. Nr. 49.134.
Lit.: Sale Cat. Joseph Brummer Coll., Parke-Bernet Galleries, New York, May 1949, II, Nr. 19.

149 F – C_5 Vs. Anubis mit Halskragen, Perücke, Geißel und śḫm-Zepter auf Schrein. Blickt nach rechts. Vor ihm Opferständer mit nmś·t-Krug und Blüte zwischen zwei lanzettförmigen Knospen (?). Über Anubis  . Vgl. Tf. XXVI.
Rs. Ḏd mit Sonnenscheibe zwischen zwei Pavianen. Vgl. Nr. 99 B.
Naos. Umlaufende Linie.
Fundort unbekannt.
Grünliche Fayence. Schwarze Tuschzeichnuug. Leichte Abreibungen. H. 9,6 cm, B. o. 9,6 cm, B. u. 8,9 cm.
Turin, Museo Egizio, Inv. Nr. 6837.

150 F Vs. Anubis mit Geißel und śḫm-Zepter auf Schrein. Blickt nach rechts. Vor ihm Opferständer mit Lotusblüte.
Naos.
Fundort unbekannt.
Holz. Darstellung vertieft. H. 7,6 cm, B. 10,4 cm. Bruch an Hohlnische.
Boston, Museum of Fine Arts, Inv. Nr. 72.4364, Neg. Nr. 08 B 295.1.
Geschenk.

151 F – I Vs. Anubis mit Halsbinde und Geißel auf Schrein. Blickt nach rechts. Vor ihm Opferständer. Oben: 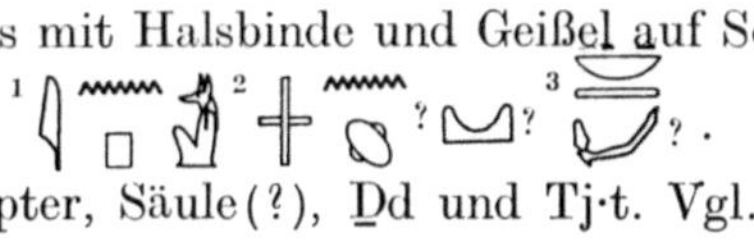 .
Rs. Papyruszepter, Säule (?), Ḏd und Tj·t. Vgl. Nr. 219 E.
Naos.
Fundort unbekannt.
Dunkelblaue Fayence. Grüne Strichzeichnung. Oben Durchbohrungen. H. 9,2 cm, B. 8,3 cm.
Lit.: B.F.A.C., Cat. 1895, S. 87, Nr. 11, Tf. 15, Nr. 95.

152 F – I Vs. Anubis mit Halsbinde auf Schrein. Blickt nach rechts. Vor ihm Opferständer mit Blüte und nmś·t-Krug. Über ihm: 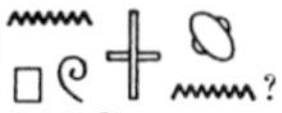 . Vgl. Tf. XXVI.

Rs. Ḏd zwischen zwei Tj·t. Vgl. Nr. 216C.

Naos. Umlaufender Leiterfries.

Aus Saqqara.

19. Dynastie (?).

Holz mit Stucküberzug, darüber Goldfolie. Einlagen aus undurchsichtigem Glas, Anubis olivbraun mit weißem Halsband auf grünem Schrein. Einlagen der Vorderpfote und Teile des Halsbandes fehlen. H. 8,8 cm, B. 10,1 cm.

Kairo, Ägyptisches Museum.

Lit.: Z. Goneim, Horus-Sekhem-khet. The unfinished Step Pyramid at Saqqara, Kairo 1957, S. 25, Tf. LXVIII bis B.

153 F – I Vs. Anubis auf Schrein. Blickt nach rechts. Vor ihm Opfertisch zwischen zwei lanzettförmigen Blüten (?) mit einem nmś·t-Krug, der von einer Art Flammenkranz umgeben ist. Über Anubis Udjat-Auge. Vor ihm drei senkrechte Zeilenabgrenzungen ohne Inschrift. Vgl. Tf. XXVI.

Rs. Ḏd zwischen zwei Tj·t. Vgl. Nr. 216 D.

Naos. An den Seiten und oben Leiterfries. Unten doppelte Linie.

Fundort unbekannt.

Blau-grüne Fayence mit dunkelblauer Unterglasur-Tuschzeichnung (über Anubis abgeschabt und fleckig). Von oben nach hinten je vier Durchbohrungen. H. 9,3 cm, B. o. 10,4 cm, B. u. 9,8 cm.

München, Ägyptische Staatssammlung, Inv. Nr. 643, Neg. Nr. IV/202.

Ehemals Sammlung Dodwell, Rom.

Lit.: Lauth, Verzeichnis 1865, S. 66, Nr. 277; Chris,-Führer 1901, S. 111, Nr. 643.

154 F – E Pektoral des Ptah-Priesters Rš-śnb.

Vs. Anubis auf Schrein mit Halsbinde und Halskragen blickt nach rechts. Vor ihm Lotusblüte. Über seinem Rücken die Mondscheibe in der Sichel über dem Ḏw und ein Udjat-Auge . Vgl. Tf. XXVI.

Rs. Osiris mit Anbeter. Vgl. Nr. 119C.

Naos. Umlaufender Leiterfries.

Fundort unbekannt. Erwerbung: Sammlung Anastasi – Alexandrien AD 5h (1828).

Spätzeit.

Dunkler Stein (Serpentin? – Grauwacke?). Ritzzeichnung. H. 7,7 cm, B. 7,8 cm.

Leiden, Rijksmuseum van Oudheden. Boeser E/XVI 125.

Lit.: Leemans, Descr. rais., Nr. 0181; Boeser, Catalogus, S. 135, Nr. 125.

155 F_1 Vs. Anubis mit Halsbinde und Geißel auf Schrein zwischen zwei Ḏd. Blickt nach rechts. Vgl. Text S. 24.

Naos.

Fundort unbekannt.

Holz. Einst eingelegt. H. 11,1 cm, B. 9,2 cm.

Ehemals Wallis Collection.

Lit.: B.F.A.C., Cat. 1895, S. 87, Nr. 14, Tf. 15, Nr. 89.

156 F_1 Vs. Anubis mit Halsbinde und Geißel auf Schrein zwischen zwei Tj·t. Blickt nach rechts. Vgl. Text S. 24.
Naos. Umlaufender Leiterfries.
Fundort unbekannt.
Hellbraune Fayence. Ritzzeichnung. Grobe Arbeit. H. ca. 6 cm, B. ca. 7 cm.
Paris, Musée du Louvre.
Lit.: Lexa, Magie III, Tf. XLV, Fig. 60; Cat. Musée du Louvre 1932 II, S. 562.

157 F_2 - I Vs. Auf zwei Schreinen blicken sich antithetisch angeordnet zwei Schakale des Anubis mit Perücke und Geißel an. In den Pfoten halten sie gemeinsam ein šḫm-Zepter. Über ihnen ein šn-Ring zwischen zwei Udjat-Augen. Vgl. Text S. 24 und Tf. XXVI.
Rs. Tj·t zwischen zwei Ḏd. Vgl. Nr. 205 N.
Naos. Umlaufender Leiterfries.
Fundort unbekannt.
Grüne Fayence. Rechte Ecke leicht beschädigt. Oberfläche leicht abgerieben.
Leningrad, Ermitage, Inv. Nr. Pyr. II, G 2256.
Lit.: Cat. Ermitage Imp. Col. Eg., Petersburg 1891, S. 322f.

158 F_2 - I Vs. Auf zwei Schreinen blicken sich antithetisch angeordnet zwei Schakale des Anubis mit Halsbinde, Geißel und šḫm-Zepter an. Vgl. Text S. 24.
Rs. Ḏd zwischen zwei Tj·t. Vgl. Nr. 216 J.
Fundort unbekannt.
19. Dynastie.
Blaue Fayence. Purpurfarbene Strichzeichnung. H. 11,1 cm, B. 9,5 cm.
Eton, Myers Museum.
Lit.: B.F.A.C., Cat. 1895, S. 86, Nr. 2.

158 A J - F_2 Vs. Der Verstorbene vor dem Opfertisch. Vgl. Nr. 220.
Rs. auf zwei Schreinen blicken sich antithetisch angeordnet zwei Schakale des Anubis an. Vgl. Text S. 24.
Einlagen fehlen.
Weitere Angaben vgl. Nr. 220.

158 B H - F_2 + C Vs. Re-Harachte(?) in Barke. Vgl. Nr. 193.
Rs. In einer Barke, an deren Vordersteven eine Matte hängt, hockt, hinter dem šmś-Zeichen, ein ibisköpfiger Dämon, dessen menschlicher, in ein Mumiengewand gehüllter Körper durch eine Perücke mit dem Kopf verbunden ist. In der Mitte der Barke, hinter ihm, zieht ein Skarabäus einen šn-Ring, der sehr flüchtig ohne Querbalken gezeichnet ist. Zwei Ruder dienen als Steuer der Barke. Über dem Skarabäus ein šn-Ring über drei Wasserlinien zwischen zwei Schakalen mit Wedel (vgl. Nr. 69 und 157–158 A). Vgl. Text S. 24 f. und Tf. XXVI.
Weitere Angaben vgl. Nr. 193.

159 F_3 - C_2 Pektoral des Snb·f.
Vs. Links Anubis mit Halsbinde, Geißel und šḫm-Zepter auf Schrein. Vor ihm kniet der Verstorbene in langem, plissiertem Gewand und Perücke in verehrender Haltung. Über ihm, in drei senkrechten Zeilen, sein Name: 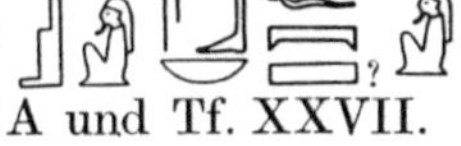 .
Rs. Geflügelter Skarabäus. Vgl. Nr. 14 A und Tf. XXVII.

Naos. Umlaufender Leiterfries.

Fundort unbekannt.

18. Dynastie.

Glasierter, grüngesprenkelter Schiefer. H. 6,3 cm, B. o. 7,6 cm, B. u. 9,5 cm.

London, Brit. Museum, Inv. Nr. 7852.

Ehemals Wallis Collection.

Lit.: Th. Whyte, P.S.B.A. 1893, Tf. VI; B.F.A.C., Cat. 1895, S. 89, Nr. 6, Tf. 20, Nr. 157.

160 F_3 – I Pektoral des Pꜣ-nḫw.

Vs. Links Anubis mit Halsbinde und Geißel auf Schrein. Über ihm „Jnpw". Vor ihm kniet der Verstorbene in langem, plissiertem Gewand mit Perücke in verehrender Haltung. Über ihm eine (jetzt unlesbare?) Inschrift.

Rs. Ḏd zwischen zwei Tj·t. Vgl. Nr. 216G.

Naos. Umlaufender Leiterfries.

Fundort unbekannt.

26.–30. Dynastie.

Blau glasierter Steatit. Relief. H. 10,1 cm, B. 7,5 cm.

New York, Metropolitan Museum of Art, Inv. Nr. 26.7.1279.

161 F_3 – E Pektoral des Mrj-Rꜥ.

Vs. Links liegt Anubis mit Halsbinde, Halskragen und Geißel auf einem Schrein. Rechts vor ihm kniet in anbetender Haltung die Verstorbene in langem, plissiertem Gewand und Perücke, um die ein Band liegt. Über ihm Inschrift mit seinem Titel und Namen:
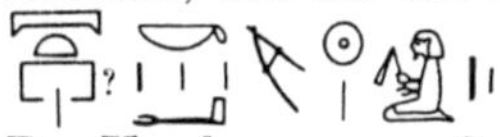. Vgl. Tf. XXVII.

Rs. Verehrung von Osiris. Vgl. Nr. 119O.

Naos. Umlaufender Leiterfries. Geflügelter Skarabäus in Hohlnische. Vgl. Text S. 22 Anm. 16.

Aus Saqqara (1874).

Spätzeit.

Grünlicher Schiefer mit Einlagen. Darstellung in erhabenem Relief. Leiterfries eingelegt. Einlagen zum größten Teil herausgefallen. Linke Ecke angestoßen, großer Teil der rechten Hohlnische weggebrochen. H. 6,6 cm, B. 7,5 cm.

Kairo, Ägyptisches Museum, JE 22224.

Lit.: Maspero, Cat. 1902, Nr. 4778; Reisner, Amulets, Nr. 12217, Tf. XV.

162 F_3 Links Anubis mit Perücke, Geißel und śḫm-Zepter auf Schrein. Vor ihm kniet verehrend der Verstorbene in langem, plissiertem Gewand und Perücke.

Naos. Umlaufender Leiterfries. Sonnenscheibe in Hohlkehle.

Fundort unbekannt.

Ramessidisch – Spätzeit.

Dunkelblaue Fayence. Darstellung in erhabenem Relief aus der blauen Fayence gearbeitet. Innenzeichnung in Ritzzeichnung. Hintergrund hell-türkisfarben. Von oben nach hinten je zwei Durchbohrungen.

Paris, Musée du Louvre.

Lit.: Musée du Louvre, Cat. 1932 II, S. 562.

162 A $E_1 - F_3$ Vs. Verehrung von Osiris. Vgl. Nr. 108.

Rs. Anubis mit Geißel auf Schrein. Über seiner Schnauze die Inschrift: 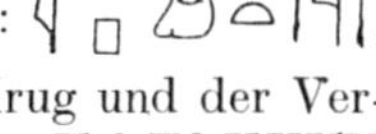, über seinem Rücken ein Udjat-Auge. Vor ihm Opferständer mit nmš·t-Krug und der Verstorbene in langem, plissiertem Gewand. Die Darstellung steht auf einer Matte. Vgl. Tf. XXVII Umlaufender Leiterfries. Unten stilisierter Blütenfries (?).

Weitere Angaben vgl. Nr. 108.

163 $F_3 - I$ Vs. Links thront Anubis, dessen Schakalskopf durch eine Perücke mit dem menschlichen Körper verbunden ist. Durch einen Opferständer von ihm getrennt, kniet der Tote, in langem, plissiertem Gewand mit kurzer Löckchenperücke, einer Blüte (?) vor der Stirn und kurzem Bart in verehrender Haltung vor ihm und erhebt dabei nur die linke Hand. Vgl. Text S. 25 und Tf. XXVII.

Rs. Ḏd-Pfeiler faßt Sonnenscheibe zwischen zwei Tj·t. Vgl. Nr. 99 C.

Naos. Umlaufender Leiterfries.

Aus Saqqara (1860). Vgl. Nr. 168.

19. Dynastie (?).

Grün glasierter Steatit. Ritzzeichnung und versenktes Relief. Von oben nach hinten zwei Durchbohrungen. Linker oberer Rand der Hohlkehle weggebrochen. Vor oder während des Glasierens gesprungen. H. 7 cm, B. 10,2 cm.

Kairo, Ägyptisches Museum, JE 6966.

Lit.: Maspero Cat. 1902, Nr. 4352; Reisner, Amulets, Nr. 12210, Tf. XIII; Lexa, Magie I, S. 81, Fig. 101 a, Tf. LX.

164 $F_3 - H$ Vs. Anubis auf Schrein blickt nach rechts. Vor ihm Opfertisch (?) und kniender Anbeter. Vgl. Tf. XXVII.

Rs. die vier Horuskinder. Vgl. Nr. 203 A.

Naos. Umlaufender Leiterfries.

Fundort unbekannt. Erwerbung: Sammlung Anastasi – Alexandrien (1828).

Spätzeit.

Holz mit Leinen und Stucküberzug bemalt. Rechts eine Durchbohrung von vorn nach oben. Durch waagerechten Bruch in zwei gleich große Teile zerbrochen. Überzug und Bemalung zum größten Teil abgebröckelt. H. 8,7 cm, B. o. 13 cm, B. u. 10,4 cm.

Leiden, Rijksmuseum van Oudheden. Boeser E/XVI 118.

Lit.: Leemans, Descr. rais. Nr. 0179; Boeser, Catalogus S. 134, Nr. 118.

164 A $E - F_3$ Pektoral des Ptḥ-m-ḥb.

Vs. Verehrung von Osiris. Vgl. Nr. 109.

Rs. Links thront Anubis wie bei Nr. 193. Rechts kniet der Verstorbene in verehrender Haltung in langem, plissiertem Gewand mit Perücke und Bart. Über Anubis: 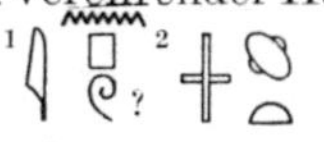, über dem Toten: , in der Hohlkehle: 

Naos. Umlaufender Leiterfries.

Fundort unbekannt.

Weitere Angaben vgl. Nr. 109.

165 F_3 Vs. Links Anubis mit Halskragen, Halsbinde, Geißel und sḫm-Zepter auf hohem Schrein. Über ihm: . Vor ihm steht der Verstorbene in verehrender Haltung in langem, plissiertem Gewand und Perücke.

Naos. Umlaufender Leiterfries.

Fundort unbekannt.

Blaue Fayence. Dunkelbraune Bemalung. Von oben nach hinten je zwei Durchbohrungen. H. ca. 7 cm, B. ca. 7 cm.

Paris, Musée du Louvre, Inv. Nr. 2763.

Lit.: Musée du Louvre, Cat. 1932 II, S. 562.

167 F_3 – I Vs. Links Anubis mit Halskragen und Halsbinde sowie Geißel auf Schrein. Über seinem Rücken: . Auf dem Schrein ein Fries von w3ḏ, w3ś, ʿnḫ auf nb. Vor Anubis Opferständer mit nmś·t-Krug und Lotusblüte. Der verehrende Tote steht rechts in langem, plissiertem Gewand und Perücke. Vgl. Tf. XXVIII.

Rs. Ḏd zwischen zwei Tj·t. Vgl. Nr. 216 I.

Naos mit geflügelter Sonnenscheibe in Hohlkehle. Umlaufender Leiterfries.

Fundort unbekannt.

Grüne Fayence. Versenktes Relief. H. 8,5 cm, B. 9 cm.

Leningrad, Ermitage, Inv. Nr. Pyr. II G 2255.

Lit.: Cat. Ermitage Imperiale, Col. Eg., Petersburg 1891, S. 322.

168 F_3 – E Vs. Anubis mit Halsbinde und Geißel auf Schrein. Vor ihm Opferständer mit Lotusblüte. Rechts steht der Verstorbene in langem, plissiertem Gewand und Perücke mit Band in verehrender Haltung. Vgl. Tf. XXVIII.

Rs. Verehrung von Osiris. Vgl. Nr. 119 M.

Naos. An den Seiten und oben Leiterfries. Unten Lotusblütenfries.

Aus Saqqara (1860). Vgl. Nr. 163.

Blaugrün glasierter Stein mit Einlagen. Grobes erhabenes Relief. Hintergrund rote Glaseinlagen von feiner roter Paste gehalten. Weiteres vgl. Reisner. H. 8 cm, B. 9 cm.

169 F_3 – E Vs. Anubis mit Halsbinde und Geißel auf Schrein. Rechts steht der Verstorbene in langem, plissiertem Gewand und Perücke in verehrender Haltung. Über ihm Zeile für Namen ausgespart. Vgl. Tf. XXVIII.

Rs. Verehrung von Osiris. Vgl. Nr. 119 A.

Naos mit geflügelter Sonnenscheibe in der Hohlkehle. Umlaufender Leiterfries.

Fundort unbekannt.

Spätzeit.

Grüne Fayence mit Pasteneinlagen. Erhabenes Relief mit Ritzzeichnung und Pasteneinlagen. Reste von roten Pasten. H. 6,7 cm, B. o. 7 cm, B. u. 6,5 cm.

Bologna, Museo Civico, Inv. Nr. Palogi 2043 (oder 2034?).

Lit.: M. Rosenberg, Äg. Einlagen Fig. 3.

170 F_3 – I Vs. Links Anubis auf Schrein mit seinem Namen über sich. Rechts davor der kahlköpfige Verstorbene in langem Gewand. Rest von Inschrift. Vgl. Tf. XXVIII.

Rs. Ḏd zwischen zwei Tj·t. Vgl. Nr. 216 A.

Naos mit konkaven Seitenwänden. Umlaufender Leiterfries, unten Lotusblütenfries.

Fundort unbekannt.

Spätzeit.

Hellgrüne Fayence. H. 9,2 cm, B. 8,6 cm.
Ehemals Hilton Price Coll.
Lit.: Hilton Price Coll. Cat. 1899, Nr. 1434.

171 F_3 – I Vs. Anubis mit Halsbinde und Geißel auf Schrein blickt nach rechts. Vor ihm steht der Verstorbene in langem Gewand und Perücke und hebt anbetend die Hände. Vgl. Tf. XXVIII.
Rs. Ḏd zwischen Tj·t. Vgl. Nr. 216 P.
Naos. Umlaufender Leiterfries.
Fundort unbekannt. Erwerbung Sammlung Anastasi – Alexandrien AD 5k (1828).
Neues Reich (– Spätzeit).
Kalkstein. Auf Vs. Anubis, Schrein und Leiterfries mit Farbpasten eingelegt. Verstorbener und Hohlkehle in vertieftem Relief und Ritzzeichnung einst bemalt. Farbpasten teilweise verloren. Je zwei Durchbohrungen von oben nach hinten. H. 7,5 cm, B. 7,9 cm.
Leiden, Rijksmuseum van Oudheden. Boeser E/XVI 121.
Lit.: Leemans, Descr. rais. Nr. 0176; Boeser, Catalogus S. 135, Nr. 121.

172 F_3 – I Vs. Anubis auf Schrein. Über seinem Rücken ein Udjat-Auge. Vor ihm Opferständer und stehend kahlköpfiger Anbeter in langem Gewand. Vgl. Tf. XVIII.
Rs. Ḏd zwischen zwei Tj·t. Vgl. Nr. 216 M.
Naos. Seitlich und unten Leiterfries.
Fundort unbekannt. Erwerbung Sammlung Anastasi – Alexandrien AD 5i (1828).
Neues Reich – Spätzeit.
Fayence. Schwarze Tuschzeichnung. Stark verwittert. H. 8 cm, B. 8,5 cm.
Leiden, Rijksmuseum van Oudheden, Boeser E/XVI 123.
Lit.: Leemans, Descr. rais. Nr. 0175; Boeser, Catalogus S. 135, Nr. 123.

173 F – I Vs. Anubis mit Geißel auf Schrein blickt nach rechts. Vor ihm Name seines Verehrers . Vgl. Text S. 25 und Tf. XXIX.
Rs. Ḏd zwischen zwei Tj·t. Vgl. Nr. 216 N.
Naos. Umlaufende Linie.
Fundort unbekannt. Erwerbung Sammlung Anastasi – Alexandrien AD 5n (1828).
Neues Reich – Spätzeit.
Dunkler Stein (Serpentin? Grauwacke?). Grobe Ritzzeichnung. H. 4,5 cm, B. 5,3 cm.
Leiden, Rijksmuseum van Oudheden. Boeser E/XVI 110.
Lit.: Leemans, Descr. rais., Nr. 0172; Boeser, Catalogus, S. 134, Nr. 110.,

173 A E – F_3 Pektoral des Nḫt.
Vs. Verehrung von Osiris. Vgl. Nr. 113.
Rs. Links Anubis mit Halsbinde und Geißel auf Schrein. Ihm wendet sich der kahlköpfige Verstorbene in langem Gewand zu, hält in der gesenkten Rechten ein Gefäß dem Gott entgegen und erhebt die Linke ehrfurchtsvoll. Über Anubis Titel und Name des Toten: . Vgl. Tf. XXIX.
Umlaufender Leiterfries, vertieft.
Erhabenes Relief. Von oben nach hinten je vier Durchbohrungen.
Weitere Angaben vgl. Nr. 113.

173B $G_1 - F_3$ Pektoral des Ḏḥwtj(-m-)ḥb.
Vs. Verehrung von Mnevis. Vgl. Nr. 186.
Rs. Links Anubis auf Schrein mit Halskragen, Halsbinde, Geißel und śẖm-Zepter. Vor ihm der kahlköpfige Verstorbene in langem, plissiertem Gewand und Schnabelschuhen. Über ihm Titel und Name:  . Vgl. Tf. XXIX.
Naos. Umlaufender Leiterfries. Rundstab mit Verschnürung.
Von oben nach hinten je zwei Durchbohrungen.
Weitere Angaben vgl. Nr. 186.

173C $G_1 - F_3$ Vs. Verehrung von Mnevis. Vgl. Nr. 187.
Rs. Ḥwj-nfr verehrt Anubis.
Weitere Angaben vgl. Nr. 187.

173D $E - F_3$ Vs. Verehrung von Osiris. Vgl. Nr. 110.
Rs. Anubis auf Schrein. Vor ihm steht in verehrender Haltung der kahlköpfige Verstorbene in langem, plissiertem Gewand.
Naos.
Weitere Angaben vgl. Nr. 110.

174 $F_3 - I$ Vs. Links steht vor einem Stabstrauß Anubis in menschlicher Gestalt mit Schakalskopf, der durch eine Perücke mit dem Rumpf verbunden ist. Ein zierlicher Opferständer mit einer fein ausgeführten Lotusblüte trennt ihn vom Verstorbenen, der in verehrender Haltung vor ihm steht. Vgl. Text S. 25 und Tf. XXIX.
Rs. Ḏd zwischen zwei Tj·t. Vgl. Nr. 216H.
Naos. Umlaufender Leiterfries.
Fundort unbekannt.
Spätzeit.
Grüne Fayence mit Spuren von Vergoldung. Reliefartige Ritzzeichnungen. H. 8,9 cm, B. 9,4 cm.
Leningrad, Ermitage, Inv. Nr. Pyr. II G 2257.
Lit.: Cat. Ermitage Imp., Col. Eg., Petersburg 1891, S. 323.

175 F_3 Verehrung von Anubis.
Durham, Univ. Gulbenkian Museum of Oriental Art and Archeology.
Ehemals Alnwick Coll.

176 F_3 Verehrung von Anubis.
Oxford, Ashmolean Museum.

177 F_3 Verehrung von Anubis.
Oxford, Ashmolean Museum.

178 $F_3 - C_3$(?) Vs. Verehrung von Anubis.
Rs. Skarabäus zwischen Isis und Nephthys(?). Vgl. Nr. 26C.
Fayence.
Liverpool, Mayer Coll. Inv. Nr. 11906.
Lit.: Cat. of the Mayer Coll. I, London 1879, S. 39, Nr. 197.

178 A I – F_3 Vs. Zwei Ḏd zwischen zwei Tj·t. Vgl. Nr. 217.
Rs. Der kahlköpfige Verstorbene kniet in verehrender Haltung vor Anubis. In seiner Hand hält er einen Kelch, dessen Fuß und Schale gleich groß sind. Anubis, vor ihm, hockt mit Menschenkörper, der in das Mumiengewand gehüllt ist, auf der rechten Seite und hält ein Anchzeichen auf den Knien. Oben Reste einer Inschrift. Vgl. Text S. 25 und Tf. XXIX.
Naos. Umlaufender Leiterfries.
Weitere Angaben vgl. Nr. 217.

178 B E – F_3 Vs. Verehrung von Osiris. Vgl. Nr. 112.
Rs. Auf einer Standarte liegt Anubis mit einem Udjat-Auge über seinem Rücken. Rechts vor ihm steht der Verstorbene in langem Gewand. Vgl. Text S. 25 und Tf. XXIX.
Naos.
Oberfläche stark zerstört.
Weitere Angaben vgl. Nr. 112.

178 C E – F_3 Vs. Verehrung von Osiris. Vgl. Nr. 116.
Rs. Links liegt Anubis mit Halsbinde und Geißel auf dem Schrein. Vor ihm steht die Verstorbene in langem, plissiertem Gewand. In ihrer erhobenen Rechten hält sie einen Blumenstrauß (?). Vor ihr Reste einer Inschrift: 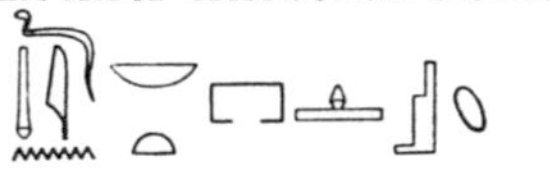 Über Anubis sein Name: 
Naos. Umlaufende doppelte Linie. Vgl. Tf. XXIX.
Tuschzeichnung. Von oben nach hinten je zwei Durchbohrungen.
Weitere Angaben vgl. Nr. 116.

178 D $C_{3/a}$ – (F_3 oder E) Fragment eines Pektorals.
Vs. Nephthys in Barke. Vgl. Nr. 42.
Rs. Verehrer vor Opfertisch.
Weitere Angaben vgl. Nr. 42.

179 H_1 – C_5 Rechter oberer Teil eines Pektorals.
Vs. Rechts Oberkörper eines Verehrers mit zwei Opferständern (?) in den Händen vor einer Gottheit (Anubis?), die weggebrochen ist. Der obere Teil eines wꜣś-Zepters und die Beinamen 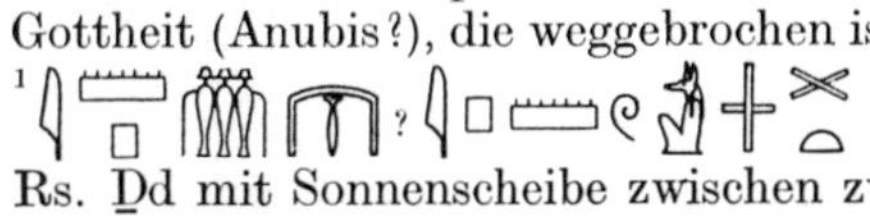 sind erhalten. Vgl. Tf. XXX.
Rs. Ḏd mit Sonnenscheibe zwischen zwei Tj·t. Vgl. Nr. 99 E.
Naos. Umlaufender Leiterfries.
Fundort unbekannt.
Blau-grün glasierter Stein (weiß). Ritzzeichnung, dicke, glänzende Glasur. Linke Seite und untere Hälfte weggebrochen. H. 4,2 cm, B. 6 cm.
Kairo, Ägyptisches Museum.
Lit.: Reisner, Amulets Nr. 12211, Tf. XIII.

180 H_1 Vs. links hockt Nephthys im Mumiengewand auf einem Podest. Ihr gegenüber kniet der kahlköpfige Verstorbene. Vgl. Text S. 27 und Tf. XXX.
Rs. leer.
Naos. Umlaufender Leiterfries.

Fundort vgl. Nr. 143.
Spätzeit.
Glasierter Ton.
Lit.: Engelbach, Riqqeh and Memphis VI, 1915, S. 11 und 20, Tf. XXII, 10.

181 H_1 Pektoral der Nfr·t-ḥr.
Isis mit Hathorgehörn sitzt auf einem Thron und hält das wȝś-Zepter vor sich: 
Vor ihr steht die verehrende Tote: . Vgl. Text S. 27.
Fundort unbekannt.
18. Dynastie (?).
Gold.
Lit.: Fl. Petrie, Scarabs and Cylinders with Names. London 1917, Tf. XLVII, 4; Petrie, Amulets, S. 24, 91c.

181 A F – H Fragment eines Pektorals.
Vs. Anubis. Vgl. Nr. 143.
Rs. Links hockt Isis. Vor ihr Reste einer Inschrift: .
Vgl. Text S. 27 und Tf. XXX.
Naos. Umlaufender Leiterfries.
Weitere Angaben vgl. Nr. 143.

182 H Pektoral des Sȝ-Bȝśtjj.
Vs. (oder Rs.?) Isis mit seitlich gespreizten Flügeln. Über ihren Flügeln .
Vgl. Text S. 27.
Rs. (oder Vs.?) Ba-Vogel mit gespreizten Flügeln. Über ihnen
Naos. Umlaufender Leiterfries.
Fundort unbekannt.
20. Dynastie.
Holz bemalt. H. 9,8 cm, B. 7,6 cm.
New York, Metropolitan Museum of Art, Inv. Nr. 89.2.511.
Lit.: Metropolitan Museum of Art, Cat. 1890 (?), Nr. 227; Hayes, Scepter of Egypt II, S. 420, 2; P.M. I, S. 748 (liest den Namen Sȝ·wȝḏj·t).

183 H Isis in Chemmis. Vgl. Text S. 27 und Tf. XXX.
Viereck. Oben breite Öse angegossen.
Fayence.
Ehemals Mac Gregor Coll. an M. Birtles verkauft.
Lit.: Keimer, Etudes d'Egyptologie VIII, Kairo 1945, S. 20, Fig. 7.

184 H Isis in Chemmis. Vgl. Text S. 27 und Tf. XXX.
Stelenförmig, oben abgerundet und in eine Öse auslaufend.
Perlmutter (?). H. 9,5 cm, B. 8,3 cm.
Ehemals Hilton Price Coll. In Kairo gekauft.
Lit.: Hilton Price Coll. Cat. 1899, S. 140, Nr. 1436c.

185 H Ihi vor Hathor. Vgl. Text S. 28 und Tf. XXX.
Viereck. Öse oben angearbeitet.
Aus Dendara.
Ptolemäisch.
Gold getrieben. H. 4,1 cm, B. 4,7 cm.
Kairo, Ägyptisches Museum, JE 45209.
Lit.: Vernier, Bijoux et Orfèvreries II, Nr. 53189, Tf. LXXXV.

186 $G_1 - F_3$ Pektoral des Ḏḥwtj(-m-)ḥb.
Vs. Rechts auf einem Schrein Mnevis mit Federn über der Sonnenscheibe zwischen seinen beiden Hörnern. Über ihm 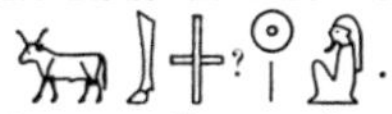. Links, hinter einem Opferständer steht der Verstorbene (in langem, plissiertem Gewand und Perücke mit Band) in verehrender Haltung. Über ihm . Vgl. Text S. 26 und Tf. XXX.
Rs. Verehrung von Anubis. Vgl. Nr. 173 B.
Naos. Umlaufender Leiterfries.
Aus Saqqara (1858).
26.–30. Dynastie.
Blaugrün glasierter Steatit. Ritzzeichnung (Genaueres vgl. Reisner). Von oben nach hinten je zwei Durchbohrungen. Obere linke Ecke gesprungen (beim Durchbohren?). H. 9,1 cm, B. 9,4 cm.
New York, Metropolitan Museum of Art, Inv. Nr. 26.7.1278.
Ehemals Kairo.
Lit.: JE 2288; Maspero, Cat. 1902, Nr. 4340; Reisner, Amulets, Nr. 12209, Tf. XIII.

187 $G_1 - F_3$ Pektoral des Ḥwj-nfr.
Vs. Ḥwj-nfr verehrt Mnevis wḥm n Rˁ. Darüber eine Sonnenscheibe von Affen verehrt. Vgl. Text S. 18 und 26.
Rs. Verehrung von Anubis. Vgl. Nr. 173 C.
Naos(?). Umlaufender Leiterfries. Unten Lotusfries.
Aus Edfu.
Neues Reich.
Glasierter Steatit. Ritzzeichnung(?). Leiterfries mit Fayence-Einlagen, die durch eine rosa Paste gehalten wurden. H. 9,3 cm, B. 8,3 cm.
New York, Metropolitan Museum of Art, Inv. Nr. 23.10.70.
Lit.: Wallis, Eg. Ceramic Art, Figs. 27–33, Tf. IX(?); Hayes, Scepter II, S. 420, 2.

187 A $[C_3] - E - G_1$ Pektoral des Schreibers im Gotteshaus Ḥwj.
Vs. Skarabäus schiebt Cheper zwischen Dämonen und Isis und Nephthys in der Barke. Vgl. Nr. 71.
Rs. In der Mitte schiebt über einer Lotusblüte ein Oval einen Cheper. Das Bild wird in zwei Register geteilt. Im oberen Verehrung von Osiris. Vgl. Nr. 105 B und Tf. XV. Im unteren kniet rechts der kahlköpfige Verstorbene in langem, plissiertem Gewand. Er betet Mnevis 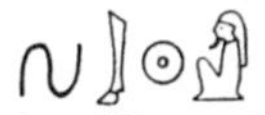 an, der links von der Lotusblüte vor einem Opferständer (Blüte?) steht. Von der Figur des Toten im oberen Register zu der im unteren Register läuft eine senkrechte Inschrift mit Titel und Namen des Toten: 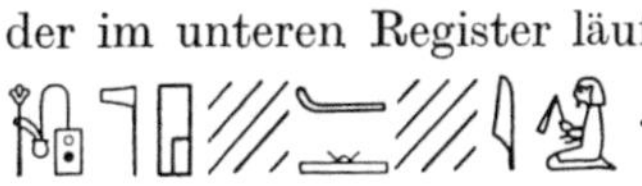. Vgl. Text S. 26.
Weitere Angaben vgl. Nr. 71 und 105 B.

188 G Vs. und Rs. Rind mit Sonnenscheibe zwischen den Hörnern steht vor einem Grasbüschel. Über ihm geflügelter Uräus. Vgl. Text S. 26 Anm. 2.

Naos.

Gebrannter Ton mit unregelmäßigem grünem Überzug. Darstellung in sehr flachem, vertieftem Relief. Handarbeit. Keine Ösen oder Durchbohrungen. H. 5,8 cm, B. 6,8 cm.

Kairo, Ägyptisches Museum, JE 30118.

Lit.: Reisner, Amulets, Nr. 12226, Tf. XVIII; Lexa, Magie III, Tf. LXVII, Fig. 142.

189 H_1 Verehrung eines Widdergottes und einer Fischgottheit. Oben Fisch. Vgl. Text S. 28 und Tf. XXXI.

Naos. Unten und an den Seiten Leiterfries. In Hohlkehle geflügelte Sonnenscheibe. Darüber Fries von Uräen mit Sonnenscheiben auf den Köpfen.

Fundort unbekannt.

22. Dynastie.

Hellgrüne Fayence mit Einlagen. Darstellung in Relief. Flügel der Sonnenscheibe in Ritzzeichnung. Uräen rundplastisch. Linke Hälfte des Uräenfrieses fehlt. Bruch an rechter Ecke, dabei Dreieck auf der rechten Seite ausgebrochen. H. 10,8 cm, B. 8,3 cm.

Eton, Myers Museum, Inv. Nr. 317.

Lit.: B.F.A.C., Cat. 1895, S. 86, Nr. 6, Tf. 15, Nr. 96.

190 H Zwei Fische und eine Katze. Vgl. Text S. 28 und Tf. XXXI.

Naos. Unten und an den Seiten Leiterfries. Oben Ornament wie zwei gedrehte Stricke. In Hohlkehle geflügelte Sonnenscheibe.

Aus Bubastis.

22. Dynastie.

Weiße Fayence. H. 6,5 cm, B. 6 cm.

Eton College (?).

Ehemals Hilton Price Collection.

Lit.: Whyte, P.S.B.A. 1893, S. 145 und Tf. IV; B.F.A.C., Cat. 1895, S. 87, Nr. 9, Tf. 15, Nr. 93; Hilton Price Coll. 1899, Nr. 1432.

191 H Links Thot, vor ihm Opfertisch und Inschrift. Vgl. Text S. 29 und Tf. XXXI.

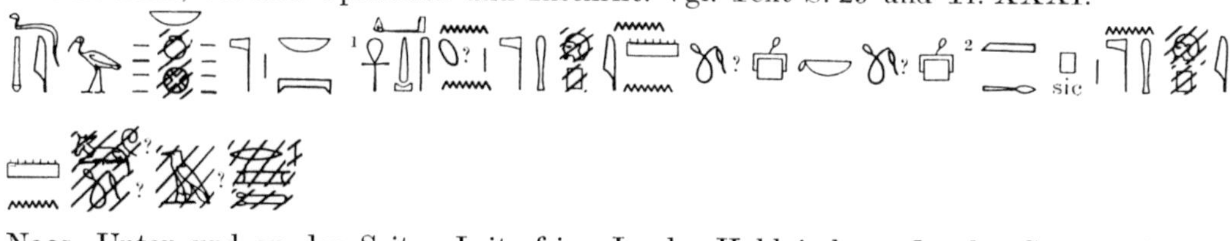

Naos. Unten und an den Seiten Leiterfries. In der Hohlnische geflügelte Sonnenscheibe. Fundort unbekannt.

Elektrum. Rechte untere Ecke fehlt. Inschrift darüber nicht lesbar.

Lit.: Petrie, Amulets, S. 24, 91d; Petrie, Scarabs and Cylinders with Names, London 1917, S. 31, 1 und Tf. LI K.

192 H_1 Pektoral des Jmn-mś. Vgl. Text S. 29.

Links steht eine Gottheit im Mumiengewand mit einem Ibiskopf, der durch eine Perücke mit dem Körper verbunden ist. Eine senkrechte Inschrift vor ihr bezeichnet sie als  „hb nṯrj, göttlicher Ibis". Über einem Gabenaufbau auf einer Matte libiert ein Mann aus einem ḥs-Krug, den er in der rechten Hand hält, und räuchert mit einem

Räucherarm, den er mit der linken faßt. Er trägt einen kurzen Schurz, über den ein langes durchsichtiges Ärmelgewand fällt. Ein nur angedeuteter Halskragen, ein kurzer Bart und eine lange Perücke vervollständigen seine Kleidung. Die Beischrift 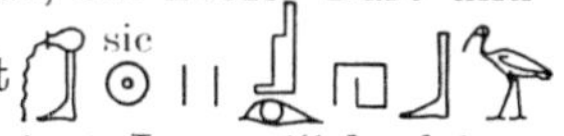  „wꜥb sp 2 Wś-jr hb nṯrj jn sš nśw·t Jmn-mś“ begleitet seine Handlung.

Naos. Statt der Hohlkehle eine Inschrift 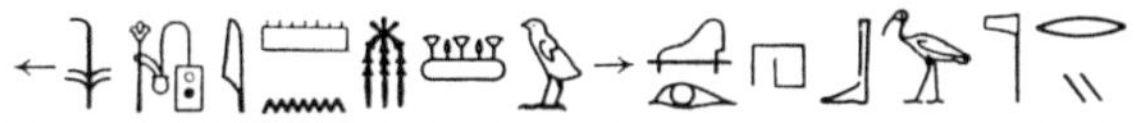 sš nśw·t Jmn-mś šꜣw Wś-jr bh nṯrj „Der königliche Schreiber Amun-mose, der schafft (installiert) den göttlichen Osiris-Ibis“. Sie liegt zwischen den Pflanzenkapitellen der beiden Säulen, nicht auf ihnen. (Zum Namen vgl. Ranke, P. N. I, 29, 8.)

Fundort unbekannt.

Holz (Ebenholz ?). Ritzungen. Die Darstellung ist auf einer Platte getrennt von dem Rahmen gearbeitet und eingefügt. H. 10 cm, B. o. 13,6 cm, B. u. 12,3 cm. Genaue Angaben vgl. Morenz.

Basel, Privatbesitz.

Lit.: S. Morenz, Ein neues Dokument der Tierbestattung, ZÄS 88, 1962, S. 42 ff.

192 A I – H_1 Vs. Zwei Ḏd zwischen zwei Tj·t. Vgl. Nr. 218.

Rs. Mann vor sitzendem Gott.

Weitere Angaben vgl. Nr. 218.

193 H – H Vs. Ein falkenköpfiger Gott (Re-Harachte?) hockt, in das Mumiengewand gehüllt, mit dem ḥkꜣ-Stab auf den Knien auf der Hieroglyphe ⊂═⊃ in einer Barke, auf deren Vordersteven ein Ḏd und Hintersteven ein Tj·t stehen. Zwei Ruder dienen als Steuer. Vgl. Tf. XXXI. u. Text S. 25.

Rs. In einer Barke ibisköpfiger Dämon und Skarabäus unter zwischen zwei Schakalen gezeichnetem šn-Ring über drei Wasserlinien. Vgl. Nr. 158 B.

Naos. Umlaufender Leiterfries.

Fundort unbekannt.

Holz. Bemalung auf Stucküberzug (?). Von oben nach hinten je vier Durchbohrungen. Vs. stark abgenützt. H. 9,1 cm, B. o. 13,6 cm, B. u. 11,4 cm.

Turin, Museo Egizio, Inv. Nr. 6839.

193 A C_3 – H Fragment eines Pektorals.

Vs. Skarabäus zwischen Isis und Nephthys. Vgl. Nr. 27.

Rs. zwei bnw-Vögel über Udjat-Augen zu Seiten vom Anfang des Tb. 30 B. Vgl. Tf. XXXII.

194 H – I Pektoral des Śn-nḏm.

Vs. Osiris und Re-Harachte hocken einander gegenüber. Vgl. Text S. 30 und Tf. XXXII.

Rs. Ḏd zwischen zwei Tj·t. Vgl. Nr. 205 L.

Naos. Umlaufender Leiterfries (Einzelheiten bei Reisner).

Zeit und Fundort vgl. Nr. 67.

Holz mit Stucküberzug und Bemalung. H. 12,2 cm, B. 16,6 cm.

Kairo, Ägyptisches Museum, JE 27262.

Lit.: Reisner, Amulets Nr. 12205, Tf. XIII; Lexa, Magie I, S. 81, III, Tf. LX, Fig. 100.

195 (H_2) – E Pektoral des Ḳnj.

Vs. Re-Harachte und Osiris mit ḥkȝ-Stab und Geißel hocken sich auf Goldzeichen gegenüber. zwischen ihnen freier Raum. Vgl. Text S. 30 und Tf. XXXII.

Rs. Verehrung von Osiris. Vgl. Nr. 119 L und S. 16 u. 18 f.

Naos. Umlaufender Leiterfries. Auf der Oberkante Inschrift:

Fundort unbekannt. Erwerbung: Sammlung Anastasi – Alexandrien AD 51 (1828).

Dunkler Stein (Serpentin ?). Ritzzeichnung. H. 6,1 cm, B. 8,6 cm.

Leiden, Rijksmuseum van Oudheden. Boeser E/XVI, 112.

Lit.: Leemans, Descr. rais., Nr. 0180; Boeser, Catalogus S. 134, Nr. 112.

196 H_2 – C_2 Vs. Menschenköpfiger Skarabäus in Barke zwischen Osiris und Harachte, die auf nb-Körben hocken. Vgl. Text S. 30 und Tf. XXXII.

Rs. Rückseite des Skarabäus mit dem Tb. 30 B. Vgl. Nr. 2 C.

Naos. Umlaufender Leiterfries. Über der Hohlkehle zwei Stege.

Aus Saqqara.

19. Dynastie (?).

Holz mit Stuck und Goldfolie überzogen und mit Glas eingelegt. Skarabäus eingelassen. H. 105 cm, B. 12,5 cm.

Kairo, Ägyptisches Museum.

Lit.: Z. Goneim, Horus Sekhem-khet, The Unfinished Step. Pyr. at Saqqara, Kairo 1957, S. 25, Nr. 12, Tf. LXVIII und LXVIII bis A.

197 (H_2) – E Vs. Re-Harachte und Osiris hocken auf den Steven einer Barke. Zwischen ihnen Oval angedeutet. Vgl. Text S. 16 f., 18 f., 30 und Tf. XXXIII.

Rs. Verehrung von Osiris. Vgl. Nr. 119 K.

Naos. Umlaufender Leiterfries, ebenfalls auf den seitlichen Kanten und der oberen Kante. Auf der unteren Kante Inschrift: .

Von oben nach hinten je zwei Durchbohrungen.

Fundort unbekannt.

Dunkler Stein (Serpentin ?). Ritzzeichnung. H. 8 cm, B. 10,8 cm.

München, Äg. Staatssammlung, Inv. Nr. 641, Neg. Nr. IV/206.

Ehemals Sammlung Dodwell, Rom.

Lit.: Lauth, Verzeichnis 1865, S. 64, Nr. 77; Chris, Führer 1901, S. 111 f., Nr. 641.

198 (H_2) – E Vs. Osiris und Harachte (?) hocken auf dem Steven einer Barke. Vgl. Text S. 30.

Rs. Verehrung von Osiris. Vgl. Nr. 107 H.

Fundort unbekannt.

19. Dynastie bis Spätzeit.

Schwarzer Steatit (oder Fayence ?). Zerstörungen an der Hohlkehle. H. 8,2 cm, B. 8,5 cm, D. 0,9 cm.

Brooklyn Museum, Inv. Nr. 05.372. Von Petrie für das Museum in Kairo gekauft.

198 A $C_{3/a}$ – H_2 Vs. Menschenköpfiger Skarabäus zwischen Isis und Nephthys in Barke. Vgl. Nr. 38.
Rs. Rückseite des Skarabäus in der Barke mit Inschrift zwischen zwei hockenden Osirisfiguren im Mumiengewand mit Atefkrone, Halskragen und mꜥnḫ·t-Troddel und dem Anch-Zeichen auf den Knien. Vgl. Text S. 30 und Tf. XXXIII.

Naos. Umlaufender Leiterfries.
Weitere Angaben vgl. Nr. 38.

199 H_2 – $C_{3/b}$ Pektoral der ꜥntj-jmw.
Vs. Barke mit aufgesetztem Skarabäus über Ḏw. Über den Steven hocken links Osiris, rechts Anubis. Vgl. Text S. 14, 30 und Tf. XXXIII.
Rs. Skarabäus über Ḏw zwischen Isis und Nephthys. Vgl. Nr. 82 A.
Naos.
Fundort unbekannt.
Türkisfarbene Fayence. Unten und an den Seiten breiter Streifen aus dunkelblauer Fayence. Skarabäus aufgesetzt (dunkelblaue Fayence). Rest in Tuschzeichnung (teilweise verwittert). Von oben nach hinten je vier Durchbohrungen. H. 11,1 cm, B. o. 12,6 cm, B. u. 11,2 cm.
Turin, Museo Egizio, Inv. Nr. 6832.

199 A I_1 – H_2 Vs. ꜣḫ·t in Barke zwischen Ḏd und Tj·t. Vgl. Nr. 206.
Rs. Zu seiten eines eingeritzten Ovals, das auf einem Anch-Zeichen zwischen zwei Zeptern steht, hocken auf Untersätzen, mit ihren Namen über den Köpfen, Osiris mit Atefkrone und Krummstab und Anubis. Vgl. Text S. 30.
Weitere Angaben vgl. Nr. 206.

200 H_2 Rechts steht Anubis, links Osiris vor einem Opfertisch. Zwischen ihnen ein aufgesetzter Skarabäus. Vgl. Text S. 30.
Schwarzer Stein.
Hannover, Kestner-Museum.

201 H Vs. Osiris thront vor Anubis, der mit herabhängenden Händen vor ihm steht. Vgl. Text S. 30.
Rs. leer.
Naos. Oben und an den Seiten Leiterfries.
Aus dem Grab der Hunde in Abusir (1889).
Drei Holzstücke durch einen Dübel verbunden und vergoldet. Einlagen aus durchsichtigem und grauem Feldspat. Von oben nach hinten je drei Durchbohrungen. H. 9,4 cm, B. 10 cm.
Kairo, Ägyptisches Museum, JE 28711.
Lit.: Reisner, Amulets Nr. 12202.

202 H Vs. Isis hockt hinter Osiris, beide blicken den ihnen gegenüberhockenden Dwꜣ-mw·t·f an. Vgl. Text S. 30 und Tf. XXXIII.
Naos. Umlaufender Leiterfries. Unten Blütenfries.
Fundort unbekannt.

Blaue Fayence? (Rich blue glazed ware). Schwarze Tuschzeichnung. Von oben nach hinten Durchbohrungen. Waagerechter durchgehender Bruch. Links oberer Teil bis zum Gesicht der Isis, rechts obere und untere Ecke weggebrochen. H. 11,7 cm, B. o. 9,5 cm.

Lit.: Griffith, A Tourist's Coll. of Fifty Years Ago, JEA III, 1916, S. 196, Tf. XXXIV, 9.

203 H Vs. Osiris mit Atefkrone, Horus mit Doppelkrone und Isis mit ihrem Symbol auf dem Kopf hocken, nach rechts gewandt, hintereinander. Osiris und Horus halten das wꜣś auf den Knien.

Naos. Öse über Hohlkehle.

Fundort unbekannt. Erwerbung Sammlung Junkelmann (16. 3. 31).

Spätzeit.

Schwarze Tuschzeichnung. H. 9,6 cm, B. o. 9,9 cm, B. u. 12 cm.

Heidelberg, Sammlung des Ägyptischen Instituts der Universität Heidelberg, Inv. Nr. 1880.

203 A F_3 – H Vs. Anubis mit Anbeter. Vgl. Nr. 164.

Rs. Die vier Horuskinder hocken hintereinander und haben ihre Namen über sich. Von rechts nach links: Amset , Hapi 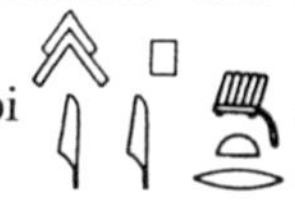, Duamutef , Kebehsennuef 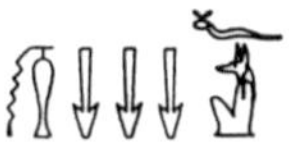. Vgl. Text S. 30 Anm. 42 und Tf. XXXIII.

Naos. Umlaufender Leiterfries.

Vgl. Vs. Nicht so stark zerstört. Je zwei Durchbohrungen von oben nach hinten.

Weitere Angaben vgl. Nr. 164.

204 H Osiris-Anedjti und Nephthys. Vgl. Text S. 30 und Tf. XXXIII.

Naos. Umlaufender Leiterfries.

Aus Kau-el-Kebir (1895).

Blaugrüne Fayence. Rechter Rand weggebrochen. H. 7,2 cm, B. 7,7 cm.

Kairo, Ägyptisches Museum, JE 31235.

Lit.: Reisner, Amulets, Nr. 12224, Tf. XVII.

204 A (C_3) – I_1 Vs. Skarabäus zwischen zwei knienden Figuren. Vgl. Nr. 26.

Rs. Ein großes Oval mit Titel und Namen der Verstorbenen und dem Tb. 30 B:

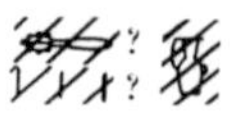 , vgl. Text S. 32,

steht in einer Barke zwischen zwei Ḏd. Über dem Steven der Barke stehen die Hieroglyphen . Über dem ganzen Bild verläuft unter einem Himmelszeichen die Inschrift:

Naos. Unten und an den Seiten Leiterfries.

Von oben nach hinten, unten links und in der Mitte je drei Durchbohrungen. Acht (?) Brüche.

Weitere Angaben vgl. Nr. 26.

204B Vs. Skarabäus auf Ḏw zwischen Isis und Nephthys in Barke. Vgl. Nr. 83.

Rs. Rückseite des Skarabäus mit Inschrift: 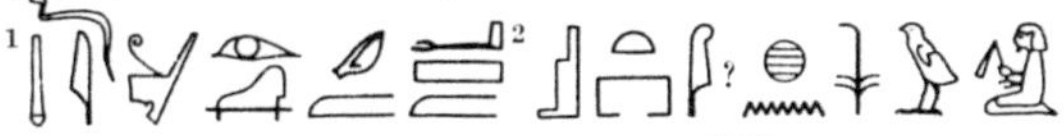

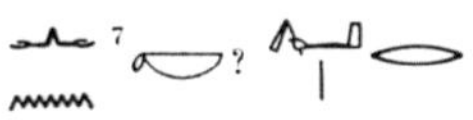, zwischen zwei Ḏd unter Udjat-Augen (auf Skarabäus blickend), vgl. Text S. 32.

Naos.

Weitere Angaben vgl. Nr. 83.

204C $C_{3/a} - I_1$ Vs. Skarabäus zwischen Isis und Nephthys in Barke. Vgl. Nr. 46.

Rs. über einen ḫnt-Topf zwischen zwei šn-Ringen die Rückseite des vorn eingelassenen Skarabäus mit Titel und Namen des Verstorbenen: 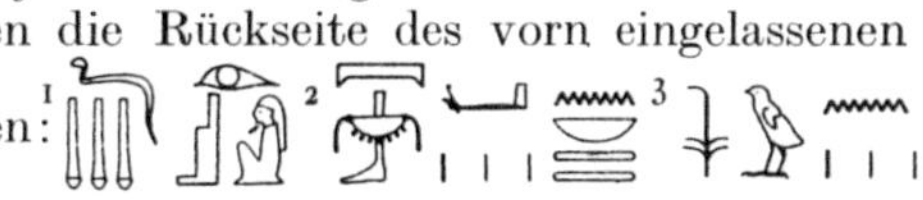

. Vgl. Text S. 32 und Tf. XXXIV.

An den Seiten zwei Ḏd unter Udjat-Augen.

Naos. Umlaufender Leiterfries.

Weitere Angaben vgl. Nr. 46.

204D $C_3 - I_1$ Vs. Skarabäus zwischen Isis und Nephthys in Barke. Vgl. Nr. 67.

Rs. Rückseite des Skarabäus mit Namen und Titel des Verstorbenen und Tb. 30B:

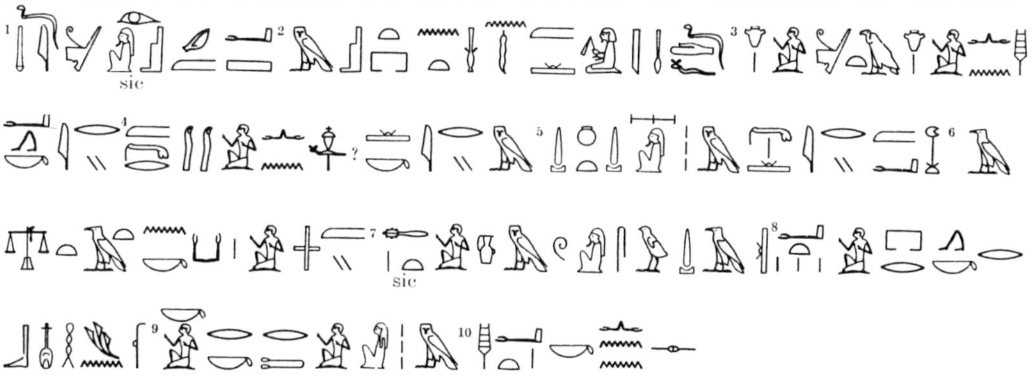

zwischen zwei Ḏd. Vgl. Text S. 32.

Weitere Angaben vgl. Nr. 67.

204E $C_4 - I_1$ Vs. Skarabäus zwischen Maat und Nephthys in Barke. Vgl. Nr. 92.

Rs. Rückseite des Skarabäus über einem Ḏw mit Titel und Namen des Verstorbenen und dem Anfang des Tb. 30B zwischen zwei Ḏd: 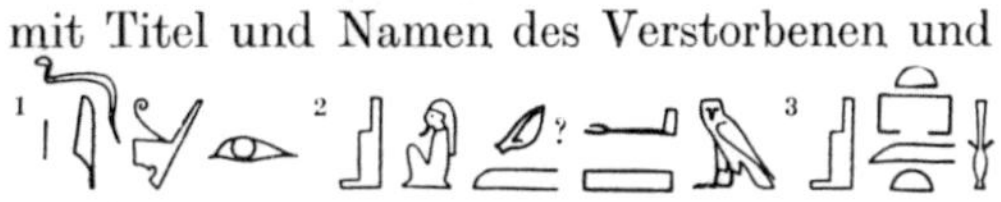

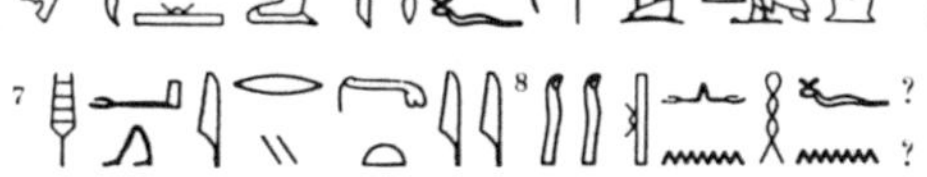 Vgl. Text S. 33 und Tf. XXXIV.

Die ḏd-Pfeiler sind mit Bändern versehen, die auf der dem Skarabäus zugewandten Seite tief herabfallen und wie Hände wirken, die den Skarabäus hochheben wollen.

Naos. An Seiten und oben Leiterfries.

Weitere Angaben vgl. Nr. 92.

205 I_1 – (C_3) Pektoral des Ḥꜣtj-ꜣjj.
Vs. Skarabäus zwischen Ḏd und Tj·t. Vgl. Text S. 32 und Tf. XXXIV.
Rs. Skarabäus zwischen zwei Göttinnen. Vgl. Nr. 26 A.
Naos. Umlaufender Leiterfries. Unter der Hohlkehle Zungenfries.
Von der Mumie des Ḥꜣtj-ꜣjj aus seinem Grab in Gurnah.
18. Dynastie (zwischen Amenophis III. und IV.).
Holz vergoldet. Einlagen aus Karneol, Bernstein[1], blauem und hellgrünem Glas. H. 11 cm, B. o. 14,1 cm, B. u. 12,2 cm, D. o. 1,5 cm, D. u. 0,56 cm, G. 119,5 g.
Einzelheiten vgl. Reisner.
Kairo, Ägyptisches Museum, JE 31379.
Lit.: Cat. de Morgan 1895, Nr. 1388; Daressy, ASAE II, 1901, S. 5; Reisner, Amulets, Nr. 12196, Tf. XII; Vernier, Bijoux, Nr. 53201, Tf. XC; Vernier, Bijouterie, Tf. XVII, 2.

205 A C_3 – I_1 Vs. Skarabäus zwischen Isis und Nephthys. Vgl. Nr. 24.
Rs. Skarabäus mit Auszug aus dem Tb. 30 B zwischen Ḏd und Tj·t.

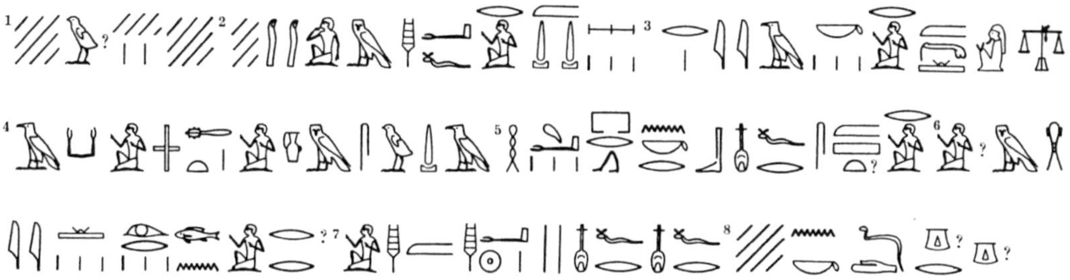

Weitere Angaben vgl. Nr. 24.

205 B C_4 – I_1 Vs. Skarabäus zwischen zwei Osiris-Figuren in Barke. Vgl. Nr. 94.
Rs. Rückseite des Skarabäus zwischen Ḏd und Tj·t.
Weitere Angaben vgl. Nr. 94.

205 C C_3 – I_1 Vs. Skarabäus zwischen Isis und Nephthys. Vgl. Nr. 31.
Rs. Rückseite des Skarabäus mit Anfang des Tb. 30 B: 

zwischen Ḏd und Tj·t. Beide stehen auf einer Plinte. Ḏd trägt eine reiche Atefkrone und ist mit Händen versehen, die er vor sich hält. Tj·t trägt auf der oberen Schlaufe des Knotens das hohe Federpaar mit einer kleinen Sonnenscheibe, auf den seitlichen Schlaufen je einen Uräus, der sich mit einer Sonnenscheibe auf dem Haupt emporhebt. Vgl. Text S. 33 und Tf. XXXIV.
Naos. Umlaufender Leiterfries.
Weitere Angaben vgl. Nr. 31.

---

[1] Von Gardiner als Schildpatt angegeben. Vgl. Lucas-Harris, S. 387. Er erwähnt die Pektorale des Ḥꜣtj-ꜣjj mit Bernsteineinlagen.

205 D $C_{3/a} - I_1$ Vs. Skarabäus zwischen Isis und Nephthys in Barke. Vgl. Nr. 61.
Rs. zwischen zwei Tj·t Rückseite des Skarabäus mit Anfang des Tb. 30 B:

Vgl. Tf. XXXIV.
Naos. Umlaufender Leiterfries.
Ritzzeichnung. Farbspuren.
Weitere Angaben vgl. Nr. 61.

205 E $C_{3/a} - I_1$ Vs. Skarabäus zwischen Isis und Nephthys in Barke. Vgl. Nr. 41.
Rs. Skarabäus zwischen Ḏd unter Udjat-Auge und Tj·t.
Weitere Angaben vgl. Nr. 41.

205 F $C_{3/a} - I_1$ Vs. Skarabäus zwischen Isis und Nephthys in Barke. Vgl. Nr. 77.
Rs. Oval mit Resten aus Tb. 30 B zwischen zwei Tj·t:  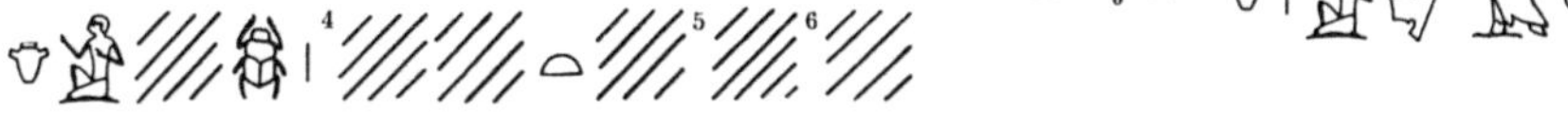 Vgl. Tf. XXXIV.
Naos ohne Hohlkehle mit umlaufendem Leiterfries.
Weitere Angaben vgl. Nr. 77.

205 G $C_3 - I_1$ Vs. Skarabäus zwischen Isis und Nephthys. Vgl. Nr. 54.
Rs. Oval mit sechs Inschriftzeilen (unlesbar) zwischen zwei Tj·t.
Weitere Angaben vgl. Nr. 54.

205 H $C_{3/a} - I_1$ Vs. Skarabäus zwischen den Namen der Isis und Nephthys in Barke. Vgl. Nr. 81.
Rs. Oval mit vier Zeilen Inschrift, bis auf 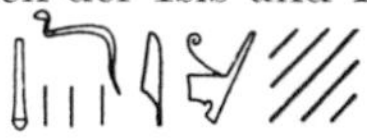 unleserlich zwischen zwei Tj·t.
Naos. Umlaufender Leiterfries.
Weitere Angaben vgl. Nr. 81.

205 I $C_{3/a} - I_1$ Vs. Skarabäus zwischen Isis und Nephthys in Barke. Vgl. Nr. 73.
Rs. sechszeilige, fast unleserliche Inschrift (Reste vom Tb. 30 B) zwischen Ḏd und Tj·t.
Naos ohne Hohlkehlenverzierung.
Weitere Angaben vgl. Nr. 73.

205 J $C_2 - I_1$ Vs. Skarabäus. Vgl. Nr. 11.
Rs. sieben Inschriftzeilen zwischen Ḏd und Tj·t (Name nicht ausgefüllt).
Weitere Angaben vgl. Nr. 11.

205 K F – I Vs. Anubis auf Schrein. Vgl. Nr. 121.
Rs. Tj·t zwischen zwei Ḏd. Vgl. Tf. XXXV.
Naos.
Weitere Angaben vgl. Nr. 121.

205 L H – I Pektoral des Śn-nḏm.
Vs. Osiris und Re-Harachte. Vgl. Nr. 194.
Rs. Tj·t überragt zwei Ḏd an seinen Seiten. Vgl. Tf. XXXV.
Weitere Angaben vgl. Nr. 194.

205 M F – I Vs. Anubis auf Schrein. Vgl. Nr. 130.
Rs. Tj·t zwischen zwei Ḏd.
Weitere Angaben vgl. Nr. 130.

205 N F_2 – I Vs. Zwei Schakale des Anubis. Vgl. Nr. 157.
Rs. Tj·t zwischen zwei Ḏd. Vgl. Tf. XXXV.
Naos. Umlaufender Leiterfries.
Weitere Angaben vgl. Nr. 157.

205 O F – I Vs. Anubis auf Schrein. Vgl. Nr. 129.
Rs. Tj·t zwischen zwei Ḏd. Vgl. Tf. XXXV.
Naos. Umlaufender Leiterfries.
Ritzzeichnung. Goldüberzug auf rechter Seite stark beschädigt.
Weitere Angaben vgl. Nr. 129.

205 P F – I Vs. Anubis auf Schrein. Vgl. Nr. 128.
Rs. Tj·t zwischen zwei Ḏd. Vgl. Tf. XXXV.
Naos. Umlaufender Leiterfries.
Je vier Durchbohrungen von oben nach hinten.
Weitere Angaben vgl. Nr. 128.

205 Q E – I Pektoral des Pȝjj . . .?
Vs. Osiris mit Anbeter. Vgl. Nr. 115.
Rs. Tj·t zwischen zwei Ḏd. Vgl. Tf. XXXV.
Naos. Umlaufender Leiterfries.
Je zwei Durchbohrungen von oben nach hinten.
Weitere Angaben vgl. Nr. 115.

206 I_1 – H_2 Vs. ȝḫ·t in Sonnenbarke zwischen Ḏd und Tj·t, die Hände mit Anch-Zeichen ausstrecken. Vgl. Text S. 14 Anm. 112 und S. 33.
Rs. Osiris und Anubis hockend. Vgl. Nr. 199 A.
Fundort unbekannt.
Grüne Fayence. H. 8,6 cm, B. 8,3 cm.
London, Brit. Museum.
Lit.: Cat. of Eg. Antiquities, London 1858, S. 39, Nr. 314.

207 I Vs. Ḏd zwischen zwei Tj·t auf nb-Korb.
Naos. Umlaufender Leiterfries.
Fundort unbekannt.
Türkisfarbene Fayence mit flüchtiger schwarzer Tuschzeichnung. Von oben nach hinten je zwei Durchbohrungen. H. ca. 6 cm, B. ca. 6 cm.
Paris, Musée du Louvre.
Lit.: Musée du Louvre, Cat. 1932 II, S. 562.

208 I Vs. Ḏd zwischen zwei Tj·t.
Naos. Oben und an den Seiten Leiterfries.
Fundort unbekannt.
Alabaster mit ausgemalter Ritzzeichnung (oder Wachsmalerei?). Von oben nach hinten fünf Durchbohrungen unregelmäßig verteilt. H. ca. 4 cm, B. ca. 7 cm.
Paris, Musée du Louvre.
Lit.: Musée du Louvre, Cat. 1932 II, S. 553; Lexa, Magie III, Tf. XLV, Fig. 61.

209 I - F Vs. Ḏd zwischen zwei Tj·t.
Rs. Anubis auf Schrein. Vgl. Nr. 142 D.
Fundort unbekannt.
Fayence mit gelben, blauen, grünen und rotbraunen Einlagen.
Manchester, Univ. Museum, Inv. Nr. 6961.

210 I - F Vs. Ḏd zwischen zwei Tj·t. Vgl. Tf. XXXV.
Rs. Anubis auf Schrein. Vgl. Nr. 142 B.
Naos. Umlaufender Leiterfries.
Fundort unbekannt.
Blau-grüne Fayence. Ritzungen mit schwarzer Farbe gefüllt und glasiert. Glasur an Stellen fleckig und verwittert. Durchbohrungen. H. 9 cm, B. 8,9 cm.
Kairo, Ägyptisches Museum, JE 3465.
Lit.: Maspero, Cat. 1902, Nr. 4348; Reisner, Amulets, Nr. 12188, Tf. XI; Lexa, Magie III, Tf. LXII, Fig. 104 a–b.
Einzelheiten vgl. Reisner.

211 I - F Vs. Ḏd zwischen zwei Tj·t. Vgl. Tf. XXXV.
Rs. Anubis auf Schrein. Vgl. Nr. 142 A.
Naos. Umlaufender Leiterfries.
Fundort unbekannt.
Blaue Fayence. Schwarze Unterglasurmalerei. Glasur fleckig. Darstellung etwas verwittert. Von oben nach hinten je vier Durchbohrungen. H. 8,3 cm, B. o. 11,2 cm, B. u. 8,7 cm.
Bologna, Museo Civico, Inv. Nr. Dehica 2035.

212 I - F Vs. Ḏd zwischen zwei Tj·t. Vgl. Tf. XXXVI.
Rs. Anubis auf Schrein. Vgl. Nr. 142 C.
Naos. Umlaufender Leiterfries.
Fundort unbekannt.
Fayence? („glaze"). Leiterfries und Darstellung eingelegt. Von oben nach hinten je vier Durchbohrungen.
Lit.: Petrie, Sedment II, London 1924, Tf. LIV, Nr. 15 und 21.

213 I - F Vs. Ḏd zwischen zwei Tj·t.
Rs. Anubis auf Schrein. Vgl. Nr. 146 A.
Fundort unbekannt.
28. Dynastie – ptolomäisch.
Fayence? („green glaze").
Lit.: Petrie, Amulets, S. 24, Nr. 91 e.

214 I - F Vs. Ḏd zwischen zwei Tj·t. Vgl. Tf. XXXVI.
Rs. Anubis auf Schrein. Vgl. Nr. 142F.
Naos. Umlaufender Leiterfries.
Fundort unbekannt. Erwerbung: Sammlung Anastasi - Alexandrien AD 5g (1828).
Neues Reich (- Spätzeit).
Blaue Fayence. Schwarze Tuschzeichnung. Von oben nach hinten je vier Durchbohrungen. Oberfläche teilweise weißlich. H. 8,1 cm, B. 8,1 cm.
Leiden, Rijksmuseum van Oudheden. Boeser E/XVI 119.
Lit.: Leemans, Descr. rais. Nr. 0177; Boeser, Catalogus, S. 134, Nr. 119.

215 I Vs. Ḏd zwischen zwei Tj·t. Vgl. Tf. XXXVI.
Rs. ?
Naos. Umlaufender Leiterfries.
Fundort unbekannt. Erwerbung: Sammlung Anastasi - Alexandrien AH 163a (1828).
Neues Reich (- Spätzeit).
Holz mit bemaltem Stucküberzug, der teilweise zerstört ist. Je zwei Durchbohrungen von oben nach hinten. H. 8,2 cm, B. o. 11,2 cm, B. u. 9,5 cm.
Leiden, Rijksmuseum van Oudheden. Boeser E/XVI 122.
Lit.: Leemans, Descr. rais. Nr. 0173; Boeser, Catalogus S. 135, Nr. 122.

216 I Kleines Amulett in Pektoralart mit schematisch dargestelltem Ḏd zwischen zwei Tj·t.
Weiteres vgl. Reisner, Amulets, Nr. 12229.

216A F - I Vs. Verehrung von Anubis. Vgl. Nr. 170.
Rs. Ḏd zwischen zwei Tj·t. Vgl. Tf. XXXVI.
Naos. Umlaufender Leiterfries. Unten Blütenfries.
Weitere Angaben vgl. Nr. 170.

216B F - I Vs. Anubis auf Schrein. Vgl. Nr. 122.
Rs. Ḏd überragt die beiden Tj·t, die ihn einschließen. Vgl. Tf. XXXVI.
Naos ohne Hohlkehlenzeichnung.
Weitere Angaben vgl. Nr. 122.

216C Vs. Anubis auf Schrein. Vgl. Nr. 152.
Rs. Ḏd zwischen zwei Tj·t.
Weitere Angaben vgl. Nr. 152.

216D F - I Vs. Anubis auf Schrein. Vgl. Nr. 249.
Rs. Ḏd überragt die beiden Tj·t, die ihn einschließen. Vgl. Tf. XXXVI.
Naos. An den Seiten und unten doppelte Linien. Oben unter der Hohlkehle Leiterfries. An den Seiten von oben nach hinten je vier Durchbohrungen.
Weitere Angaben vgl. Nr. 249.

216E F - I Vs. Anubis auf Schrein. Vgl. Nr. 127.
Rs. Ḏd zwischen zwei Tj·t.
Weitere Angaben vgl. Nr. 127.

216F F – I Fragment eines Pektorals.
Vs. Anubis auf Schrein. Vgl. Nr. 135.
Rs. Ḏd zwischen zwei Tj·t.
Weitere Angaben vgl. Nr. 135.

216G F_3 – I Vs. Verehrung von Anubis. Vgl. Nr. 160.
Rs. Ḏd zwischen zwei Tj·t.
Naos. Umlaufender Leiterfries.
Weitere Angaben vgl. Nr. 160.

216H F_3 – I Vs. Verehrung von Anubis. Vgl. Nr. 174.
Rs. Ḏd zwischen zwei Tj·t. Vgl. Tf. XXXVI.
Weitere Angaben vgl. Nr. 174.
216I F_3 – I Vs. Verehrung von Anubis. Vgl. Nr. 167.

Rs. Ḏd überragt die beiden Tj·t, die ihn einschließen.
Naos. Umlaufender Leiterfries. In der Hohlkehle geflügelte Sonnenscheibe, von der die beiden Uräen mit Sonnenscheiben auf den Köpfen herabhängen.
Darstellung eingeschnitten.
Weitere Angaben vgl. Nr. 167.

216J F_2 – I Vs. Zwei Schakale des Anubis. Vgl. Nr. 158.
Rs. Ḏd zwischen zwei Tj·t. Vgl. Tf. XXXVII.
Weitere Angaben vgl. Nr. 158.

216K C_3 – I Vs. Skarabäus zwischen Isis und Nephthys. Vgl. Nr. 68.
Rs. Ḏd zwischen zwei Tj·t.
Weitere Angaben vgl. Nr. 68.

216L E – I Vs. Verehrung von Osiris. Vgl. Nr. 118.
Rs. Ḏd zwischen zwei Tj·t. Vgl. Tf. XXXVII.
Weitere Angaben vgl. Nr. 118.

216M F_3 – I Vs. Anubis mit Anbeter. Vgl. Nr. 172.
Rs. Ḏd zwischen zwei Tj·t. Vgl. Tf. XXXVII.
Naos. Seitlich Leiterfries.
Hintergrund einst rot. Links eine, rechts zwei Durchbohrungen von oben nach hinten.
Weitere Angaben vgl. Nr. 172.

216N F – I Vs. Anubis auf Schrein. Vgl. Nr. 173.
Rs. Ḏd zwischen zwei Tj·t. Vgl. Tf. XXXVII.
Je zwei Durchbohrungen von oben nach hinten.
Weitere Angaben vgl. Nr. 173.

216 O E – I Pektoral des Osirispriesters Pꜣ-šd.
Vs. Verehrung von Osiris. Vgl. Nr. 114.
Rs. Ḏd zwischen zwei Tj·t. Vgl. Tf. XXXVII.
Je vier Durchbohrungen von oben nach hinten.
Weitere Angaben vgl. Nr. 114.

216P F_3 – I Vs. Verehrung von Anubis. Vgl. Nr. 171.
Rs. Ḏd zwischen zwei Tj·t. Rechts oben Vertiefung für Namen des Verstorbenen freigelassen. Vgl. Kat. Nr. 106, Text S. 40 und Tf. XXXVII.
Vertieftes Relief und Ritzzeichnung. Einst bemalt.
Weitere Angaben vgl. Nr. 171.

217 I – F_3 Vs. zwei Ḏd zwischen zwei Tj·t. Vgl. Tf. XXXVII.
Rs. Verehrung von Anubis. Vgl. Nr. 178A.
Naos.
Fundort unbekannt.
Fayence mit purpurfarbener Tuschzeichnung. H. 8,9 cm, B. 8,9 cm.
19. Dynastie?
Ehemals Hilton Price Collection.
Lit.: B.F.A.C., Cat. 1895, S. 87, Nr. 12, Tf. 15, Nr. 91. Hilton Price Coll. Cat. 1899, Nr. 1436.
Fälschung (?)

218 I – H_1 Vs. zwei Ḏd zwischen zwei Tj·t.
Rs. Mann vor sitzender Gottheit. Vgl. Nr. 192A.
Aus Deir-el-Bahari.
21. Dynastie (?).
Blaue Fayence. H. 9,1 cm.
Boston, Museum of Fine Arts, Inv. Nr. 56.315, Neg. Nr. 017436.

219 I – F Vs. Tj·t – Ḏd – Tj·t – Ḏd. Vgl. S. 32 u. Tf. XXXVII.
Rs. Anubis. Vgl. Nr. 142E.
Naos. Umlaufender Leiterfries.
Fundort unbekannt. Erwerbung: Sammlung Anastasi – Alexandrien AH 166 (1828).
Neues Reich.
Holz mit Stucküberzug vergoldet. Ritzzeichnung. Von oben nach hinten je zwei Durchbohrungen. Vergoldung stellenweise abgefallen. H. 6 cm, B. 8,1 cm.
Leiden, Rijksmuseum van Oudheden. Boeser E/XVI, 114.
Lit.: Leemans, Descr. rais. Nr. 0170; Boeser, Catalogus, S. 134, Nr. 114.

219A F – I Vs. Anubis auf Schrein. Vgl. Nr. 124.
Rs. Ḏd und Tj·t auf schwarzer Linie. Vgl. Text S 32.
Weitere Angaben vgl. Nr. 124.

219B F – I Vs. Anubis auf Schrein. Vgl. Nr. 126.
Rs. Ḏd und Tj·t.
Weitere Angaben vgl. Nr. 126.

219C C_3 – I Vs. Menschenköpfiger Skarabäus zwischen Isis und Nephthys. Vgl. Nr. 66.
Rs. Ḏd und Tj·t. Vgl. Text S. 32.
Weitere Angaben vgl. Nr. 66.

219D F – I Vs. Anubis auf Schrein. Vgl. Nr. 125.
Rs. Zwei Tj·t. Vgl. Text S. 32.
Naos. Umlaufender Leiterfries.
Weitere Angaben vgl. Nr. 125.

219E F – I Vs. Anubis auf Schrein. Vgl. Nr. 151.
Rs. Symbole: Wꜣḏ, eine Säule(?), Ḏd und Tj·t. Vgl. Text S. 32.
Weitere Angaben vgl. Nr. 151.

220 J – F_2 Pektoralartige Tafel vom Rücken der Ḥnt-ntꜥw.
Vs. Links sitzt die Verstorbene im langen Gewand mit einem Salbkegel auf dem Kopf auf einem Hocker und riecht an einer Lotusblüte, die sie mit der Rechten an ihre Nase führt. In der Linken hält sie eine zweite Blüte. Ein Priester in knielangem Gewand reicht ihr eine weitere Blüte zwischen zwei Knospen über einen Opfertisch hinweg. Vgl. Text S. 34 und Tf. XXXVIII.
Rs. Zwei Schakale des Anubis. Vgl. Nr. 158A.
Naos. Umlaufender Leiterfries.
Vom Rücken der Mumie der Ḥnt-ntꜥw aus dem Grab des Ḥꜣtj-ꜣjj in Gurnah.
18. Dynastie (Ende Amenophis' III. – Anfang Echnatons).
Vorderseite mit Gold überzogen und mit Steinen und Keramik eingelegt. Rückseite Vertiefungen im Holz, in die Steine eingelegt waren. Von oben nach hinten je drei Durchbohrungen. H. 7,0 cm, B. o. 8,9 cm, B. u. 7,4 cm, G. 28 g.
Kairo. Ägyptisches Museum.
Lit.: Daressy, ASAE II, 1901, S. 9, Fig. 8 (= Vs.); Reisner, Amulets, Nr. 12200; Vernier, Bijoux et Orfèvreries, Nr. 53198, Tf. LXXXIX.

221 J Pektoral des Śn-nfr.
Vs. Priester vor Opfertisch. Vgl. Text S. 34f. und Tf. XXXVIII.
Naos. Umlaufender Leiterfries.
Von der Mumie des Sn-nfr aus seinem Grab in Deir-el-Medineh.
Ende der 18. Dynastie.
Holz mit Stuck und Gold überzogen, dann graviert. Überzug stellenweise beschädigt. Von oben nach hinten rechts drei, links vier Durchbohrungen. H. 9 cm, B. 8,2 cm, D. o. 1,5 cm, D. u. 0,5 cm.
Lit.: Bruyère, Deir-el-Medineh 1928, Tf. VII, S. 52ff.

221A F – J Vs. Anubis auf Schrein. Vgl. Nr. 120.
Rs. Räuchern vor der Mumie. Vgl. Text S. 34 und Tf. XXXVIII.
Naos. Umlaufender Leiterfries.
Weitere Angaben vgl. Nr. 120.

222 Rechter Teil eines Pektorals.
Der Verstorbene in langem, plissiertem Gewand mit Überfall und langer Perücke steht in verehrender Haltung vor einer Gottheit (fehlt). Hinter ihm rasselt eine Göttin mit dem

Hathorkopfputz mit der erhobenen Linken das Sistrum. Die Rechte mit einem Anchzeichen hält sie gesenkt. Der rechte Flügel einer Sonnenscheibe oder eines Skarabäus ist über den Gestalten erhalten.

Naos. In der Hohlkehle geflügelte Sonnenscheibe.

Fundort unbekannt.

19.–20. Dynastie.

Steatit, glasiert. Figuren in Relief.

New York, Metropolitan Museum of Art, Inv. Nr. 08.202.33.

223 Rechter Teil eines Pektorals.

Auf dem nach unten vorgestreckten Flügel einer Göttin mit Hathorkopfputz hockt ein kleiner Falke, darunter ein Tier. Die Göttin erhebt die Rechte.

Eine Pflanzensäule, um die sich eine Schlange (?) windet, fußt auf einem Leiterfries und stützt einen Fries von Uräen mit Sonnenscheiben auf den Häuptern.

Fundort unbekannt.

Hellgrüne Bronze und Einlagen. H. 13 cm, B. 6,5 cm.

Boston, Museum of Fine Arts, Inv. Nr. 94.229, Neg. Nr. 09 B 200.11.

224 Linke obere Ecke eines Pektorals.

Die Hieroglyphen .

Naos. Linke Seite mit Schnürungsangaben.

In der Nähe der Pyramiden von Lischt.

20. Dynastie.

Grün-glasierter Stein. Relief. H. 1,9 cm, B. 2,2 cm.

New York, Metropolitan Museum of Art, Inv. Nr. 11.151.20 (?).

225 Rechte obere Ecke eines Pektorals.

Naos.

Aus Theben.

18. Dynastie.

Fayence. H. 3,5 cm, B. 5 cm.

New York, Metropolitan Museum of Art, Inv. Nr. 26.7.959.

226 Vs. die Kartusche Thutmosis' III., von der zwei Uräen mit mꜣꜥ·t-Federn auf den Köpfen herabfallen, zwischen den Hieroglyphen 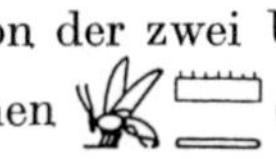. Darunter, auf einer Matte, zwei liegende Sphinxe zu Seiten von zwei ꜥnḫ-Zeichen. An den Seiten und oben Inschrift:  ; rechts: 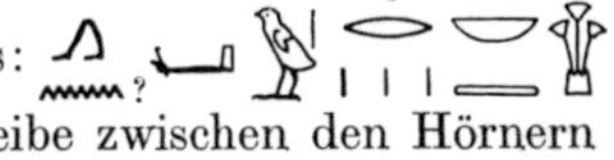 ; links: 

Rs. Stier mit Sonnenscheibe zwischen den Hörnern unter geflügeltem Uräus.

Naos mit sehr hoher Hohlkehle, darunter Rundstab mit Schnürung.

Fundort unbekannt.

Weißer Kalkstein (?). Obere rechte Ecke beschädigt.

Ehemals Hilton Price Collection.

Lit.: Hilton Price Coll., Cat. 1899, Nr. 1436.

Fälschung (?).

227 Pektoral des Schreibers des Herrn der beiden Länder Pj3jj.
Rotbraune Glasur.
Lit.: M. A. Murray, Cat. of Eg. Ant. in the Nat. Museum of Ant. Edinburg 1900, S. 2, Nr. 26.

227 a Pektoral.
Fundort unbekannt. Erwerbung: Sammlung Anastasi – Alexandrien AD 5f (1828).
Fayence. Stucküberzug mit Vergoldung, von der Reste am Rand erhalten sind. H. 8,6 cm, B. 8 cm.
Leiden, Rijksmuseum van Oudheden. Boeser E/XVI 126. Von mir nicht gesehen.
Lit.: Leemans, Descr. rais. Nr. 0171; Boeser, Catalogus, S. 135, Nr. 126.

227 b Pektoral?
Skarabäus.
Fundort unbekannt. Erwerbung: Sammlung Anastasi – Alexandrien AH 163b (1828).
Holz. Skarabäus aus Stein. H. 2,8 cm, B. 2,5 cm.
Leiden, Rijksmuseum van Oudheden. Boeser E/XVI 128. Von mir nicht gesehen.
Lit.: Leemans, Descr. rais. Nr. 0191; Boeser, Catalogus S. 135, Nr. 128.

228 Pektoral.
Vermutlich ptolemäisch.
Bronze.
Amsterdam, All. Pierson Museum? Ehemals Hilton Price Collection dann W. A. van Leer.
Lit.: Tentoonstelling van Antike Voorwerpen, Amsterdam 1931, S. 61, Nr. 450.

229 Fragment eines Pektorals.
Bronze mit Goldeinlagen. Reste eines Türkises.
Lit.: Tentoonstelling van Antike Voorwerpen, Amsterdam 1931, S. 61, Nr. 451.

230 Pektoral.
28. Dynastie – ptolemäisch.
Schwarzer und gelber Serpentin. Die ehemals eingelegten Figuren verloren.
Lit.: Petrie, Amulets, S. 24, 91g.

231 Pektoral von der Mumie einer Frau (?).
Berlin, Staatl. Museen, Nr. 3474 (nicht vorhanden).
Lit.: Ausführliches Verzeichnis, S. 188.

232 Pektoral von der Mumie einer Frau (?).
Holz mit blauer Bemalung (Nachahmung einer Fayence).
Berlin, Staatl. Museen Nr. 6827 (nicht vorhanden).
Lit.: Ausführliches Verzeichnis, S. 188.

233 Kleines Fragment eines Pektorals.
Dunkelblauer Überzug.
Vatican. Museo Gregoriano Egizio.
Lit.: O. Marucchi, Mus. Eg. Vaticano, Roma 1899, S. 196, Nr. 11.

234 Pektoral auf einer Mumie.
Aus Abydos.
Lit.: Petrie, Abydos I, London 1902, S. 38.

235 K Vs. Thronender Gott zwischen Gott und Göttin. Vgl. Text S. 35 und Tf. XXXVIII.
Rs. Hieroglyphen und Dämone. Vgl. Text S. 35.
Vs. Naos. Umlaufender Leiterfries. In Hohlkehle Sonnenscheibe. An den Seiten oben zwei Ösen. Rs. Naos. Geflügelte Sonnenscheibe in Hohlkehle.
Aus dem Grab einer Königin des Pianchi(?) in El Kurru.
Um 740–700.
Fayence. Relief. H. ca. 11,2 cm, B. o. ca. 12,5 cm, B. u. ca. 11,1 cm.
Boston, Museum of Fine Arts.
Lit.: D. Dunham, The Royal Cemeteries of Kush I, El Kurru, Cambridge, Massachusetts 1950, S. 78, 992, Tf. LV, C und D, Nr. Ku 51, 19-3-992 (Vs. B 3639, Rs. B 3638).

236 K Falke über Nbw zwischen zwei sitzenden Figuren. Vgl. Text S. 36 und Tf. XXXIX.
Naos. Unten und die Schäfte der Lotussäulen an den Seiten Leiterfriese. In Hohlkehle geflügelte Sonnenscheibe mit herabfallenden Uräen.
Aus dem Grab II in der Nekropole von Byblos.
12. Dynastie (Amenemhet III.–IV.).
Gold und Halbedelsteine(?). Zellenmosaik, Rs. getrieben.
Beirut, Musée de Beyrouth.
Lit.: P. Montet, L'art Phenicien au XVIIIe sciècle avant J. C. P. Montet, Mon. Piot. XXVII, Paris 1924, Tf. I, 4; P. Montet, Byblos et l'Egypte, Paris 1928, S. 162f. und Tf. XCIII, XCIV, Nr. 617; Porter-Moss VII, 386 (fälschlich Japaschemuabi zugeschrieben). Das Zitat: Illus. London News, Febr. 2, 1924, S. 195 (top middle) konnte ich nicht nachprüfen.

237 K Pektoral des Jp-šmw-jb (Japaschemuabi).
Kartusche über Falken unter Skarabäus, der eine Sonnenscheibe schiebt. Vgl. Text S. 37 und Tf. XXXIX.
Oval umgeben von Rosettenfries.
Aus dem Grab des Japaschemuabi in der Nekropole von Byblos.
12. Dynastie (Amenemhet III.–IV.).
Gold und Halbedelsteine(?). Vs. Zellenmosaik. Rs. getrieben.
Beirut, Musée de Beyrouth.
Lit.: P. Montet, Mon. Piot. XXVII, S. 14 und Tf. I, Nr. 2; P. Montet, Byblos et l'Egypte, S. 165 und Tf. XCVII, Nr. 618; P. Montet, Le Drame d'Avaris, Paris 1941, S. 39, Abb. 14; K. A. Kitchen, Byblos, Egypt and Mari in the Second Mill. B. C., Orientalia 36, 1967, S. 40, 42.

238 K Männliche Figur hält Gänse. Vgl. Text S. 38.
Aus Ägina.
Lit.: A. Evans, Journal of Hellenic Studies 1893, S. 195ff.; R. A. Higgins, The Aegina Treasure Reconsidered, Annual of the British School at Athens 52, 1957, S. 47, Nr. 2, Tf. 10a, b; E. G. G. Becatti, Orficerie Antiche della Minoiche alle Barberiche, Rom 1955, Tf. XXV; Cl. Hopkins, The Aegina Treasure, American Journal of Archeology 66, 2, April 1962, S. 182f.

Namenverzeichnis

Fundortsverzeichnis

Standortsverzeichnis

---

[1] Nicht vorhanden.

Verzeichnis der abgekürzt zitierten Literatur

Neben den in den Anmerkungen voll ausgeschriebenen werden folgende häufig angeführte Werke abgekürzt zitiert[1]:

Allen, The Egyptian *B*ook of the *D*ead. Documents in the Oriental Institute Museum at the University of Chicago, OIP Vol. LXXXII, Chicago 1060

P. A. A. *Boeser*, Beschreibung der Ägyptischen Sammlung des Niederländischen Reichsmuseums der Altertümer in *Leiden* IV, VI, Haag 1911, 1913

P. A. A. *Boeser*, *Catalogus* van het Rijksmuseum van Oudheden te Leiden, Leiden 1907

H. *Bonnet*, *R*eallexikon der *Ä*gyptischen *R*eligions*g*eschichte, Berlin 1952

L. *Borchardt*, Das Grabmal des Königs *S'aꜣḥu-reʿ*, Leipzig 1913

L. Borchardt, *Statuen* und *Statuetten* von Königen und Privatleuten *I* und *II*, CG, Berlin 1911

Ch. *Boreux*, Musée du *Louvre*, Département des antiquités égyptiennes. Guide-*Cat*alogue sommaire, 2 Bde., Paris 1932

M. B. *Bruyère*, Rapport sur les Fouilles de *Deir el Médineh*, FIFAO I, III, VI, Kairo 1924, 1928, 1929

*B*urlington, *F*ine *A*rts *C*lub, The Art of Ancient Egypt, (*Cat.*) 1895

*B*urlington, *F*ine *A*rts *C*lub, Illustrated *Cat*alogue of Ancient Egyptian Art I, *1922*

A. de Buck and A. H. Gardiner, The Egyptian *C*offin *T*exts, 7 Bde., Chicago 1935, 1938, 1947, 1951, 1954, 1956, 1961

A. M. *Calverley*-A. H. *Gardiner*, The Temple of King Sethos I at *Abydos*, Bd. *1–3*, London 1933, 1935, 1938; Bd. *4*, Chicago 1958

E. *Chassinat*, Le Temple de *Dendara*, IFAO I–VI, Kairo 1934, 1935, 1952, 1965

E. *Chassinat*, Le Temple D'*Edfou*, MMAF I–XIV, Kairo 1897–1934

W. *Chris*, *Führer* durch das Antiquarium in München, München *1901*

G. *Daressy*, *Cercueils* des cachettes royales, CG, Kairo 1909

G. *Daressy*, Rapport sur la Trouvaille de 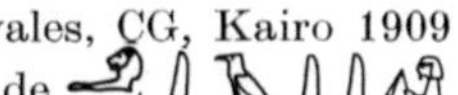, *ASAE II*, 1901, S. 1ff.

G. *Daressy*, *Statues de Divinités*, C. G., Kairo 1905 u. 1906

N. de G. *Davies*, The Temples of *Hibis* in El Khargeh Oasis III, New York 1953

*Des*cription *Som*maire des Principaux Monuments du Musée de Caire, Kairo 1956

H. G. *Evers*, *Staat* aus dem *Stein*, 2 Bde., München 1929

A. *Fakhry*, A Note on the Tomb of *Kheruef* at Thebes, *ASAE 42*, 1943

R. O. *Faulkner*, *C*oncise *D*ictionary of the Egyptian Language, Oxford 1962

E. Feucht-Putz, *D*ie *K*önig*l*ichen *Pektorale*, Motive, Sinngehalt und Zweck, Diss., Bamberg 1967

A. *Gardiner*, *E*gyptian *Gr*ammar, London [3]1957

A. *Gardiner*, Hor the Behedetite, *JEA 30*, 1944

Gardiner-Peet-Černy, Inscriptions of *Sinai*, London 1956

H. *Gauthier*, Le temple d'*Amada*, IFAO 7, Kairo 1913

H. Gauthier, Le *L*ivre des *R*ois d'Egypte, 5 Bde., Kairo 1907–1917

H. *Grapow*, Das 17. Kapitel des äg. Totenbuches und seine religionsgesch. Bedeutung, Berlin 1912

W. C. *Hayes*, The *Scepter* of Egypt *I*, New York 1953, *II*, Cambridge 1959

W. *Helck*, Die Ritualszenen auf der Umfassungsmauer Ramses II. in Karnak, *Ä*gyptologische *Abh*andlungen *18*, Wiesbaden 1968

Hilton Price *Coll*ection *Cat*alogue of Egyptian Antiquities, *1899*

H. *Junker*, *Gîza II*, *V*, *XIII*, Wien 1934, 1941, 1955

[1] Die kursivierten Teile der Titel kennzeichnen die Abkürzungen.

H. *Junker*, Die *Stundenwache* in den Osirismysterien, Denkschrift der Wiener Akademie der Wissenschaften, Wien 1910

H. *Kees*, Der *Götterglaube* im Alten Ägypten, Berlin 1956

H. *Kees*, *Totenglauben* und Jenseitsvorstellungen der Alten Ägypter, Berlin 1956

F. J. *Lauth*, Erklärendes *Verzeichnis* der in München befindlichen Denkmäler des ägyptischen Altertums, München *1865*

C. *Leemans*, *Desc*ription *Rais*onnée des Monuments Egyptiens du Musée d'Antiquités des Pays-Bas, à Leide, Leiden 1840

R. *Lepsius*, Das *T*odten*b*uch der Ägypter nach dem hieroglyphischen Papyrus in Turin, Leipzig 1842

Lexa, La *Magie* dans l'Egypte Antique, 3 Bde., Paris 1925

Macadam, The Temples of *Kawa I.* u. *II.*, London 1949 u. 1955

A. *Mariette*, *Abydos*, 2 Bde., Paris 1869–1880

A. *Mariette*, *Sérapéum* de Memphis, Paris 1882

M. *Mogensen*, La Collection Egyptienne de *la Glyptothèque Ny Carlsberg*, Kopenhagen 1930

P. *Montet*, *Mo*numents *Piot*

J. *de Morgan*, *Liste som*maire, Fascicule publié en Avril *1894*

J. *de Morgan*, *Cat*alogue des Monuments et Inscriptions de l'Egypte Antique, *Kom Ombo I* u. *II*, Wien 1895

E. *Naville*, The Temple of *Deir-el-Bahari IV*, EEF 16, London 1901

E. *Naville*, *Détails* Relevées dans les Ruines de quelques Temples Egyptiens, Paris 1930

E. *Naville*, Das ägyptische *T*odten*b*uch der XVIII. bis XX. Dynastie, Berlin 1886

Fl. *Petrie*, *Abydos* III, EEF 25, London 1904

Fl. *Petrie*, *Amulets*, London 1914

A. *Piankoff*, Le „*Coeur*" dans les textes égyptiens depuis l'Ancien jusqu'à la fin du Nouvel Empire, Paris 1930

A. *Piankoff*, *Myth*ological *Pap*yri, Bollingen Series XL–4, New York 1957

D. *Randall-Maciver*-A. C. Mace, *El Amrah* and Abydos 1899–1901, EEF 23, London 1902

H. *Ranke*, Die ägyptischen *P*ersonen*n*amen I, Glückstadt 1935

G. A. *Reisner*, *Amulets*, C. G., Kairo 1907

M. *Rosenberg*, *Ägyptische Einlagen* in Gold und Silber, Frankfurt a.M. 1905

H. *Schäfer*, Altägyptische Bilder der auf- und untergehenden Sonne, *ZÄS 71*, 1935

V. *Schmidt*, *Sarkofager*, Mumiekister, og Mumiekister i det gamle Aegypten, Kopenhagen 1919

W. St. *Smith*, The *Art and Architecture* of Ancient Egypt, 1958

W. St. *Smith*, A History of Egyptian Sculpture and Paintings in the *O*ld *K*ingdom, London 1946

E. *Vernier*, La *Bijouterie* et la Joaillerie Egyptiennes, MIFAO II, Kairo 1907

E. *Vernier*, *Bijoux et Orfèvreries*, 2 Bde., Catalogue général des antiquités égyptiennes du Musée de Caire, Kairo 1927

E.-Th. *Whyte*, Notes on Pectorals, *PSBA* 15, *1893*

ASE	=	Archaeological Survey of Egypt, London
BFAC	=	Burlington Fine Arts Club
BIE	=	Bulletin de l'Institut d'Egypte
BIFAO	=	Bulletin de l'Institut français d'archéologie orientale du Caire
C. G.	=	Catalogue Général des Antiquités égyptiennes du Musée de Caire
EEF	=	Egyptian Exploration Fund
FIFAO	=	Fouilles de l'Institut Français d'Archéologie Orientale du Caire
IFAO	=	Publications de l'Institut Français d'Archéologie Orientale du Caire
JAOS	=	Journal of the American Oriental Society, New Haven
JEA	=	The Journal of Egyptian Archeology, London
JNES	=	Journal of Near Eastern Studies, Chicago
LD	=	R. Lepsius, Denkmäler aus Ägypten und Äthiopien, Berlin

MÄS = Münchener Ägyptologische Studien
MDIK = Mitteilungen des Deutschen Instituts für ägyptische Altertumskunde in Kairo, Augsburg/Berlin/Wiesbaden
MIFAO = Mémoires publiés par les membres de l'Institut Français d'Archéologie Orientale du Caire
MMAF = Mémoires publiés par les membres de la Mission Archéologique Française au Caire
OIP = Oriental Institute Publications
OLZ = Orientalische Literaturzeitung, Leipzig, Berlin
Orientalia = Commentarii Periodici Pontificii Instituti Biblici, Rom
PM = B. Porter and R. L. B. Moss, Topographical Bibliography of Ancient Egyptian Hieroglyphic Texts, Reliefs and Paintings, 7 Bde., Oxford 1927–1952, ²1960ff.
PSBA = Proceedings of the Society of Biblical Archeology, London
Pyr = K. Sethe, Die Altägyptischen Pyramidentexte, Darmstadt ²1960
RT = Recueil de Traveaux relatifs à la philologie et à l'archéologie égyptienne et assyrienne, Paris
SAE = Service des Antiquités de l'Egypte, Kairo
SPAW = Sitzungsberichte der Preußischen Akademie der Wissenschaften, Berlin
Sphinx = Sphinx, Revue critique de l'Egyptologie, Uppsala
Urk. IV = K. Sethe, Urkunden der 18. Dynastie IV, Leipzig 1906
WB = A. Erman und H. Grapow, Wörterbuch der Ägyptischen Sprache I–V, Berlin ²1957
Wb, Belegst. = A. Erman und H. Grapow, Wörterbuch der Ägyptischen Sprache I–V, Die Belegstellen, Leipzig-Berlin ²1958/59
ZÄS = Zeitschrift für Ägyptische Sprache und Altertumskunde, Leipzig, Berlin

I

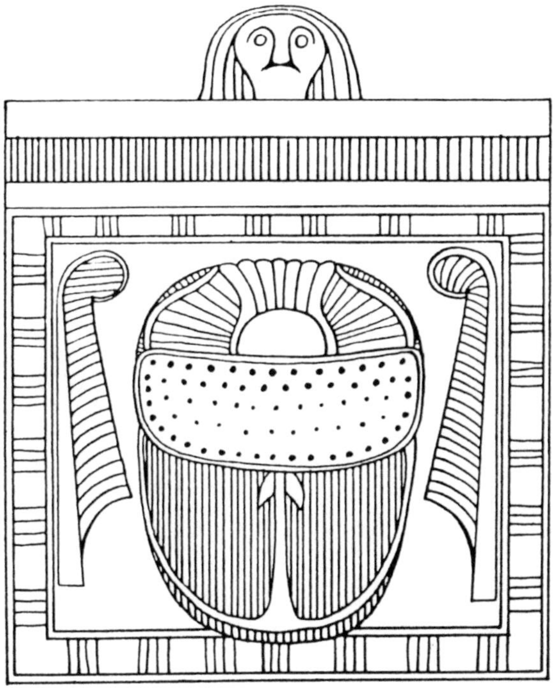

12

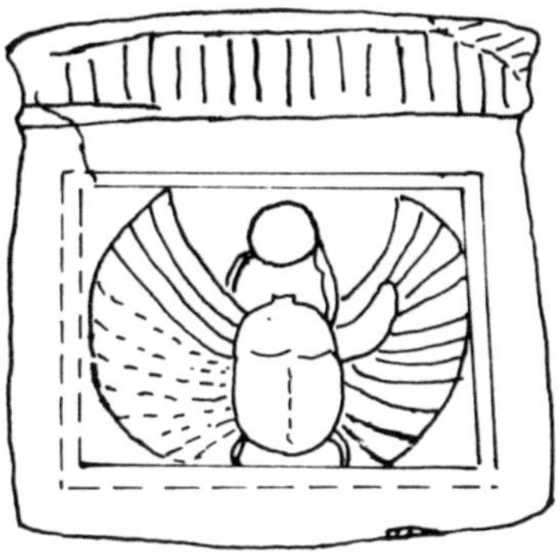

13

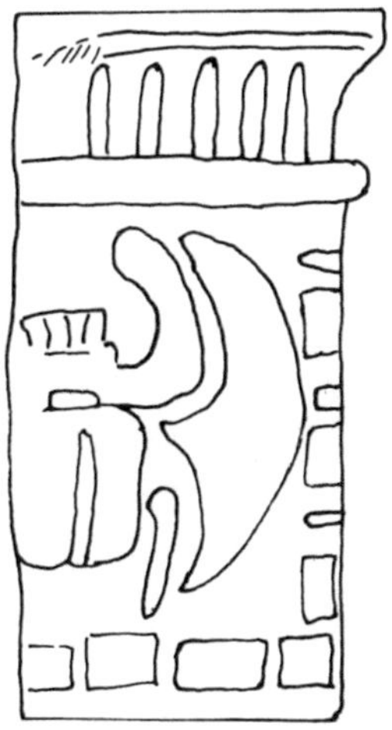

15

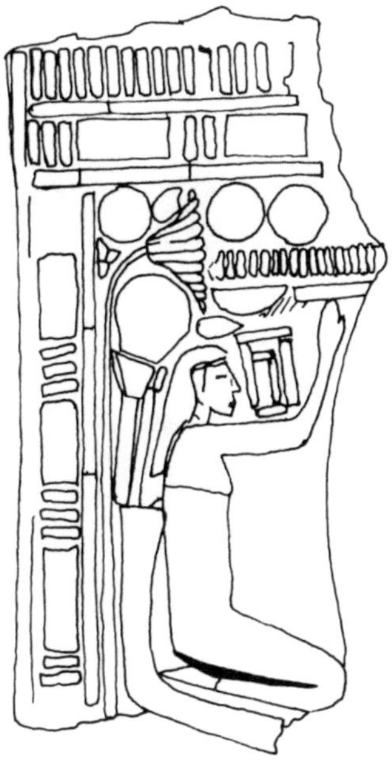

25

23

26 B

28 A

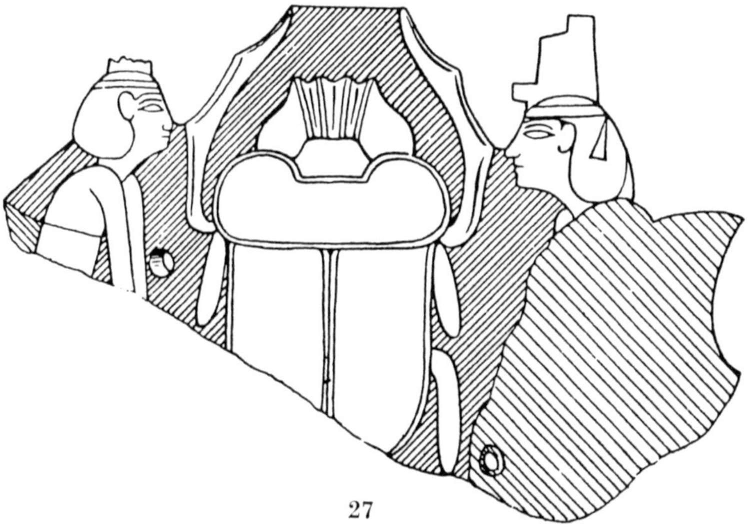

27

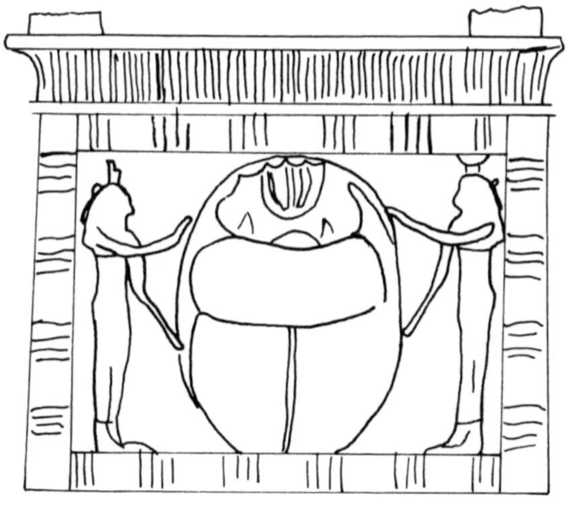

30

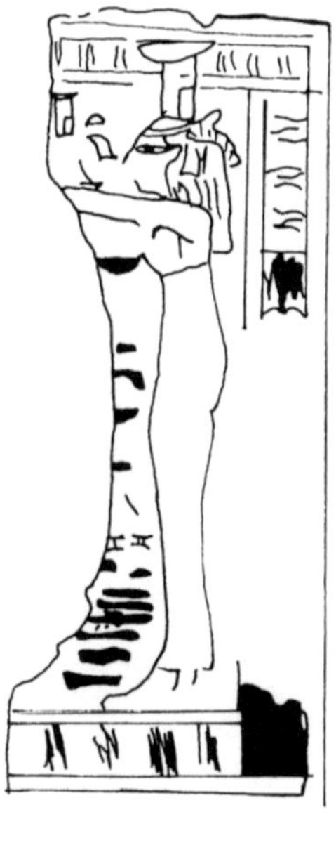

33

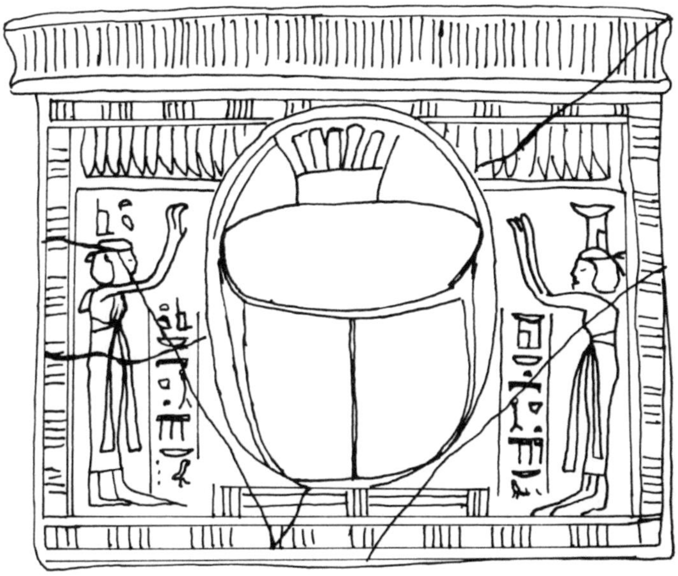

31

33

33 A

34

35

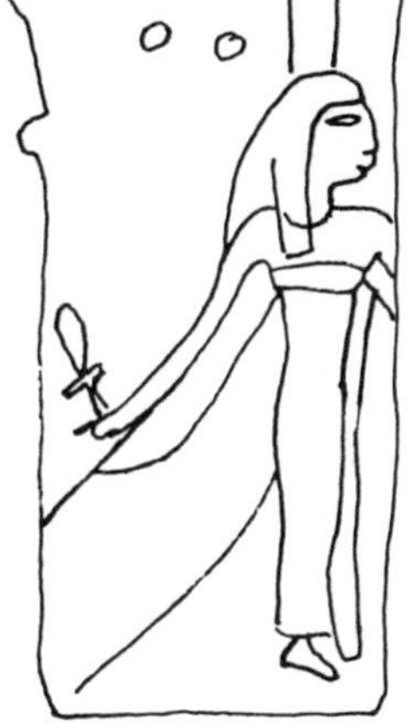

36 A

IV

37

38

43

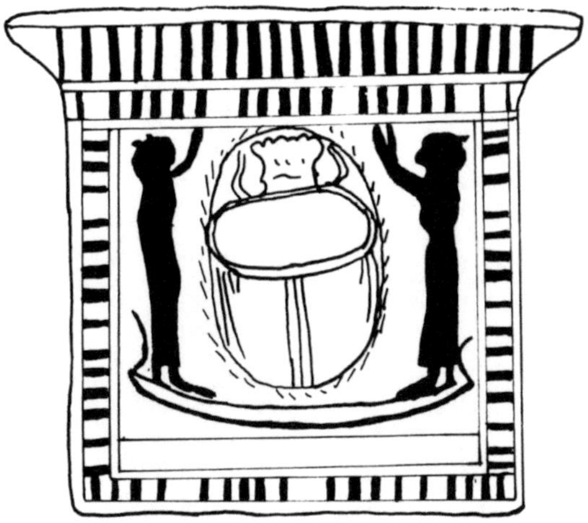

46

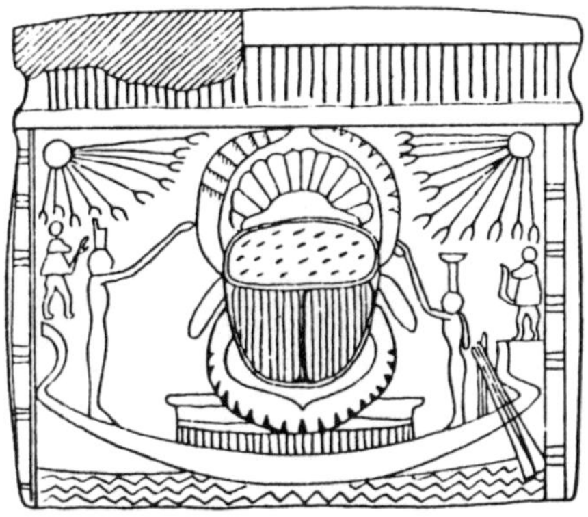

47

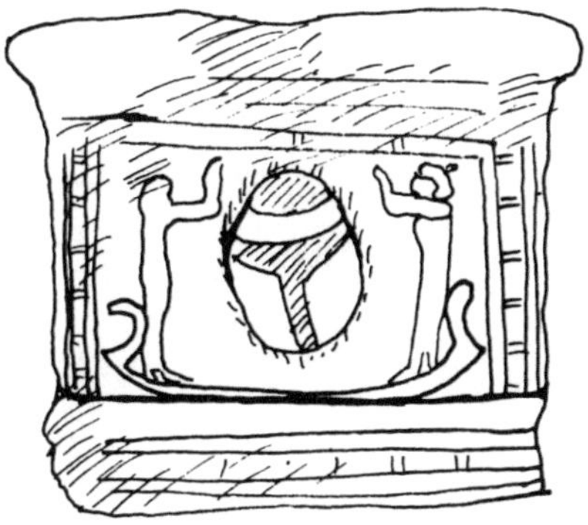

48

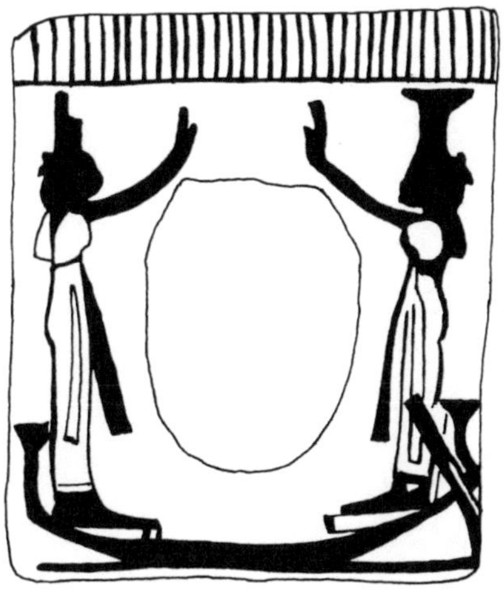

49

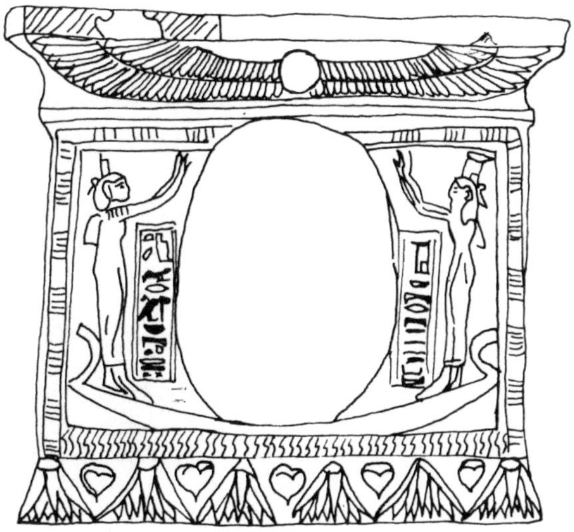

50

51

VI

56

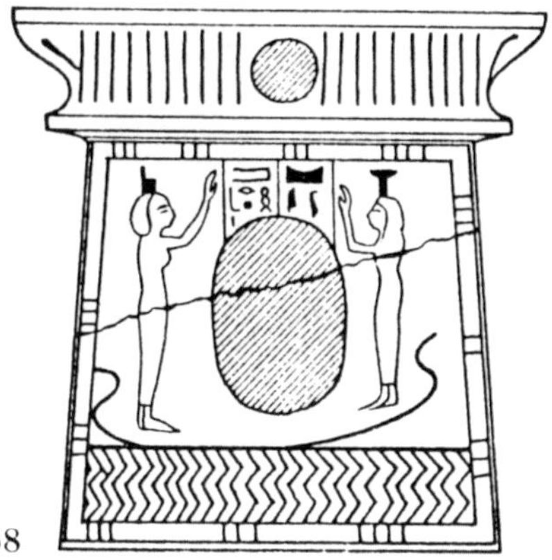

58

57

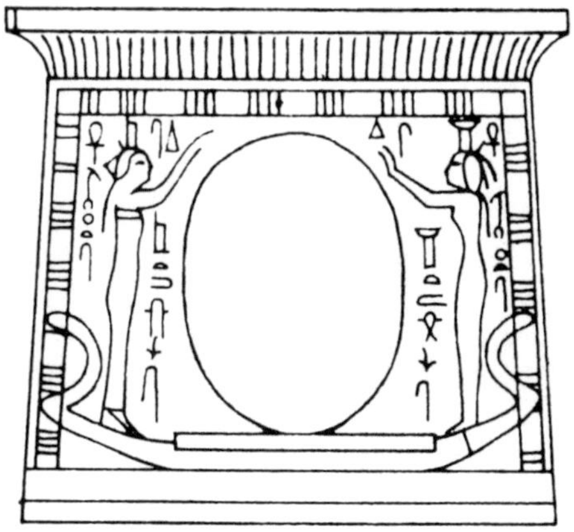

60

61

VII

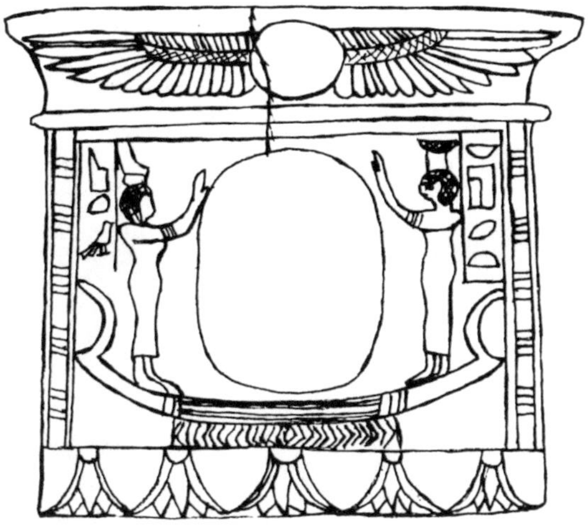

62

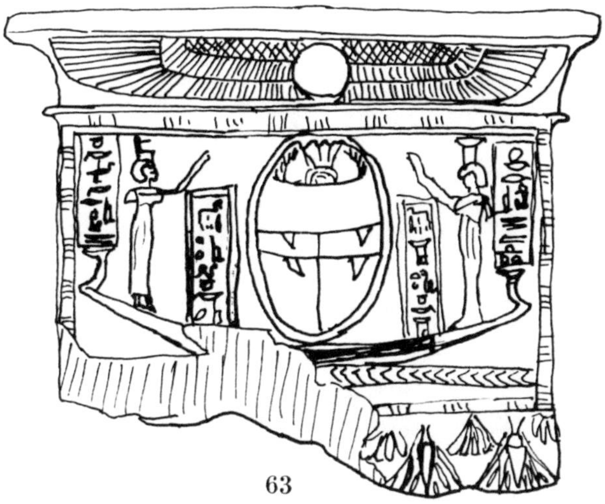

63

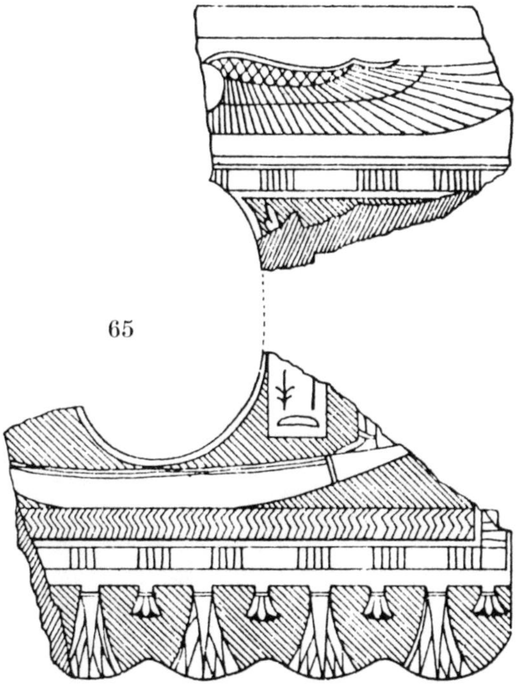

65

64

66

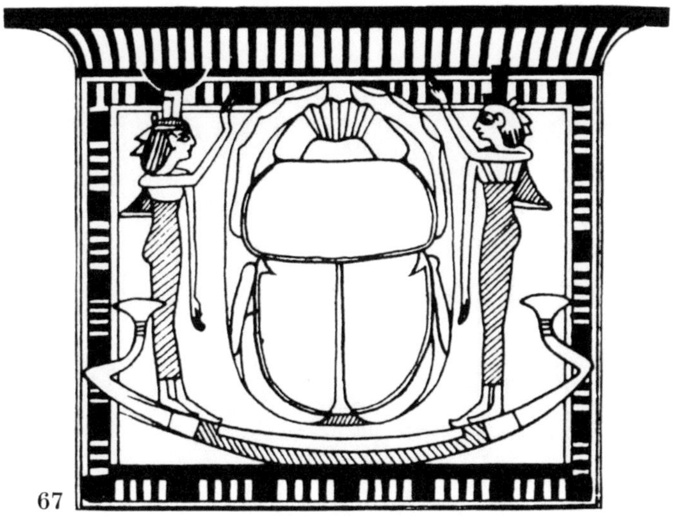

67

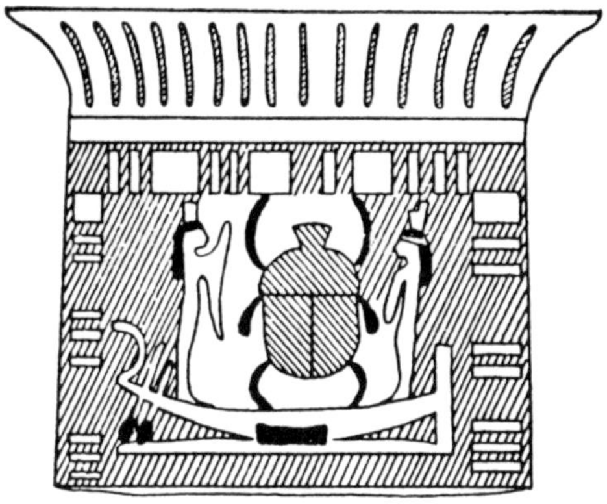

68

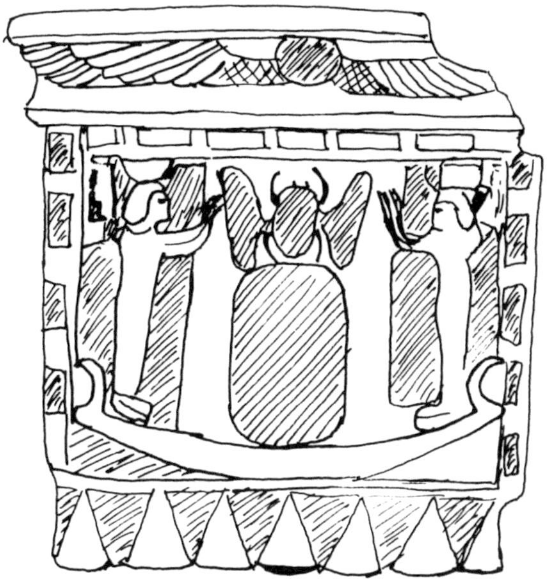

70

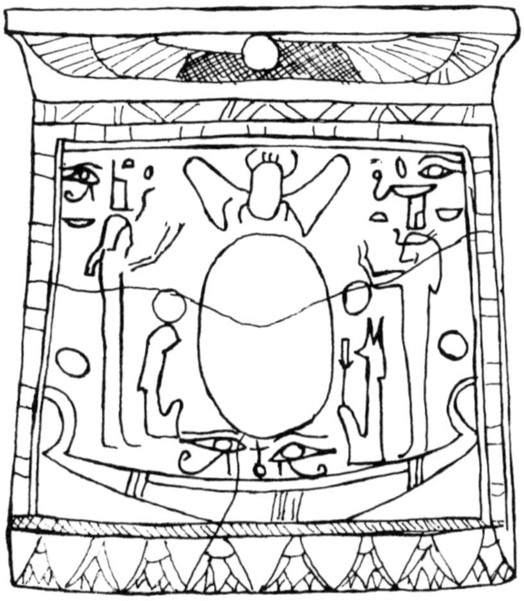

71

73

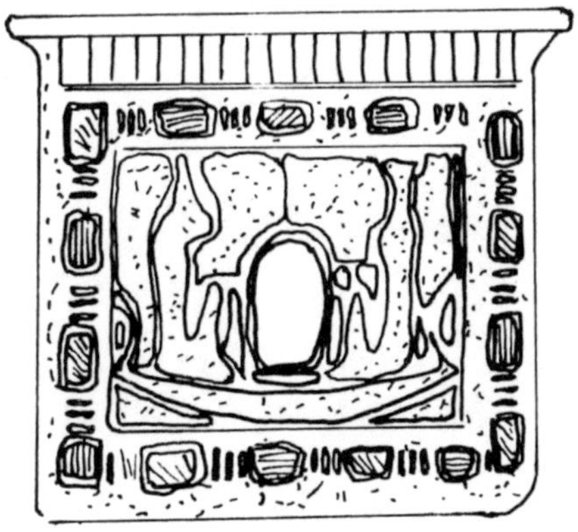

74

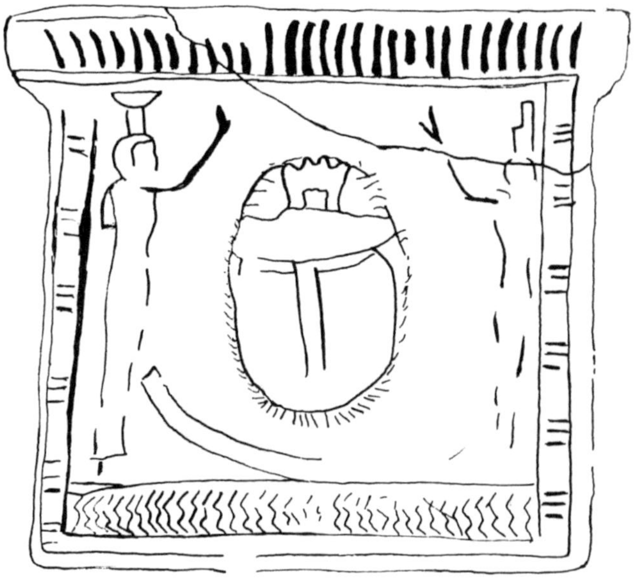

75

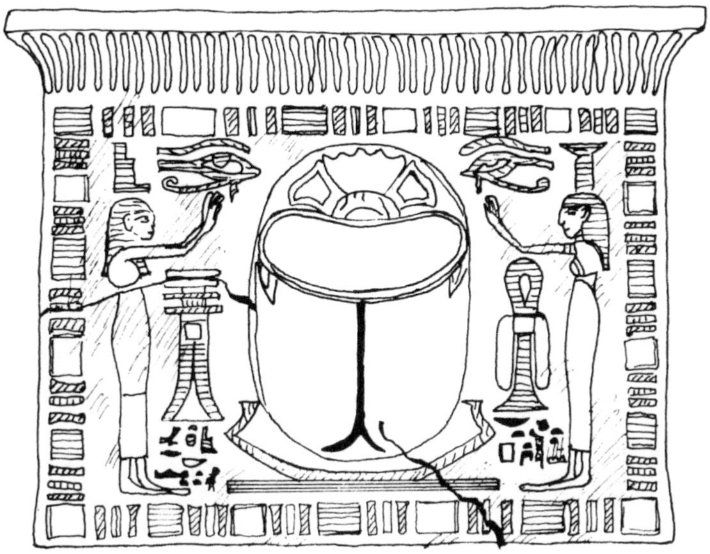

76

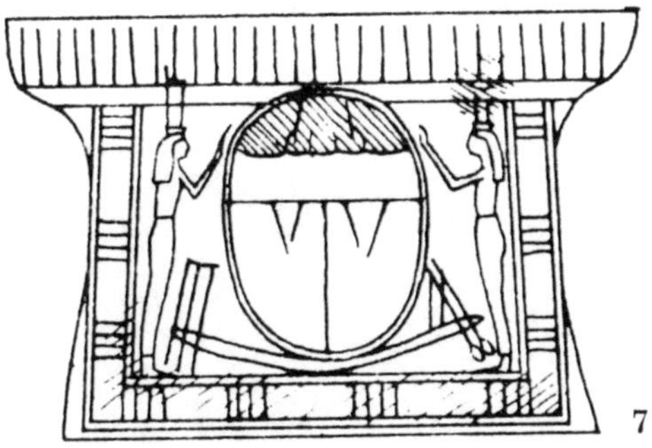

77

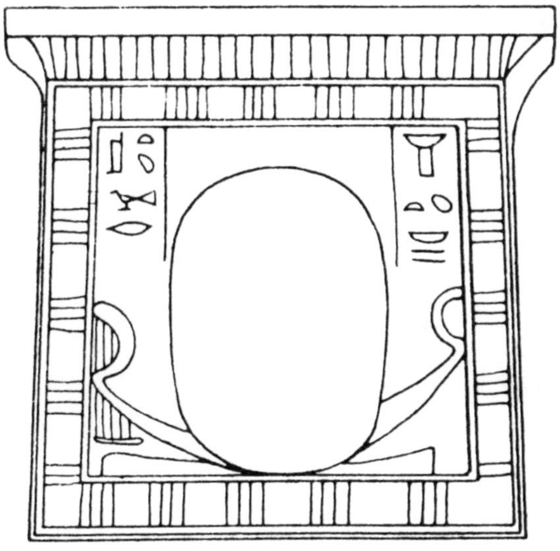

81

82 A

83

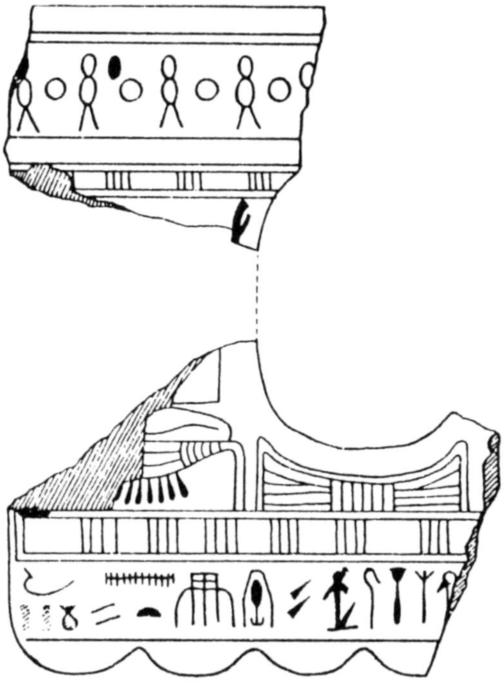

83 A

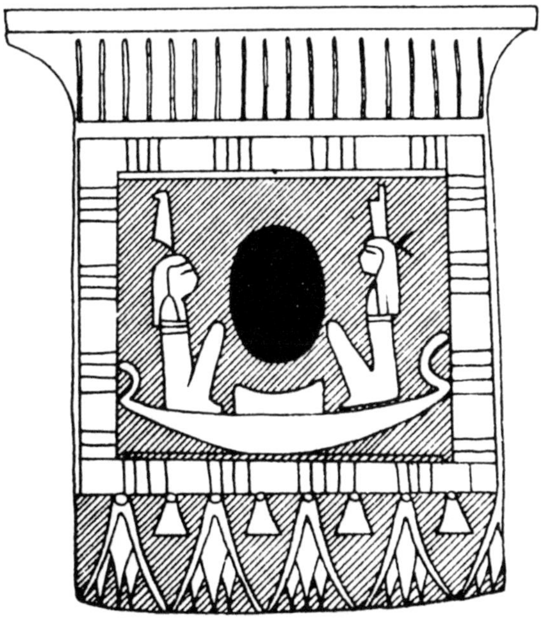

84

85

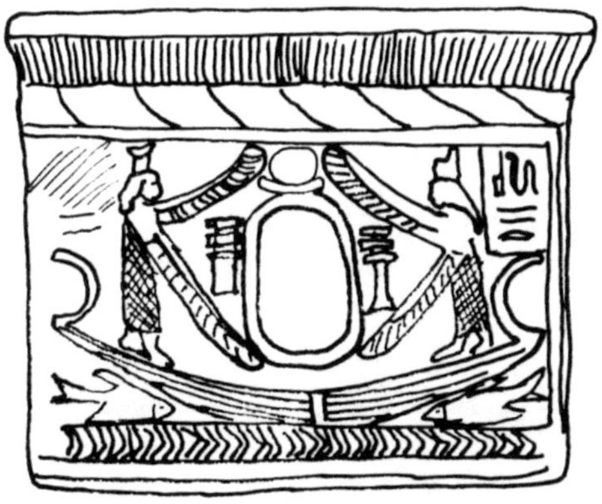

86

87

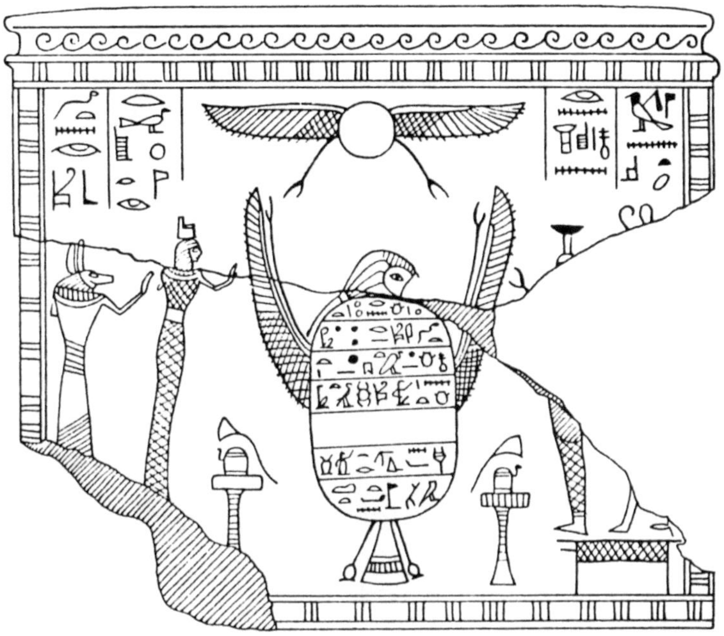

87 A

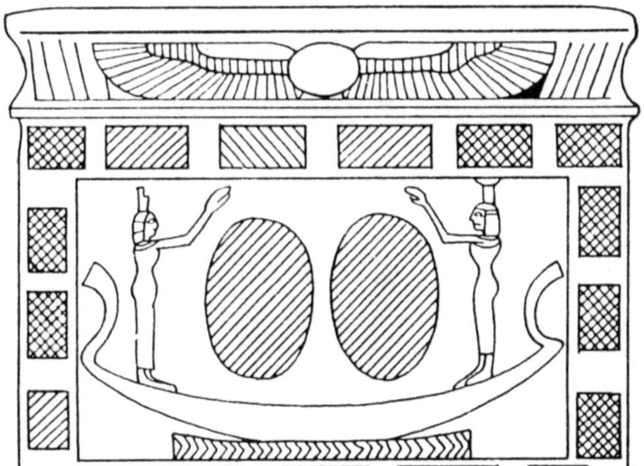

89

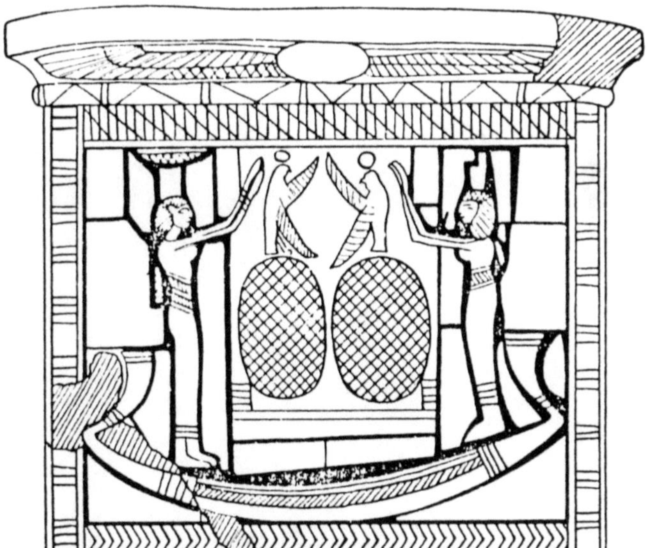

88

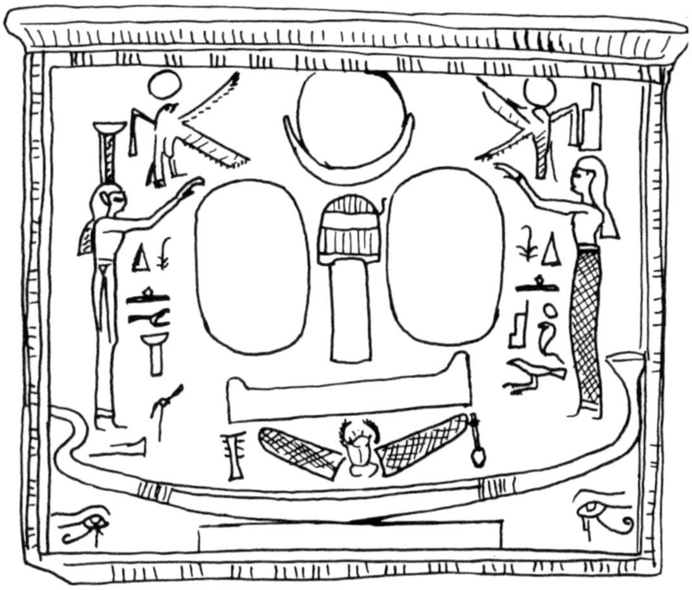

90

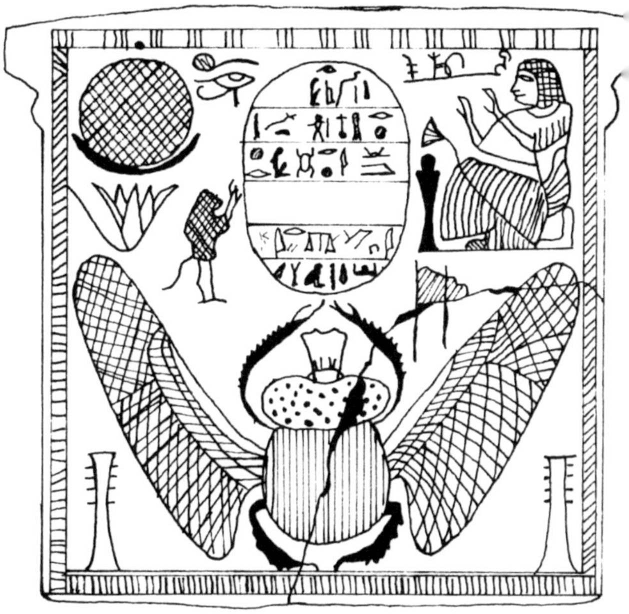

91

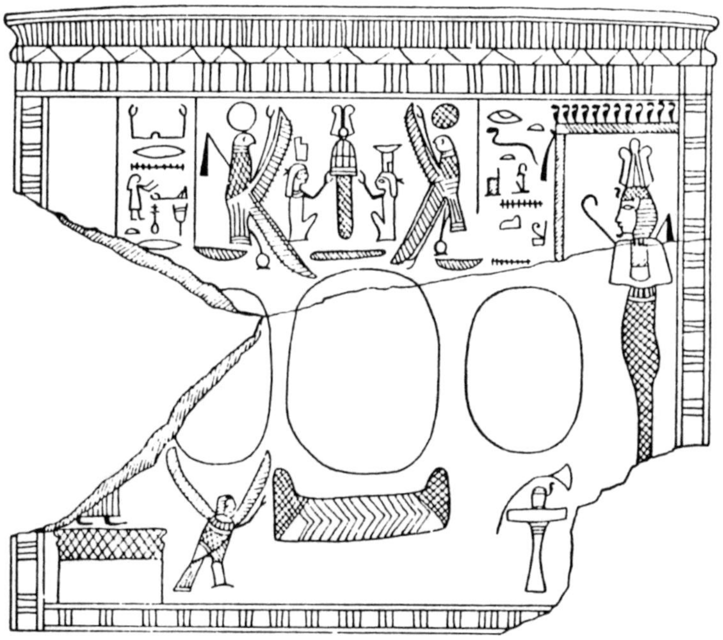

91 A

91 B

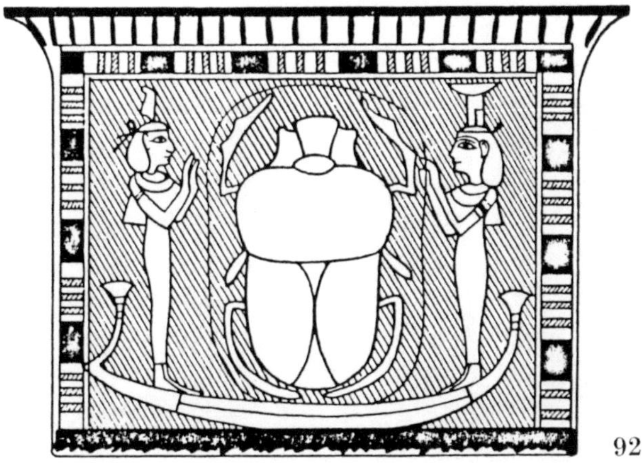

92

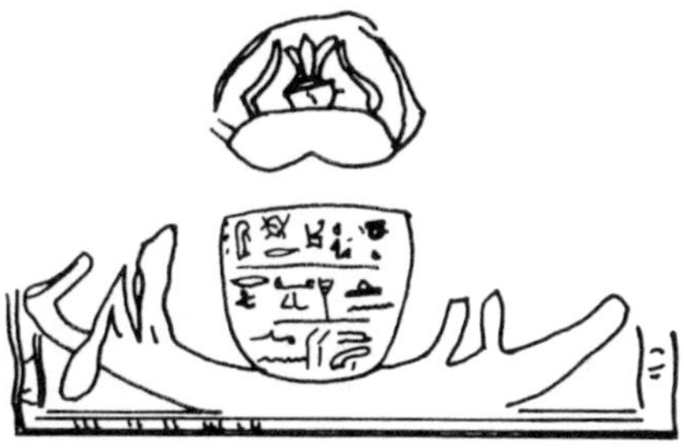

93

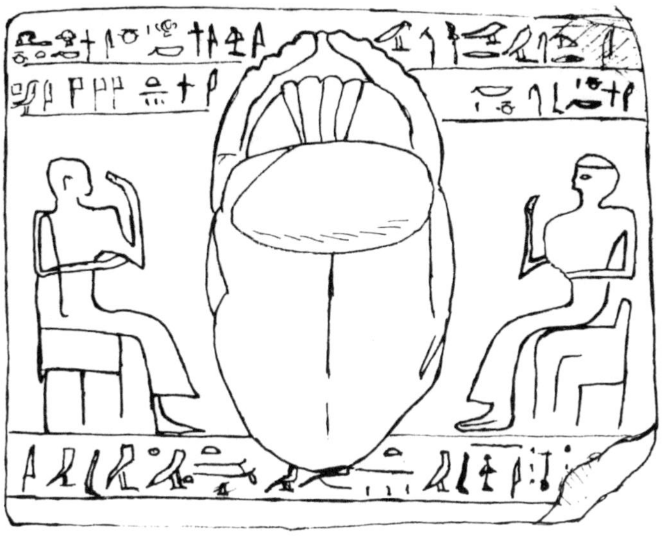

96

97

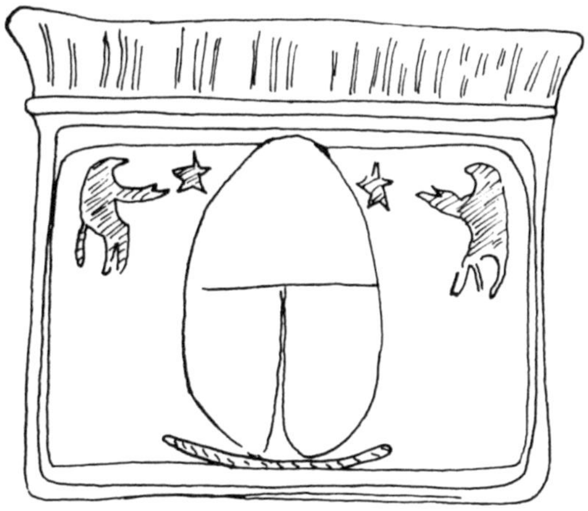

98

99a

99 A

99 B

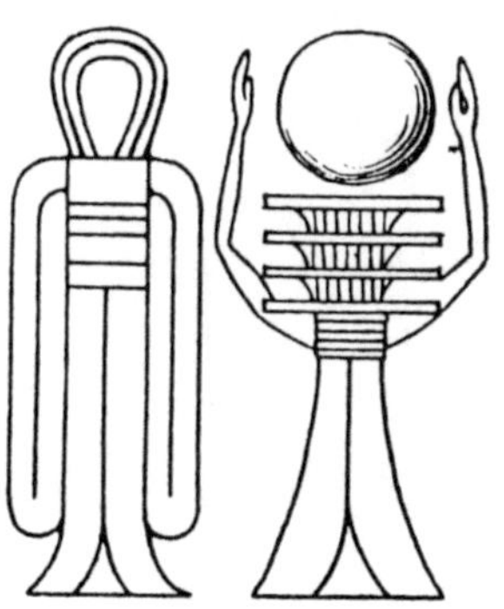

99 C

99 E

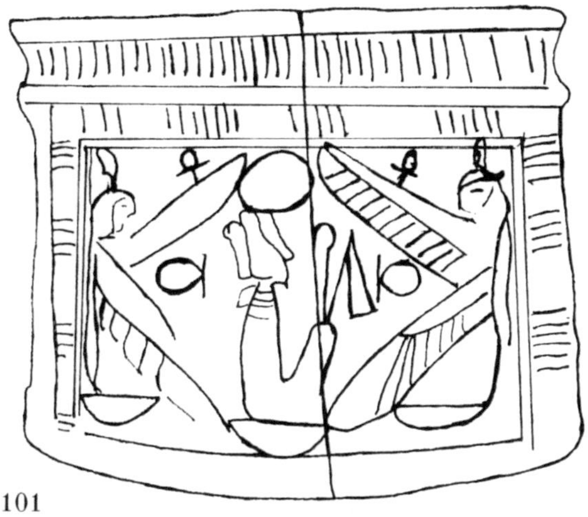

101

105

105 B

105 A

106

107 A

107 B

107 C

107 D

107 E

107 F

108 A

108 B

108

XVIII

109

111

113

114

112

116

118

119 A

119 C

119 B

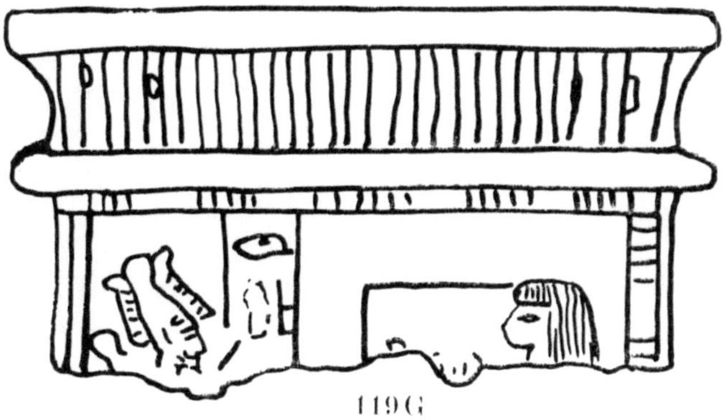

119 G

119H

119K

119L

119M

119 S

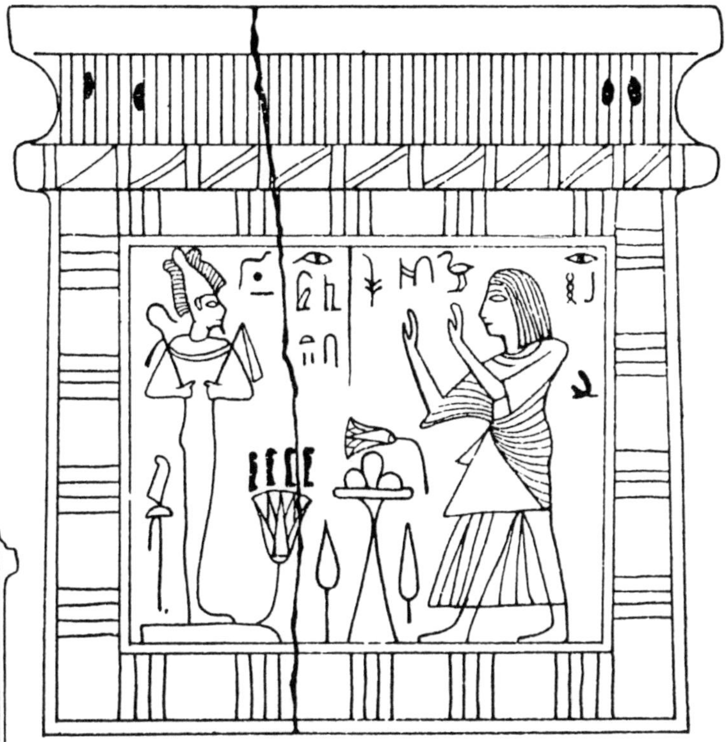

119 N

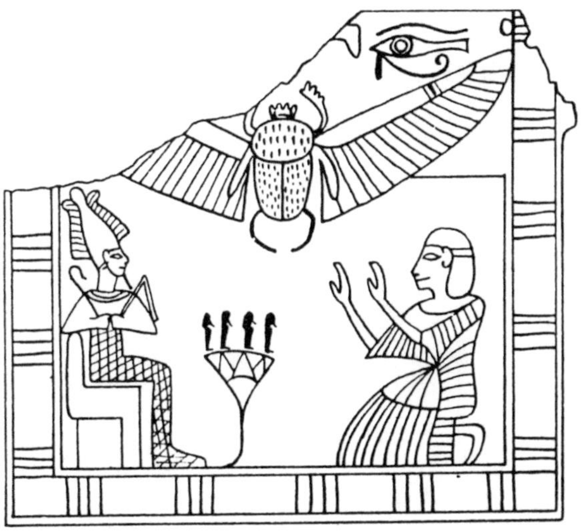

119 O

119 P

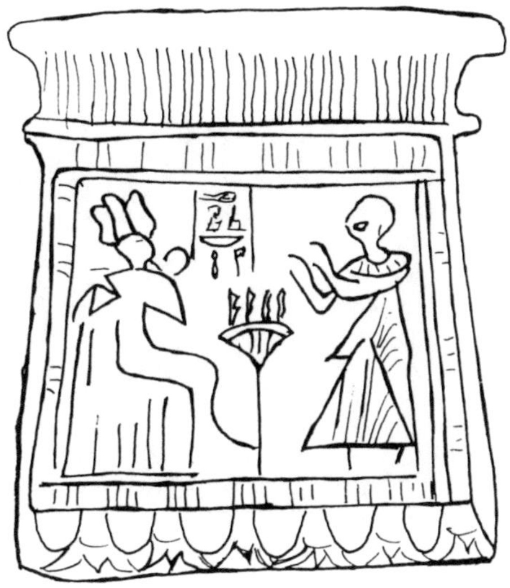

119 Q

119T

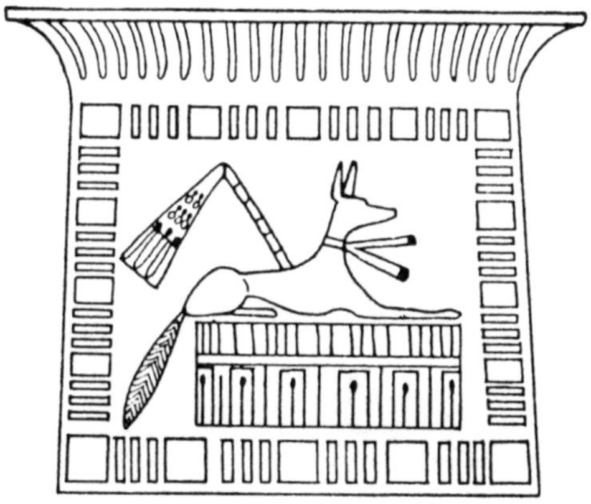

120

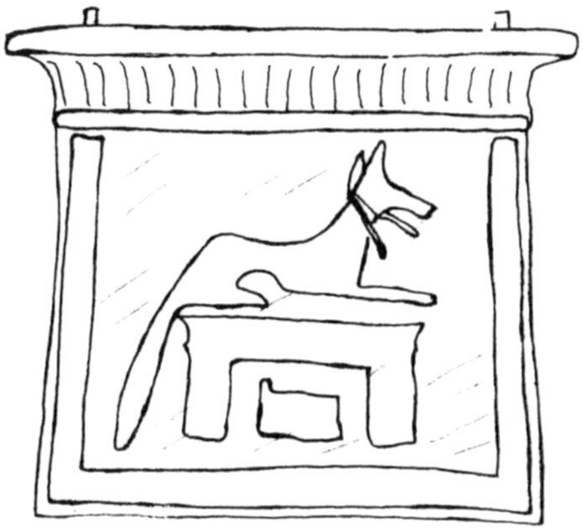

121

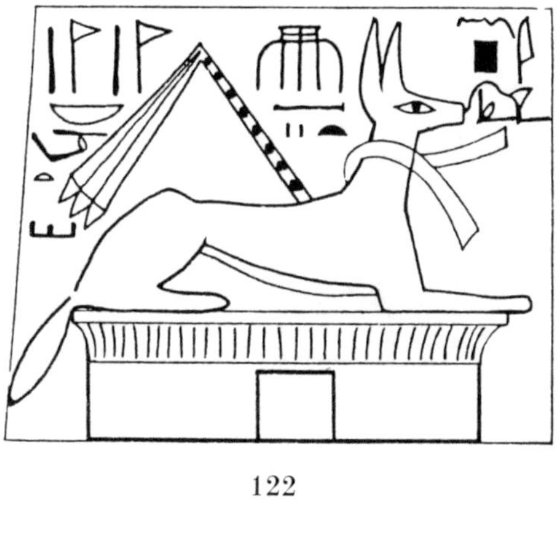

122

123

124

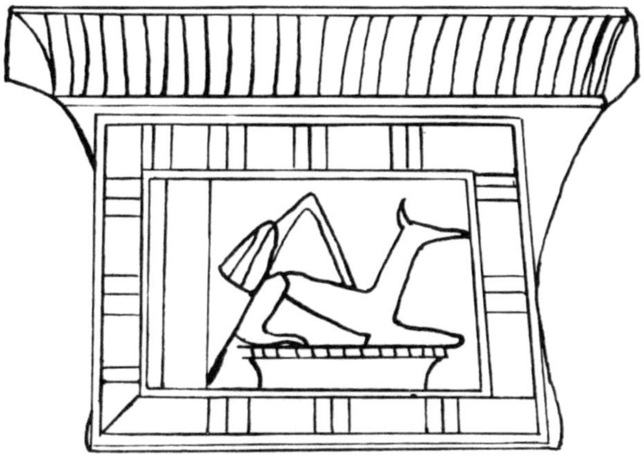

125

127

128

129

130

131

136

135

142

142 A

142 B

142 C

142 E

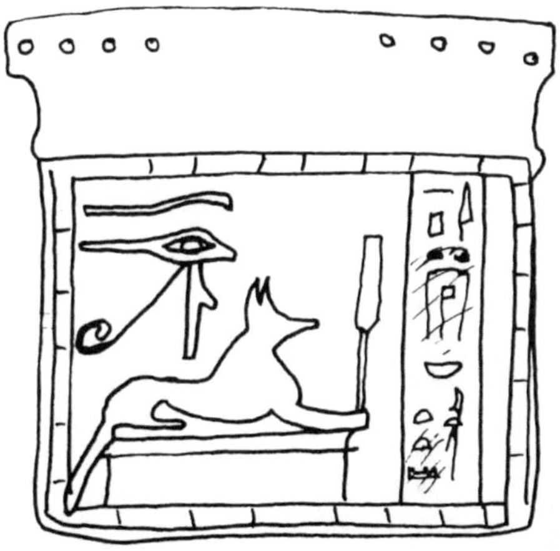

142 F

143

144

149

152

153

154

157

158B

159

161

162 A

163

164

164 A

167

168

169

170

171

172

173

173 A

173 B

174

178 A

178 B

178 C

179

180

181 A

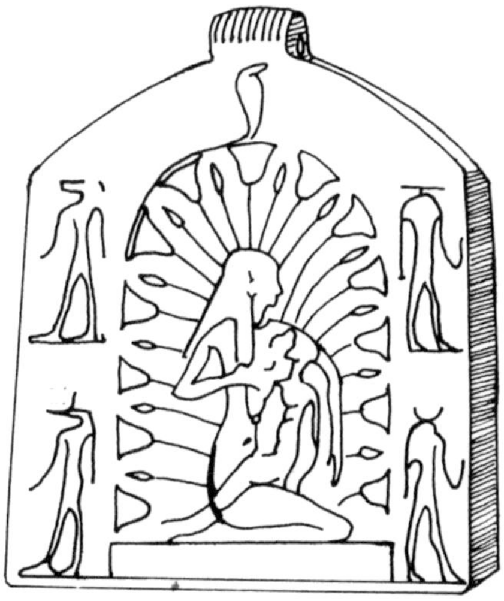

184

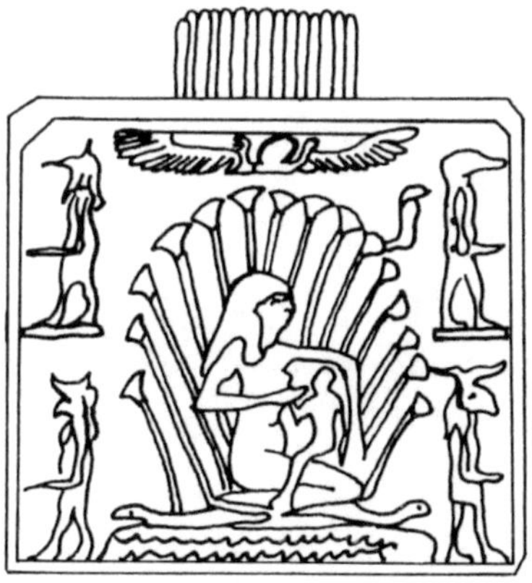

183

186

185

189

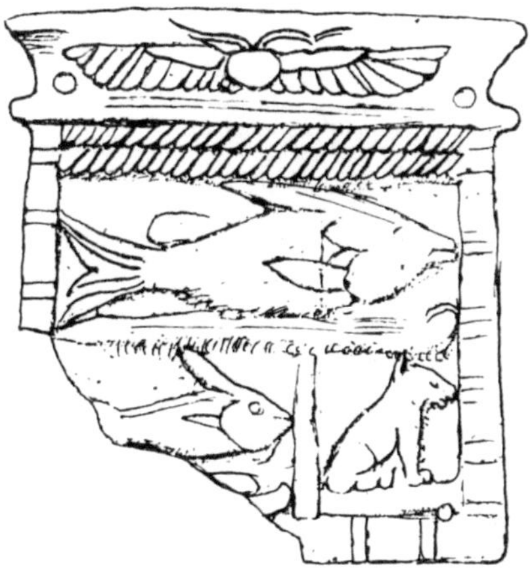

190

191

193

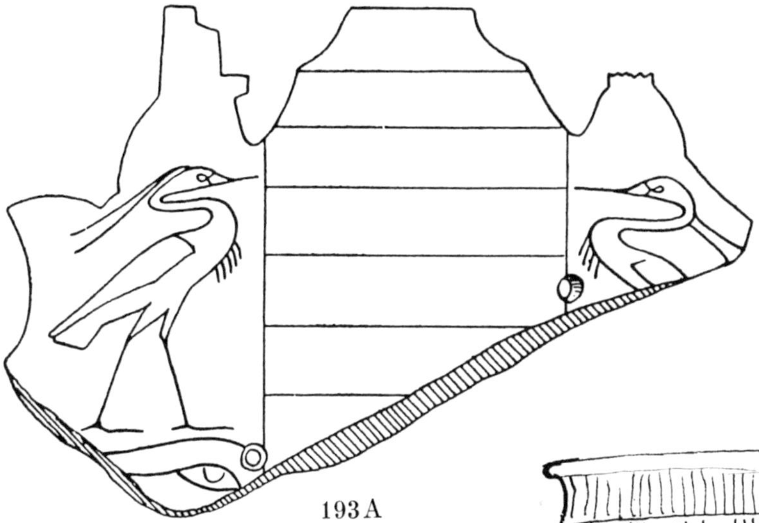

193 A

195

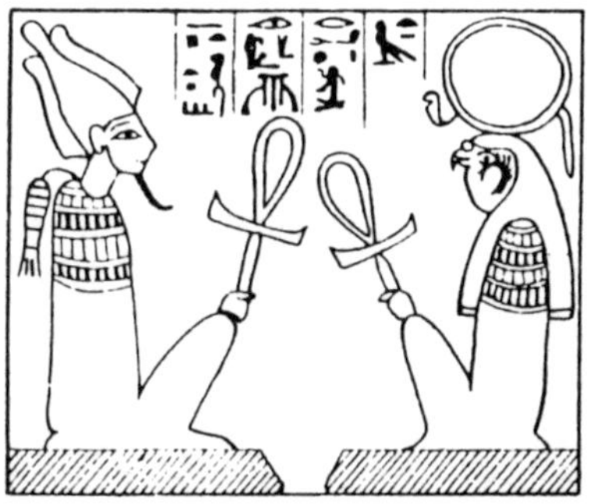

194

196

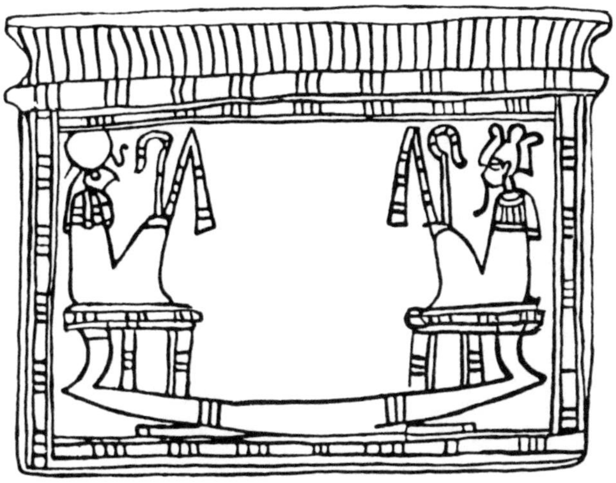

197

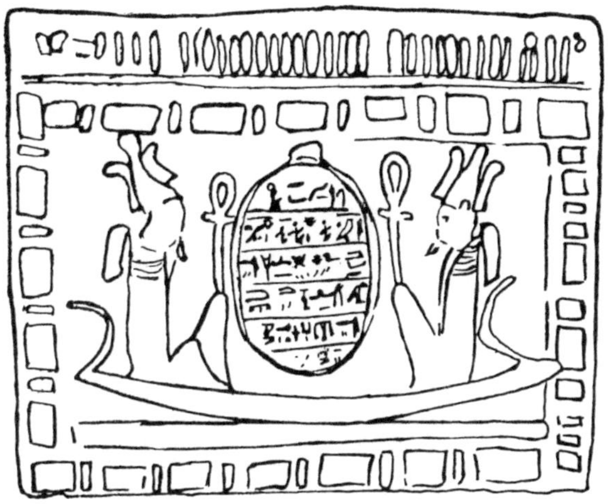

198 A

199

202

204

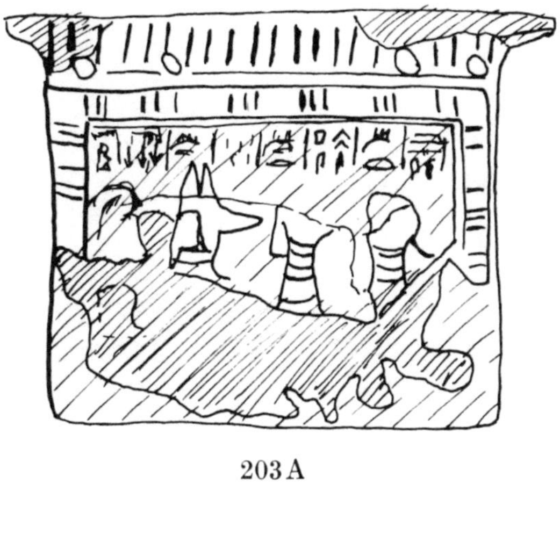

203 A

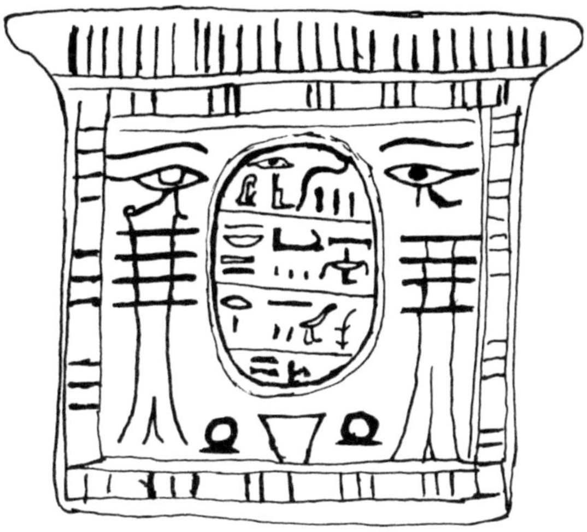

204 C

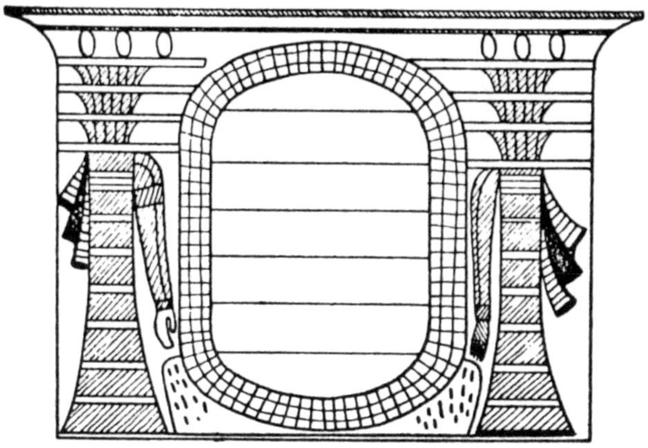

204 E

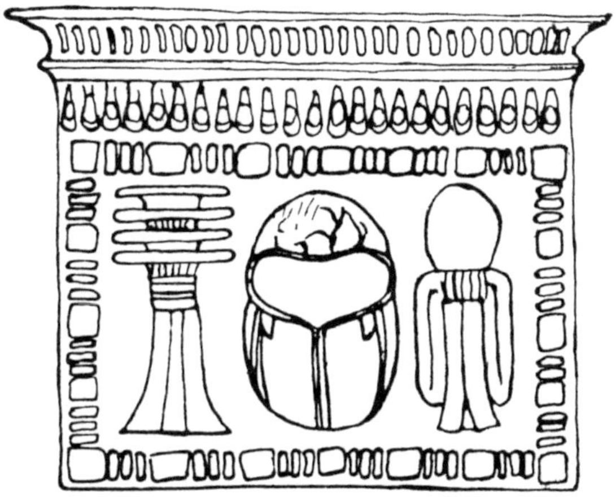

205

205 C

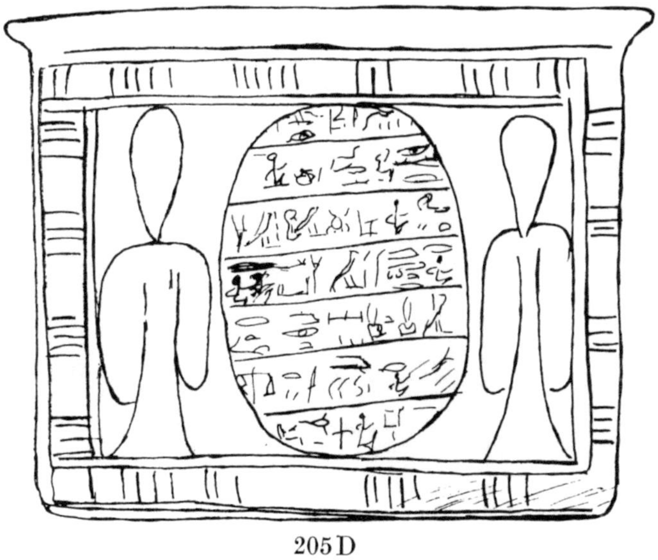

205 D

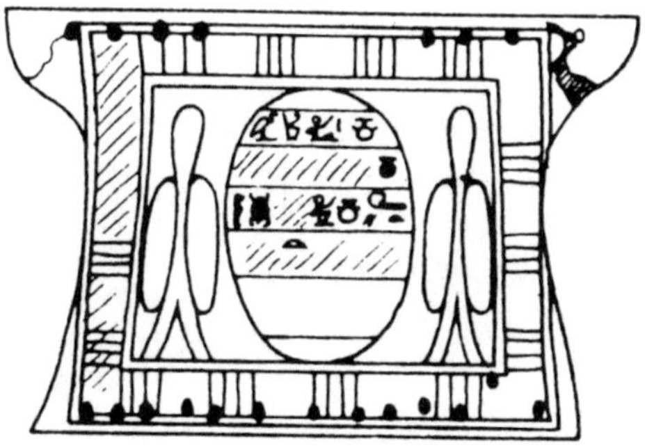

205 F

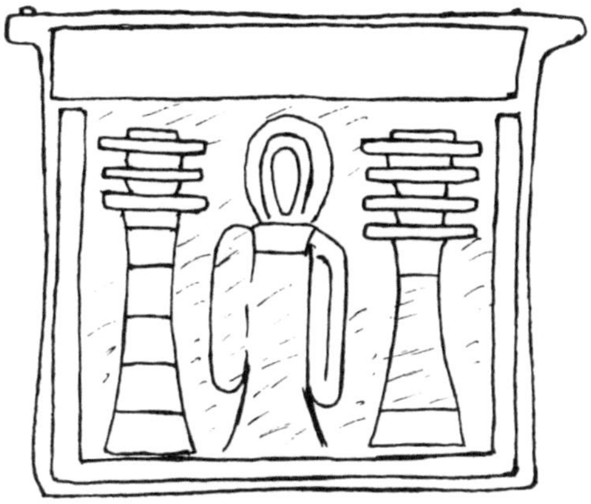

205 K

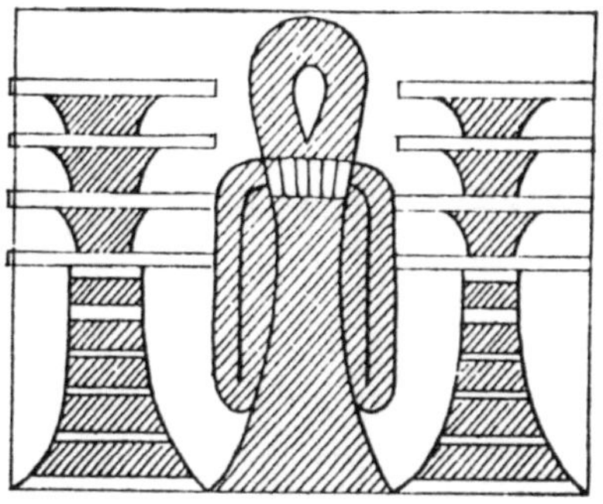

205 L

205 N

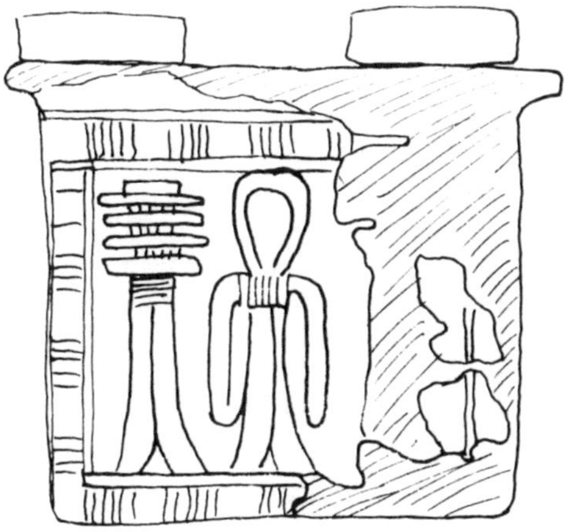

205 O

205 P

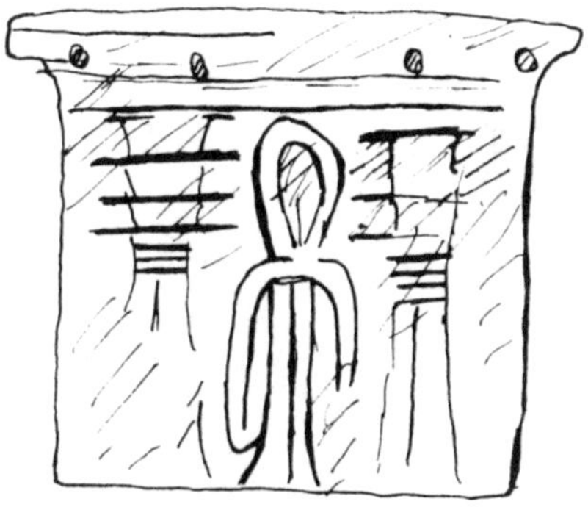

205 Q

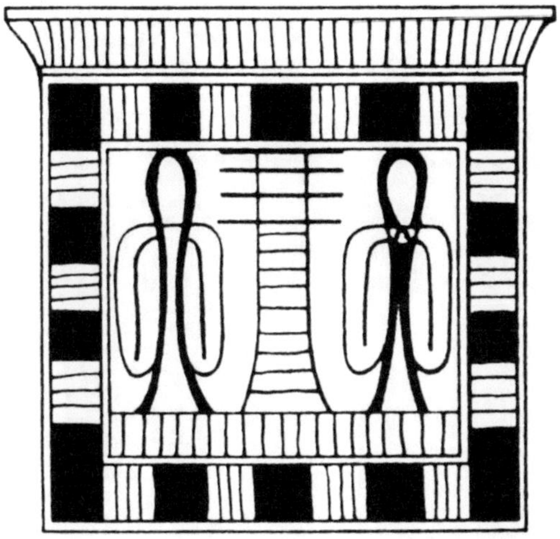

210

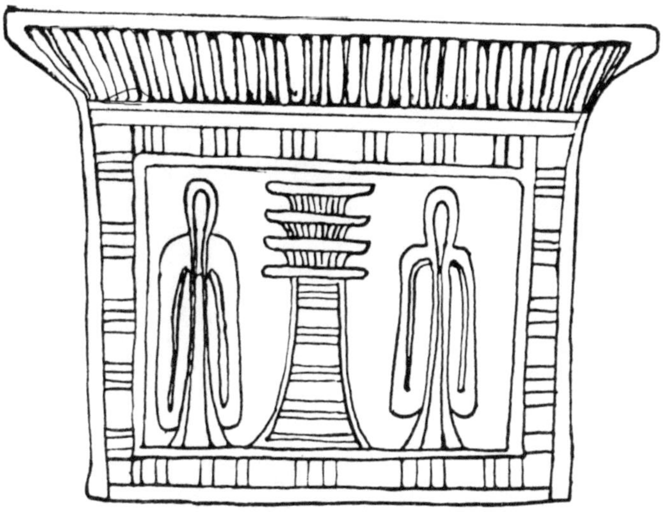

211

212

214

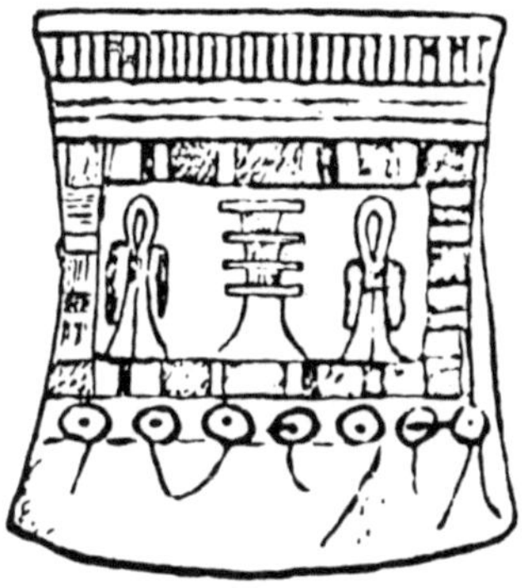

216A

215

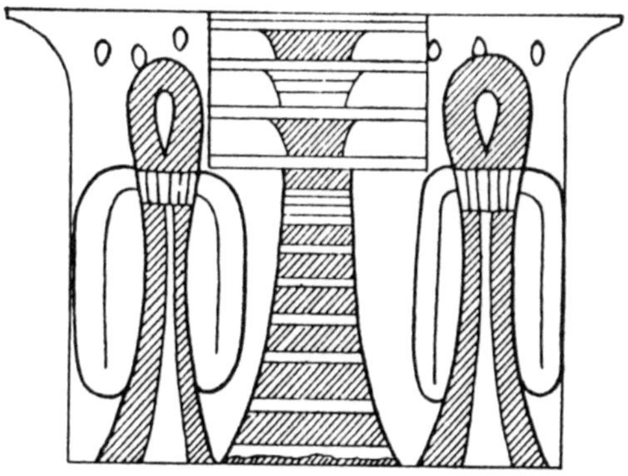

216B

216H

216D

216 F

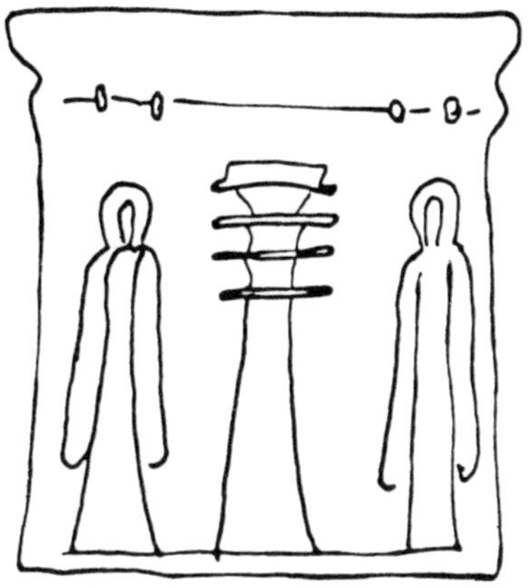

216 L

216 M

216 N

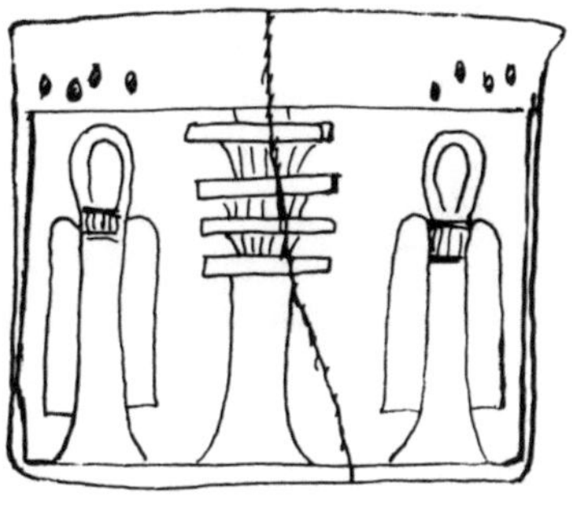

216 O

219

216 P

217

220

221

221 A

235

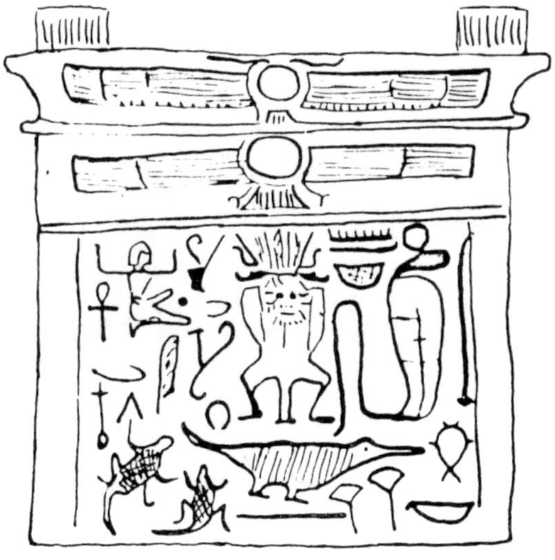

235

236

237